Die andere Hälfte des Kapitals

Maria Luisa
Minarelli

Die andere Hälfte des Kapitals

Europäische Unternehmerinnen in der Zeit vom 6. bis zum 18. Jahrhundert

Aus dem Italienischen
von Claudia Denzler

Eichborn.

Titel der Originalausgabe:
Donne di denari

Die Deutsche Bibliothek – CIP-Einheitsaufnahme

Minarelli, Maria Luisa:
Die andere Hälfte des Kapitals : europäische
Unternehmerinnen in der Zeit vom 6. bis zum 18. Jahrhundert /
Maria Luisa Minarelli. Mit einem Nachw. von Monica Weber-Nau.
Aus dem Ital. von Claudia Denzler. – Frankfurt am Main : Eichborn, 1997
ISBN 3-8218-0972-8

Umschlaggestaltung: Stephanie Weischer
Lektorat: Palma Müller-Scherf
Satz: Fuldaer Verlagsantalt, Fulda
Druck und Bindung: Legoprint, Trento
ISBN 3-8218-0972-8

Verlagsverzeichnis schickt gern:
Eichborn Verlag, Kaiserstraße 66, D-60329 Frankfurt am Main
http://www.eichborn.de

Inhalt

Vorwort

»Der Reichtum kommt und geht, Mut aber braucht man jeden Tag«: Das sollen die letzten Worte der Markgräfin Mathilde von Tuscien gewesen sein, einer Frau, die ebenso mit Geld wie mit Macht umzugehen verstand. Reichtum war ihr von Geburt an vertraut, und sie wußte ihn zeit ihres Lebens im Kampf für ihre Ideale einzusetzen. Macht übte sie mit politischer Weitsicht aus, und sie arbeitete hart, um ihre Interessen zu vertreten.

Vor und nach ihr haben andere Herrscherinnen, aber auch Bäuerinnen, Dienerinnen, Nonnen, Handwerkerinnen und Bürgersfrauen (meist blieben sie namenlos) die europäische Geschichte mit ihren Entscheidungen beeinflußt, indem sie Geld investierten oder verwalteten und als Unternehmerinnen Bemerkenswertes leisteten.

Dennoch haben Historiker diese Arbeit nur selten erwähnt. Die Rolle der Frauen aus verschiedenen gesellschaftlichen Schichten in der Verwaltung und bei der Produktion von materiellen Gütern ist bislang zumindest weitgehend unbekannt. Selbst von Königinnen sind eher deren private Affären überliefert als etwa der Regierungsstil. Das kollektive Gedächtnis ist kurz und umfaßt mittlerweile kaum die letzten hundert Jahre. Deshalb können sich viele nicht vorstellen, daß bereits in früheren Zeiten Frauen selbständig Unternehmen geführt haben.

Inzwischen ist es fast selbstverständlich, daß Frauen gleich Männern im Berufsleben ihre Fähigkeiten und Leistungen beweisen können. Im Mittelalter und in der Renaissance, wie auch in den darauffolgenden Jahrhunderten, war es Frauen aufgrund mangelnder Ausbildung nicht möglich, eigenständig und qualifiziert zu arbeiten. Sie wurden meist im Haus als unterbezahlte Arbeitskräfte gehalten.

Daneben gab es schon auch vermögende Frauen, die mit der Führung von Handwerksbetrieben, kleinen Landwirtschaftsgütern, Klöstern, Warenlagern oder Palästen beschäftigt waren. Auch Konvente oder Burgen waren gewissermaßen Wirtschaftsbetriebe. Viele Frauen wußten sich dabei in einer Welt, die nach dem Maß der Männer geschnitten war, sehr gut zu behaupten. Es wird nun versucht, die vielfältige Verantwortung und den Grad wirtschaftlicher Autonomie dieser Frauen nachzuzeichnen.

Aufsätze und Dokumente wurden dafür unter neuem Gesichtspunkt gelesen, Tagebücher, Briefe und Rechnungsbücher nochmals untersucht und handschriftliche Zeugnisse ausgewertet, um sich besser in *diese* Epoche oder in *jenen* Ort hineinversetzen zu können: Hunderte arbeitender

Frauen sind so aus dem Schatten der Geschichte herausgetreten. Von einigen kann man eine sehr anschauliche Biographie rekonstruieren. Von anderen ist nur ein Stückchen Papier geblieben, das dennoch einen wichtigen Aspekt liefert oder auf eine markante Situation verweist.

Weder sollte auf diese Weise bloß eine weitere »Geschichte der Frauen« entstehen, noch ein parteilicher Standpunkt innerhalb der Geschichtsschreibung eingenommen werden. Es sollte vielmehr ein grundlegend neuer Blickwinkel auf Ereignisse und Personen eröffnet werden. Was quasi in archäologischer Arbeit aufgefunden und in dieses Buch aufgenommen wurde, zeigt die Dimension der wirtschaftlichen, vor allem finanziellen Aktivitäten von Frauen, jene Leistungen, die oft genug unter dem Namen der Gatten, Väter, Brüder oder Söhne in die Annalen eingegangen sind.

Die Dokumente fördern in fesselnder Abfolge die Witwe Danielis, eine byzantinische Unternehmerin, und die Bäuerin Gosberga, welche die Rolle der Dienerschaft veränderte, zutage; es erscheinen Nonnen als Miniaturenmalerinnen und Lehrerinnen oder im Einsatz für die Sozialfürsorge; Pariser Handwerkerinnen, deutsche Händlerinnen, englische Lehensherrinnen, Florentiner Adelsdamen. Man entdeckt das ökonomische Engagement der Eleonore von Aquitanien und das der Isabella von Kastilien, zählt das Geld von Elisabeth I. von England.

Schon die ersten Untersuchungen machen deutlich, welche Rolle das Geld in den Händen von Frauen in verschiedenen Zeiten und Ländern gespielt hat. Das hatte Auswirkungen nicht nur auf die Wirtschaft, sondern ebenso auf Politik, Gesellschaft und Kultur.

Die wenigen verfügbaren Zahlen reichen aus, um das weibliche Unternehmertum als langfristiges Phänomen in der westlichen Geschichte zu erkennen. Dieses Unternehmertum, begünstigt vom byzantinischen Erbrecht, das unter Federführung der Kaiserin Theodora zustande kam, bestand über einen Zeitraum von zehn Jahrhunderten, vom 6. bis zum 16. Jahrhundert. Im 17. und 18. Jahrhundert nahm die ökonomische Unabhängigkeit der Frauen, abgesehen von einigen Ausnahmen, stark ab. Den Grund dafür gaben die gesellschaftlichen Veränderungen.

In Perioden und Gesellschaften, die von Expansion und wirtschaftlicher sowie kultureller Dynamik charakterisiert sind, finden Frauen Raum zur Entfaltung ihrer Kreativität. In Zeiten von Rezession hingegen werden die traditionell Frauen zugeschriebenen Tugenden zum Mythos erhoben, womit man versucht, Frauen aus der Öffentlichkeit zu verbannen.

Die Nachforschungen lassen eine Neigung der Frauen zu verschiedensten beruflichen Aktivitäten erkennen, die den heutigen gleichen. Dabei fehlt es nicht an Ausnahmen und Überraschungen. Zweifel daran, ob es tatsächlich einen weiblichen Stil der Machtausübung gibt, tauchen auf, oder besser gesagt, bestätigen sich.

Der Niedergang von Autonomie und Eigeninitiative, mit einem Wort von weiblichen Entwicklungsmöglichkeiten, ist an politisch-ökonomische Entwicklungen, am technologischen Fortschritt und vor allem an die Veränderung der Gesetze und der Sitten gebunden. Diese Wechselwirkungen zu berücksichtigen, heißt auch, die Geschichte neu zu deuten.

Kein ernst zu nehmender historischer Untersuchungsansatz kann jedoch für sich absolute Gültigkeit beanspruchen. Im folgenden wird versucht, bestimmte Gestalten aus dem geschichtlichen Dunkel zu holen, Symptome offenzulegen und Prozesse darzustellen, die bisher unterbewertet wurden. Schon jetzt kann dabei festgestellt werden: Die Frauen haben von einer Generation zur nächsten, mit wechselndem Glück und der Überwindung von Schwierigkeiten, das Erbe des täglichen Mutes weitergegeben.

M. L. M.

Kapitel I

Die Goldstücke der Theodora

Die Ursprünge des Erbrechts

Ein Spiel aus Licht und Schatten fällt auf die Bögen und den farbigen Marmor an der Apsis von San Vitale in Ravenna. Zwei große Mosaike stellen den Hof von Justinian und Theodora dar. Seit fünfzehn Jahrhunderten verewigen sie die Heiligkeit der Herrscher aus dem Orient. Theodora ist in einen Mantel aus goldumsäumtem Purpur gehüllt, ihr Kopf ist von einem Heiligenschein umgeben, den Edelsteine beschweren. Dem Betrachter erscheint sie als körperloses Wesen von heiliger Festlichkeit, allem Irdischen fern. Die dunklen Augen in dem schmalen, ovalen Gesicht lassen dennoch der Abstraktheit byzantinischer Kunst zum Trotz eine außergewöhnliche Persönlichkeit erahnen. Untermauert wird dies schließlich von den Besonderheiten ihrer Biographie.

Es ist nicht leicht, in den Legenden, Chroniken und überlieferten Klatschgeschichten das tatsächlich Begebene vom Erfundenen zu unterscheiden. Vor allem die turbulente Jugendzeit der Theodora schilderte der Hofhistoriker Prokop in rohen und zweifelhaften Einzelheiten. Als gesichert gilt allerdings, daß sie an der Seite Justinians bemerkenswertes wirtschaftliches Kalkül und politischen Scharfsinn wie auch Organisationstalent in der Verwaltung offenbarte. Dieses Vermögen nutzte sie – mit der gleichen Macht wie ihr Gemahl ausgestattet – für die Herrschaft über das Ostreich, das sich damals von Dalmatien über Griechenland und Kleinasien bis nach Ägypten erstreckte und dem Justinian noch Italien und Nordafrika hinzufügte.

Konstantinopel, die Hauptstadt am Bosporus, von Konstantin auf dem Boden des einstigen Byzanz errichtet, setzte die römischen Traditionen fort, während der europäische Westen im 6. Jahrhundert davon nichts mehr wußte und die Kirche gerade erst begann, eigene Strukturen zu entwickeln. Theodora war in Konstantinopel zum Beginn des Mittelalters die erste Frau römisch-christlicher Kultur, die es vermochte, die Sitten, das Recht und die Kunst des Staates, der tausend Jahre währen sollte, tiefgehend zu beeinflussen. Für dieses Ziel wirtschaftete sie selbstbewußt mit den immensen Einnahmen und Ausgaben des Herrscherhauses, ohne dabei das eigene Vermögen zu vernachlässigen, welches sie in Erinnerung an die Armut ihrer Kindheit wohl zu würdigen wußte.

Gleichwohl einige, nach ihrem Tod verbreitete Legenden sie zur Tochter eines Senators machten, wurde Theodora, syrischer Herkunft, 500 n. Chr. als Tochter des Akakio geboren, eines Bärenwärters im Hippodrom der Hauptstadt. Ihre Mutter war Schauspielerin und ging wie ihre Kolleginnen in jener Zeit der Prostitution nach. Konstantinopel war damals eine reiche, dekadente Stadt, voller Spielhöllen und Freudenhäuser. Zentrum des gesellschaftlichen Lebens war das Hippodrom, wo an den 115 Feiertagen des byzantinischen Kalenders Wagenrennen, Jagden, Raubtierkämpfe, Pantomimen, Farcen und Ballettvorführungen einander ablösten. In dem riesigen Bau neben dem marmornen Kaiserpalast versammelten sich Arme und

Reiche, Edelleute, Dichter, Abenteurer, Wahrsager, Zauberer, Schauspieler, Musikanten und Tierbändiger. Als Herren spielten sich die »Grünen« und »Blauen« auf, mächtige Gruppen, die ursprünglich für die Veranstaltungen im Hippodrom zuständig waren, sich später jedoch zu Territorialmilizen und schließlich zu politischen Parteien der großen Familien entwickelten. In diesem Hippodrom erschien Theodora, die als Kind bereits die Eltern verloren hatte, neben ihrer älteren Schwester Comito auf der Bühne. Sie folgte ihrem Schicksal und wandte sich bald ganz der mondänen Gesellschaft zu, wo sie – wie Prokop behauptet – mehrere Männer in einer Nacht zu unterhalten vermochte.

Mit achtzehn Jahren folgte sie einem gewissen Ekebolus nach Ägypten. Bald darauf verließ er sie. Sie bekam eine Tochter, die sie in ein Kloster in Alexandria gab. In Ägypten lernte sie die Monophysiten kennen, Häretiker, die an die eine, göttliche Natur Christi glaubten und sich nach der Vertreibung aus Syrien durch Kaiser Justinus in die Wüste geflüchtet hatten, wo sie von Brot und Wasser lebten. Unter ihnen waren Bischöfe wie Timoteus und Maras und Damen aus Adelsfamilien wie Cesaria. Theodora besuchte die Anhänger dieser Sekte, was sich auf die Gestaltung ihrer Lebensumstände nachhaltig auswirkte.

So lebte sie im Jahre 522 zwar wieder in Konstantinopel, führte aber ein bescheidenes Leben als Wollspinnerin. Unter nicht überlieferten Umständen lernte sie dann Justinian kennen, Neffe des Kaisers und sein designierter Nachfolger. Justinian, bereits in den Vierzigern, bei der Aristokratie wie bei der Kirche wohlgelitten, war schüchtern und zugleich voller Ehrgeiz. Er verliebte sich in die kleine Abenteurerin und holte sie in sein Haus. Von ihrer Vergangenheit wollte er nichts wissen, er hörte auf sie als seine engste Vertraute, und nachdem er ein Gesetz geändert hatte, das den Senatoren verbot, Schauspielerinnen und Kurtisanen zu heiraten, machte er sie schließlich zu seiner Ehefrau. Bei Kaiser Justinus erwirkte er für sie einen Adelstitel.

Ob sie wirklich dieses Ungeheuer an Verderbtheit war, als das sie Prokop beschrieb, bleibt dahingestellt. In jedem Fall wagte niemand im gesamten Reich gegen sie ein Wort zu sagen. Als Justinian im August 527 nach dem Tod des Onkels den Thron bestieg, huldigten Klerus, Aristokratie und Volk der Kaiserin. Das Ostreich befand sich damals in einer schwierigen Übergangsphase: Das Land wurde an den Grenzen von Vandalen, Hunnen, Ostgoten belauert, von Persern bedroht und vom häretischen Separatismus der Provinzen gefährdet. Es brauchte dringend eine zentrale Macht. Man fand sie in der Gestalt des Kaisers, der in den Zeremonien, der Etikette und dem Prunk der offiziellen Residenzen das Bild seiner Heiligkeit unterstrich.

Darüber hinaus legte Justinian energisch Hand an ein großes Werk der politischen Umgestaltung. Dazu gehörten die Rückeroberung des von den Ostgoten besetzten Italien und des den Vandalen unterworfenen, einst römischen Nordens Afrikas, ferner die Sammlung der Gesetze und Urteile des römischen Rechts im *Corpus Iuris*, der Kampf gegen die Häresie, die Öffnung neuer Handelswege nach China sowie eine großangelegte Verschönerung der Städte, deren herausragendstes Werk die Hagia Sophia war.

Die Generäle Belisar und Narses, der Quästor Tribonianus und der *praefectus praetorio* Johannes der Kappadokier gehörten zu seinen eifrigsten Helfern, deren Glück vom oft despotischen Willen Theodoras abhing. Sie, die »ehrwürdigste Gattin, die Gott mir geschenkt hat«, zog Justinian auch bei den wichtigsten Staatsangelegenheiten zu Rate. So beim Abfassen der *Novella VIII*, der großen Verfügung, mit der er im Jahre 535 die Grundlagen für die öffentliche Verwaltung und die Reform der sittlichen Werte schuf.

Selbstverständlich zählten zu Theodoras Aufgaben auch die Überwachung der höfischen Etikette, des Prunks bei Empfängen, der Bau von Residenzen außerhalb der Stadt, darunter der erlesene Palast von Hiereia am asiatischen Ufer des Bosporus, inmitten von Wäldern und Gärten. Sie legte den Grundstein für die Apostelkirche, das Kaiserliche Mausoleum mit fünf Kuppeln, das die Vorlage für den Markusdom in Venedig lieferte. Aber Theodora war nicht die Frau, die sich mit derlei Beschäftigungen begnügt hätte. Sie interessierte vielmehr die Staatsverwaltung, und für diese Sache war sie bereit, jeden aus dem Weg zu räumen, der sich ihren Ideen und ihrer Macht entgegenstellte. Das mußte auch der mächtige Schatzminister Justinians, Johannes der Kappadokier, erfahren.

Die Wirtschaft des Ostreiches war streng monetarisch ausgerichtet. Sie gründete sich auf dem *nomisma o bisante*, einer Goldmünze aus 4,48 g vierundzwanzigkarätigem Gold, die über Jahrhunderte allgemeine Geschäftsgrundlage blieb. Kriege, öffentliche Arbeiten, Festungen in Afrika und auf dem Balkan sowie die Ausgaben des Hofes führten im 6. Jahrhundert zu einem starken Ungleichgewicht zwischen dem Bedarf des Staates und seinen Steuereinnahmen. Die Eroberungszüge angrenzender Völker versperrten den Zugang zu den Goldminen des Ural und des Kaukasus.

Man importierte mehr, als man exportierte, obgleich Konstantinopel das Handelszentrum für allgemein begehrte, orientalische Luxusgüter war. Um die Goldreserven zu erhalten und die aus den kaiserlichen Münzprägereien in Alexandria und Antiochia kommenden Geldstücke zu stützen, mußte das Steueraufkommen konstant sein. Ab 531 kümmerte sich der Präfekt Johannes darum, ein einfacher, aber überaus geschickter Mann, der die Freundschaft Justinians gewann, indem er ihm Geld lieferte, nach dessen Herkunft niemand fragte.

Theodora gingen schließlich die Augen auf. Man erfuhr, daß dieser Mann zu jeder Niedrigkeit fähig war, um Schätze anzuhäufen, die zu einem guten Teil in seiner Tasche landeten: Er kaufte die Ernten der Provinzen auf, um sie sich später mit Gold aufwiegen zu lassen, verringerte die Löhne, um selbst die Differenz einzustecken, und lieferte dem Heer verdorbene Lebensmittel. In den Gefängnissen der Stadt hatte er Folterinstrumente aufgestellt, und ein Steuerpflichtiger, der verdächtigt wurde, falsche Angaben über seine Erträge gemacht zu haben, verließ das Gefängnis nach unsäglichen Qualen entweder gänzlich beraubt oder tot. Die Methoden des Präfekten waren ein Grund für einen Aufstand im Jahre 532, der unter dem Namen Nikaaufstand in die Geschichte einging. Die aufgebrachte Menge stürmte den Palast. Theodora gebot der Flucht des Kaisers jedoch Einhalt und rettete so seinen Thron. Sie erklärte wie folgt, daß sie bleiben würde: »Der Purpur ist das schönste Leichentuch.« Johannes wurde für einige Zeit entfernt, kehrte dann aber mächtiger denn je zurück.

Theodora versuchte vergebens, ihrem Mann begreiflich zu machen, daß die Leiden der Untergebenen eine Gefahr für die Monarchie darstellten; sie konnte nicht einmal einen Minister in einem Gefängnis verschwinden lassen, wie sie es aus anderen Anlässen schon ungeniert getan hatte. Als aber Johannes so unvorsichtig war, sie vor Justinian zu verleumden, war der Krieg erklärt.

Mit Hilfe ihrer Freundin Antonina, der Frau des Belisar, zettelte Theodora eine Intrige an. In einer nächtlichen Unterredung, bei der einige gut versteckte Spione des Kaisers anwesend waren, brachten sie Johannes dazu, Pläne für den Sturz des Herrschers zu entwickeln. Als er sich entdeckt sah, beging der Präfekt den Fehler zu fliehen, und gestand damit eine Schuld ein, die im Grunde nur in Worten bestanden hatte. Nach den Gesetzen jener Zeit wurde er dazu verurteilt, die Mönchskutte zu nehmen, er, der stets des Heidentums verdächtigt worden war. Aber Theodora war erst zufrieden, als es ihr gelang, ihn in die Verbannung zu treiben und ihn seiner ungeheuren Reichtümer zu berauben: So verband sie die Beseitigung eines persönlichen Feindes mit einem Akt der Gerechtigkeit und des ökonomischen Interesses.

Die Kaiserin ließ Johannes durch Petros Barsymes ersetzen, einen syrischen Silberhändler, ebenso skrupellos, aber vorsichtiger darin, zumindest den Schein zu wahren. Diesem Schützling Theodoras verdankte Byzanz die Verminderung der Ausgaben und die Regelung der Staatsmonopole, die den Geldfluß neu belebten. Der Kaiser wurde Eigentümer der wichtigsten Produktionsstätten und reservierte für diese auch die Herstellung von Luxusgütern: Gold- und Silberteller, Emailarbeiten, geschnitztes Elfenbein, Halbedelsteine, aber vor allem wertvolle Seide, mit Purpur gefärbt und mit Goldfäden bestickt, die man am Hofe trug oder den Herrschern fremder Länder als Präsent überreichte. Auch die Waffenproduktion war ein Monopol des Staates, darunter das griechische Feuer, ein geheimgehaltenes Gemisch aus Schwefel, Salpeter und Erdöl, das die mörderische Eigenschaft besaß, auf dem Wasser zu brennen.

Zu den bedeutendsten Einnahmen des Staates gehörte die Konfiskation von Privateigentum als Strafe für Lästerreden. Hier soll sich Theodora, Prokop zufolge, besonders hervorgetan haben. Aber wieviel Glauben kann man dem alten Historiker schenken, der sein Leben am Hof verbringt, um die Kriege Justinians, die Generäle Justinians und die Bauten Justinians zu loben, und sich dann in sein Geburtsland Palästina zurückzieht, um eine *Geheimgeschichte* zu verfassen, in der er Gift und Galle gegen seine einstigen Herren spuckt? Dieses Werk verteilt er mit endlosen Ermahnungen zur Geheimhaltung an befreundete Mönche, so daß erst 1623 eine Kopie in der Apostolischen Bibliothek des Vatikans aufgefunden wird.

Die Konfiszierung des Eigentums politischer Straftäter zugunsten des Staates war damals vom Gesetz vorgeschrieben, und es ist nicht verwunderlich, daß Theodora aufgrund ihres starken ökonomischen Interesses auf die Ausführung dieser Strafe achtete. Ihr Verhalten Belisar gegenüber wird selbst bei Prokop als verantwortungsvoll und ausgewogen beschrieben.

Der tapfere General nutzte seine große Popularität, die ihm die Rückeroberung Italiens im Kampf gegen die Ostgoten eingebracht hatte, um den Großteil der Schätze von Gelimer und Witigis im Orient zu unterschlagen und zu verstecken. Theodora, die überall ihre Spione besaß, erfuhr davon. Im passenden Augenblick entsandte sie einen Vertreter des Hofes, der die gesamte Diebesbeute requirierte. Sie zählte und bewertete sorgsam das Geld und die Edelsteine, nahm dreitausend Goldpfund für die kaiserliche

Kasse, gab Belisar den Rest zurück und verzieh ihm. Während Justinian solchen Begebenheiten kaum Aufmerksamkeit schenkte, war die Kaiserin der Meinung, daß die Kriege, die riesige Geldmengen verschlungen hatten, dem Staatsschatz auch soviel wie möglich einbringen müßten.

Das einzige Gebiet, auf dem sie mit ihrem Gemahl in ernste Auseinandersetzungen geriet, war die Religion und betraf die Frage des Monophysitismus. Für sie war es eine weitreichende ökonomisch-politische Herausforderung, während Justinian als Verteidiger katholischer Orthodoxie in die Angelegenheiten der Kirche eingriff und sich nicht davon abhalten ließ, jeden zu verfolgen, der im Verdacht der Häresie stand.

In Konstantinopel beteiligte man sich ebenso leidenschaftlich an den theologischen Disputen wie an den Zirkusspielen. In den Wirtshäusern, auf den Straßen und in den Palästen war es völlig normal, Diskussionen über die Natur Christi oder die Transsubstantiation in der Eucharistie zu hören. Die Häresien blühten: Manichäer, Nestorianer, Jakobiten, Bogomilen, Paulisten, Montanisten wechselten sich im Laufe der Jahrhunderte darin ab, die Prinzipien der Kirche zu bedrohen. Während Justinian sich Rom und dem Abendland zuwandte, war seine Frau davon überzeugt, daß die Lebenskräfte des Reiches in den reichen Provinzen Syrien, Palästina, Armenien und Ägypten lagen. Der Transithandel mit afrikanischen und orientalischen Waren brachte dem Staat gewaltige Einnahmen. Unter dem Vorwand religiöser Abweichung verschleierten die Provinzen ihre separatistischen Absichten, um sich den Forderungen des Fiskus zu entziehen. In den ersten Herrschaftsjahren erreichte Theodora, daß ihre charismatischen Führer, wie Petrus von Apamea, Zoroas der Mönch und Severus, der abgesetzte Patriarch von Antiochia, bei Hofe geduldet wurden. Der Druck des Papstes, der sie exkommunizieren ließ, setzte Justinians Großmut ein Ende, und die Verfolgungen begannen von neuem. Theodora blieb nichts anderes übrig, als die Freunde in verschiedenen Klöstern zu verstecken, die mit ihrem Privatvermögen gegründet und unterhalten wurden.

So souverän wie in der Führung des Staates war Theodora auch in der Verwaltung der riesigen Besitztümer von Pontus, Paphlagonien und Kappadokien, die ihr Justinian in den ersten Ehejahren geschenkt hatte.

Karitative Organisationen lagen in der Obhut reicher Bürger und der Kirche. Theodora beschenkte nicht nur die Klöster, sondern ließ für arme Fremde, die nach Konstantinopel kamen, Herbergen bauen, gründete Hospitäler und Waisenheime. Ihre originellste Initiative war zweifellos das Kloster von Metanoia, oder Kloster der Erlösung, das in einem alten Kaiserpalast am asiatischen Ufer des Bosporus seine Tore ehemaligen Prostituierten öffnete.

Theodora wußte, wie sehr sich die Prostitution in Konstantinopel ausgebreitet hatte, sie kannte das Leben dieser Frauen genau, die sich für ein paar *Follis*, Bronzemünzen, verkaufen mußten. Sie wußte, daß Zuhälter ihre Opfer unter Kriegsgefangenen und Kindern armer Familien fanden. Diese zwangen den Mädchen einen Schwur ab, ihren Beruf niemals aufzugeben. Mit einer Intuition und Sensibilität, und damit ihrer Zeit um Jahrhunderte voraus, erkannte Theodora, daß die Ausgrenzung jener Frauen nur durch Gesetze aufgehoben werden konnte. Ihr Gemahl verfaßte unter ihrem Einfluß die *Novellae*, die den *Corpus Iuris* ergänzten und den christlichen Charakter des neuen Reiches in einem Gesetzbuch zusammenfaßten. Die Herrscherin brachte darin eine Reihe von Vorschriften zugunsten der Prostituierten ein.

Mit der *Novella XIV* verbot Justinian bei Todesstrafe die Verführung der Mädchen und ihre Ausbeutung durch Prostitution; *Novella LV* annullierte den von ihnen geleisteten Schwur, »denn die Frauen müssen wissen, daß der Bruch eines solchen Versprechens Gott gefälliger ist als die Einhaltung des Schwures«. Theodora wachte über die Ausführung des Gesetzes: Sie bestellte alle Zuhälter und Prostituierten der Stadt zu sich und zahlte mit ihrem eigenen Geld für jede die fünf Goldstücke zurück, die für ihren Kauf bezahlt worden waren. Dann schickte sie die Frauen mit einem sauberen Gewand und einem Goldstück zurück zu ihren Familien. Im Kloster von Metanoia nahm sie jene auf, die allein waren. Es kamen mehr als fünfhundert, die ihr Leben ändern wollten, aber »viele von ihnen stürzten sich in der Tiefe der Nacht von den Dächern und entzogen sich so einer Neuerung, die sie nicht gewünscht hatten«, berichtet Prokop.

Theodoras gesetzgeberische Aktivität zugunsten der Frauen blieb nicht darauf beschränkt. Sie fühlte sich weiblicher Solidarität verpflichtet. Ihre engsten Freundinnen überschüttete sie mit Geschenken, und sie vergaß auch jene nicht, die zu Hause, auf den Feldern oder in den Geschäften arbeiteten: Sie begriff, daß die Würde der Frau nur durch wirtschaftliche Unabhängigkeit erreicht werden kann und dies ebenfalls gesetzlich geregelt sein muß. Deshalb bemühte sie sich, die Normen des römischen Rechts zu verändern, die die Frau als Unmündige definierten. So verschwand aus den *Novellae* das Recht über Leben und Tod, das ein Familienoberhaupt in der alten Gesetzgebung für Frau und Kinder besaß. Ebenso entfiel die Vormundschaft für die Frauen, es blieb nur die über Minderjährige, jedoch unter Kontrolle des Staates. In der *Novella CXVIII*, über die man noch Jahrhunderte später diskutieren sollte, wurden die Töchter im Erbrecht ihren Brüdern gleichgestellt. Ferner erhielt eine geschiedene Frau das Recht, ihre Mitgift und die Hochzeitsgeschenke mitzunehmen und die Kinder auf Kosten des Vaters bei sich großzuziehen.

Theodora erreichte eine Verbesserung der Situation, aber keine grundlegende Wende. Auch im byzantinischen Recht hielten sich die Restriktionen römischen Ursprungs: Frauen durften keine öffentlichen oder bürgerlichen Ämter bekleiden, Richter, Bankiers oder Anwälte sein, ja nicht einmal an öffentlichen Versammlungen teilnehmen. Ein Ehemann konnte die rechtmäßige Scheidung erwirken, wenn sich seine Frau ohne sein Wissen in ein öffentliches Bad, den Zirkus oder das Theater begab.

Einer jener Widersprüche, an denen die Geschichte unendlich reich ist, besteht darin, daß die von Theodora angestrebte und initiierte Verbesserung der Situation der Frauen im Westen mehr Wirkung zeigte als in Osteuropa: Die Byzantinerinnen waren weiterhin ans Haus gebunden und vom öffentlichen Leben abgeschnitten. Sie besaßen weniger Selbständigkeit als die Römerinnen, die mit weitaus strengeren Gesetzen leben mußten.

Initiativen der Unternehmerinnen im Orient

In ihrer Funktion als Herrscherin bot Theodora ein klares Vorbild. Bei den Römern hatten die Ehefrauen der Cäsaren keine politischen, diplomatischen oder wirtschaftlichen Aufgaben, das Regieren wurde nicht als ihre Bestimmung betrachtet. Die Herrscherin im Orient wurde hingegen vor der Hochzeit gekrönt, was die Autonomie ihrer Macht symbolisierte. Neben ihrem persönlichen Eigentum verfügte sie über einen Teil der öffentlichen Einnahmen, die für wohltätige Zwecke und zur Unterhaltung des prunkvollen Lebens bei Hofe dienten. Ihr unterstellt waren der Majordomus als Chef der Kammerdiener, Spione und Ordnungssklaven, die für ihren persönlichen Dienst bestimmt waren, Hellebardiere, Wachen, Eunuchen und die adligen Damen ihres Gefolges. Gemeinsam mit dem Gemahl nahm die Herrscherin im Orient an allen offiziellen Zeremonien teil. Ihr Abbild erschien auf Münzen und Dokumenten. Seit dem 7. Jahrhundert konnte sie, wenn sie Witwe wurde, im Namen eines minderjährigen Sohnes die Herrschaft ausüben. In der Geschichte des römischen Reiches sollte dies sieben Mal geschehen.

610 empfing Herakleios I. die Kaiserkrone und eröffnete damit die byzantinische Epoche in der Geschichte des Ostreiches. In der Verwaltung trat der hierarchische und bürokratische Charakter hervor, es etablierte sich eine Schicht von Beamten, die gleichzeitig über Grundbesitz verfügten. Das Griechische ersetzte Latein als offizielle Sprache. Später fand der Hof einen würdigen Rahmen im Neuen Palast, einem prächtigen Bau mit purpurtapezierten Gemächern und Möbeln, die mit Gold und Elfenbein belegt waren.

Die orientalischen, gleich Göttern verherrlichten Herrscher bekämpften den Ikonenkult, der die Mönche der Hauptstadt und der östlichen Provinzen reich und mächtig machte. Die energische Kaiserin Eirene vereitelte entsprechende Erfolge. Man weiß nicht, wie groß die Vorteile waren, die sie damit dem Land brachte. Es schien vordergründig ein religiöser Streit zu sein, ausgehend von der Heiligenbildverehrung des einfachen Volkes. Tatsächlich war es jedoch ein wirtschaftliches Kräfteringen zwischen dem Kaiser, der von seinen Beamten und Landbesitzern unterstützt wurde, und intriganten Mönchen, den Hütern der Ikonen, die dank Schenkungen und Hinterlassenschaften zu Reichtum gelangt und überdies von allen Abgaben befreit waren.

Mitte des 8. Jahrhunderts war die Anbetung der Bilder bereits verboten. Leon III. und sein Sohn Konstantin V. befahlen deren Zerstörung, ließen die Klöster enteignen und verjagten die Mönche. 780 jedoch, nach dem plötzlichen Tod von Leon IV., ging die Regentschaft an seine Gemahlin Eirene über, Athenerin und Anhängerin des Ikonenkults. Unterstützt von der Begeisterung des Volkes, so die Chronik des Theophanes, beraumte Eirene in Nicaea ein Konzil an, das 787 die Bilderstürmerei als Häresie verurteilte. Das Dekret unterzeichnete sie gemeinsam mit ihrem noch minderjährigen Sohn Konstantin VI. Später mußte sie der Auflehnung Konstantins entgegentreten, weil sie die Macht, an der sie Gefallen gefunden hatte, ihm nicht überlassen wollte. Nach einer unruhigen Periode ließ sie den Sohn blenden und zu lebenslanger Haft verurteilen. Es war das Jahr 797: Eirene wurde die erste offizielle Kaiserin. Um ihre Position zu festigen, plante sie eine Reihe von Reformen, die ihre Popularität steigern sollten, zugleich aber die Staatskassen leerten. Nachdem sie den Mönchen ihre Klöster zurückgegeben hatte, ließ sie sogar neue errichten und beschenkte das Kloster des Sakkudion in Bitinia wie auch das des Studion in der Hauptstadt reich. Außerdem strich sie die Schulden der Steuerpflichtigen gegenüber dem Staat. Auf einem goldenen, von vier Schimmeln gezogenen

Wagen, von purpurgekleideten Würdenträgern umgeben, warf sie am Ostermontag des Jahres 799, aus der Apostelkirche kommend, Geldstücke in die Menge.

Zweifelhafte Aktionen, die ihre Macht festigen sollten, aber kaum gründlich überlegt waren. Eine Maßnahme jedoch war von besonderem Interesse und hätte der kaiserlichen Wirtschaftspolitik eine neue Richtung geben können. Bekanntlich lebte die Stadt Konstantinopel von ihrer Industrie, vor allem jedoch vom Transithandel, dessen Waren der Staat mit einem Einfuhrzoll von 10% belegte. In Hiereia, am Zufluß des Bosporus, kamen auf griechischen Schiffen chinesische Waren von der Krim, indisches Elfenbein und Edelsteine, persische Teppiche und Seide; über Cherson kamen vom Schwarzen Meer Sklaven und Felle aus Rußland, Bernstein und Trockenfisch vom Baltikum. In Abydos, auf dem Hellespont, wurden die Einfuhrzölle für Produkte aus dem Mittelmeerraum entrichtet: ägyptische Baumwolle, Holz aus dem Libanon, syrische Stoffe. Um die ins Stocken geratene Wirtschaft zu beleben und die kleinen Händler und Handwerker auf ihre Seite zu bringen, schaffte Eirene die Einfuhrzölle ab. Sie hoffte, dies mit größeren Einnahmen bei den direkten Steuern kompensieren zu können. Das hatte selbstverständlich Auswirkungen auf das Staatsvermögen. Dennoch bleibt offen, ob Eirene langfristig damit ihr Ziel hätte erreichen können. Sie wurde kurze Zeit später durch eine Palastverschwörung aus dem Weg geräumt und nach Lesbos verbannt, gerade als die Boten Karls des Großen eintrafen (im Jahre 802), der um ihre Hand bitten wollte, um so Herrscher des ganzen Reiches zu werden.

Eine andere Frau, auch sie hieß Theodora, regierte nach dem Tod ihres Gatten Theophilos. Sie führte den Bilderkult endgültig wieder ein, den man nach Eirenes Absetzung erneut bekämpft hatte. Das geschah am 11. März 843 mit einer feierlichen Zeremonie, die in der Ostkirche noch heute als »Fest der Rechtgläubigkeit« gefeiert wird. Theodora, eine Asiatin aus Paphlagonien, wurde im traditionellen Schönheitswettbewerb auserwählt, dem die anmutigsten und vornehmsten Mädchen in den Palast folgten, damit sich der Herrscher unter ihnen eine Frau suchte. Nach den Chroniken besaß sie politisches Gespür, Energie und Mut. Sie war eine gute Verwalterin, wie einer Episode zu entnehmen ist: Eines Tages stand Theophilos am Fenster. Er erblickte im Hafen ein außergewöhnlich gut ausgestattetes Schiff. Auf seine Frage hin erfuhr er, daß es Eigentum der Kaiserin sei. Er, der Größenwahnsinnige, der sich einen Thron bauen ließ, auf dem mechanische Vögel um goldene Platanen kreisten, während sich zu seinen Füßen goldene Löwen erhoben und brüllten, befahl, das Schiff anzuzünden, weil eine Herrscherin nicht Händlerin spielen dürfe. Der Seehandel brachte damals enormen Gewinn ein.

Natürlich gab es auch leichtsinnige und verschwenderische Herrscherinnen, wie Zoë, Kaiserliche Prinzessin und in dritter Ehe mit Konstantin Monomachos verheiratet. Dank Michael Psellos, Philosoph und wichtiger Kammerherr bei Hofe im 11. Jahrhundert, weiß man über ihr Leben gut Bescheid. Der Chronist verschwieg nichts von der maßlosen Verschwendungssucht der Kaiserin gegenüber Schmeichlern und Liebhabern. Zoës wahre Leidenschaft aber, für die sie große Summen in indische und afrikanische Waren investierte, bestand darin, »die Natur der Düfte zu verändern und Parfüms, neue, besondere Wohlgerüche zu schaffen, oder die vorhandenen auf vielfältige Weise zu verändern. Ihr privates Schlafzimmer sah wahrhaftig nicht schicklicher aus als die Werkstätten auf dem Markt, in denen die Schmiede ihre Arbeit verrichten. Überall im Zimmer verstreut glühten Kohlenbecken, und alle Mägde machten sich daran zu schaffen, diese Harze zu dosieren und jene zu mischen... Sie selbst, wie unempfindlich gegen die Hitze, war von einem dichten Ring dieser Becken umgeben«. Ihre Erzeugnisse verwandte sie als Weihrauch für die Heiligenbilder und als Kosmetik für sich selbst. Offensichtlich wirkte diese, denn als es ihrem Vater einfiel, sie zum ersten Mal zu verheiraten, war sie bereits fünfzig Jahre alt, erschien aber noch wie ein junges Mädchen.

Die Frauen des Volkes und die verschleierte Unternehmerin Danielis

Die wenigen verfügbaren Notizen über private wirtschaftliche Unternehmen von Geschäftsfrauen und die Führung staatlicher Unternehmen verdanken wir den Historikern und Chronisten jener Zeit, die ansonsten hauptsächlich von Kriegen und Palastintrigen berichteten. Unter der bis heute erhaltenen byzantinischen Literatur finden sich jedoch nur wenige private Dokumente. Somit ist es fast unmöglich, eine bessere Vorstellung vom Leben der einfachen Leute zu bekommen. Um den Rahmen wirtschaftlicher Selbständigkeit der Frauen aus dem Volk zu rekonstruieren, helfen einige wenige Angaben der Archäologen und wenige wertvolle Notizen, die man aus Nebensätzen einer Chronik oder Biographie gewinnt. Die ergiebigste Quelle stellen Gesetzestexte dar, die aber mit Vorsicht interpretiert werden müssen, da es nicht immer eine Übereinstimmung zwischen rechtlichen Normen und den wahren Sitten gab.

In den *Eklogen* des ikonenfeindlichen Kaisers Leon III. verändert sich das Vermögensrecht zugunsten der Frauen. Sie bleiben zwar noch immer vom öffentlichen Leben ausgeschlossen und verlieren sogar das Recht, Zeugnis abzulegen, man erlaubt ihnen aber andererseits, wie die Männer ihre eigenen Güter zu verwalten, Verträge und Testamente aufzusetzen. Witwen erhalten ihre Mitgift zurück und verfügen frei über das gesamte Vermögen des Gatten, bis die Söhne das zwanzigste Lebensjahr vollendet haben. In den Steuerlisten der Dörfer finden sich Witwen als Familienoberhäupter als Verantwortliche für die Güter der Gemeinschaft oder als Vormunde bei der Ehe der Söhne und Enkel. So ist in Eunokos am Strimon die Witwe Kodresa Familienoberhaupt. Sie lebt mit der Tochter Maria, dem Schwiegersohn Nicolas und der Enkelin Anna zusammen und wird für den Besitz zweier Weinberge, eines Gartens und eines Esels besteuert.

Auf dem Land hingegen gab es dafür kaum Neuerungen; Landwirtschaft und Tierzucht erfolgten mit primitiver Technik. Miniaturen und Elfenbeinfiguren, die aussagekräftigsten Zeugnisse über das Leben auf den Feldern, vermitteln den Eindruck, daß die Arbeitsorganisation wenig entwickelt war. Die strenge Kontrolle der Regierung dämpfte das Verlangen nach Verbesserungen bei den Landarbeitern, vor allem seitdem Herakleios um 600 das Land militärisch befestigt hatte. Im folgenden Jahrhundert entstand darüber hinaus der weltliche und kirchliche Großgrundbesitz.

Sogar in den großen Städten wie Alexandria, Antiochia und Konstantinopel, das damals rund 800.000 Einwohner zählte, waren den Angaben zufolge von Frauen geleitete Unternehmen undenkbar. Ausländer, die die Hauptstadt besuchten, waren erstaunt angesichts der vielen Frauen in den Werkstätten, man muß allerdings davon ausgehen, daß es sich dabei nicht um die Eigentümerinnen handelte.

Die einträglichsten Bereiche waren zwar Monopol des Staates, gleichzeitig existierte eine bunte Welt von Handwerkern und Händlern in vielen Stadtvierteln. Die Parfümerien befanden sich neben dem Bronzegitter des Kaiserpalastes, die Kerzenmacher in der Nähe der Hagia Sophia, Fischverkäufer und Fleischer hatten eigene Märkte, Brotverkäufer, Drogisten und Gastwirte waren in der ganzen Stadt verteilt. Ob kleine oder große Unternehmen, alle waren in Zünften zusammengeschlossen, die vom Staat aufs Peinlichste kontrolliert wurden. Ein wertvolles Dokument ist hierbei das *Buch des Eparchen*, ein Handbuch, das im 10. Jahrhundert von Leon VI.

für den Präfekten der Stadt verfaßt wurde, um die Einkäufe, die Verteilung der Arbeit und die Zugehörigkeit zu den einzelnen Zünften zu regeln. Diese Vereinigungen hatten ihren Sitz an der Mesa, der großen, von Laubengängen und Terrassen umsäumten Straße, die das Rückgrat der Hauptstadt bildete. Man wurde aufgenommen, wenn man eine Gebühr bezahlte und die Bürgschaft von fünf Mitgliedern beibrachte. Oft versammelten sich die Handwerksmeister, um allgemeine Probleme zu diskutieren. Frauen waren dabei nicht zugelassen, denn bekanntlich verbot ihnen das Gesetz, an jeder Art von Versammlung teilzunehmen, und hob zur Begründung vor allem die gefühlvolle Schwäche ihres Geschlechts hervor, wie auch ihre Neigung, einer Versuchung zu erliegen. In den Werkstätten und Geschäften drohten anscheinend weder Schwäche noch Versuchungen, denn dort arbeiteten viele Sklavinnen, Lohnarbeiterinnen und auch die Ehefrauen der Besitzer.

Es scheint unwahrscheinlich, daß es in Konstantinopel Frauen gab wie die freigelassene Eumachia, die in Pompeji mit dem Färben von Tüchern reich geworden war und im Forum das Gebäude ihrer Zunft erbauen ließ, oder eine gewisse Irene, Pächterin eines Steinbruchs, die mit 65 Jahren in Bruzio starb. Diese Geschäftsfrauen, mehr als einfache Händlerinnen, profitierten von einer emanzipatorischen Atmosphäre, die trotz der ungünstigen Gesetzgebung die Sitten im Kaiserlichen Rom beeinflußte.

In Konstantinopel zeichnen sich zwei parallellaufende, dabei widersprüchliche Phänomene ab: Einerseits werden die Gesetze milder, andererseits nehmen die orientalischen Sitten den Frauen aus mittleren Schichten jede Handlungsfreiheit und verbannen sie ins Haus. In Korikos in Zilizien weist das Studium der Grabinschriften aus dem 4. bis 7. Jahrhundert auf einen interessanten Querschnitt im Wirtschaftsleben des Dorfes hin. Es gibt etwa vierhundert verschiedene Berufe an, aber nur zwei Zünfte: Leinenhändler und Bankiers. Von den Frauen werden nur drei Diakonissen und drei Hebammen erwähnt, sogar die Sticker sind Männer. Johannes von Ephesus erinnert in der *Storia ecclesiastica* an zwei Ziegenwollspinnerinnen, die jeden Tag das Nötigste zum Leben erhielten.

Ein trostloses, dennoch nachvollziehbares Bild. Das Ostreich war ein Staat, in dem man es auch zu etwas bringen konnte, wenn man arm geboren war. Man mußte allerdings studiert haben und in die Bürokratie oder ins Heer eintreten – Voraussetzungen, die den Frauen eben verwehrt wurden. In der Mittelschicht war die Konkurrenz unter den unzähligen kleinen Handwerkern, Händlern und Ladenbesitzern groß. Andere Berufe, außer dem des Arztes in einem Frauenhospital, waren den Frauen per Gesetz verboten.

Über weitreichende Handlungsfreiheit verfügten neben der Kaiserin nur die Damen der Aristokratie. Ihr Wagemut illustriert die Gestalt der Danielis von Patras.

In der Nationalbibliothek von Madrid findet sich ein umfangreiches mit Miniaturen geschmücktes griechisches Manuskript vom Ende des 12. Jahrhunderts, das große Abschnitte der byzantinischen Geschichte darstellt. Einige Berichte, Bildergeschichten unseren heutigen Comics nicht unähnlich, haben jene Danielis zur Heldin, eine bedeutende Geschäftsfrau, die viele Jahre lang Kaiser Basileios I. unterstützte, den Gesetzgeber und Reformator des 9. Jahrhunderts. Wir sehen sie bei Tisch, in ihrem Haus in Patras auf dem Peloponnes, einer großen, reich mit Teppichen, Möbeln und mit wertvollem Geschirr ausgestatteten Villa. Sie sitzt zwischen ihrem Sohn und dem späteren, jetzt noch unbekannten Kaiser, dessen Schicksal sie bereits erahnte. Der Leser erfährt, daß sie unermeßlich reich war: In einer Zeit, in der sich die Gesetze über den Großgrundbesitz oft änderten, war die Dame, die allein in der Region Patras über achtzig Besitzungen und zahlreiche Villen und Herden verfügte, zur Unternehmerin geworden, indem sie Spinnereien für Seide und Leinen sowie Teppichfabriken gründete.

Auf anderen Bildern ist sie bei Reisen nach Konstantinopel zu sehen, wo sie um das Jahr 880 Kaiser Basileios und später seinen Nachfolger Leon VI. besuchte. Es ist ein prachtvoller Zug, der die Provinzen des Reiches durchquert und sich vor den staunenden Augen der Stadt- und Landbewohner ausbreitet. Danielis reist in einer mit rotem und blauem Tuch ausgeschlagenen Sänfte, die von acht Sklaven in kurzer Tunika und weichen Stiefeln getragen wird. Trotz ihrer gesellschaftlichen Stellung und dem persönlichen Engagement entzieht auch sie sich nicht dem Gesetz, zeigt sich so wenig wie möglich, und ist deshalb nur ganz in weiße Schleier gehüllt zu sehen. Im Heiligen Palast nimmt sie im Beisein des Kaiserpaares am Defilee ihrer Diener teil, die den Herren kostbare Geschenke überreichen, darunter Teppiche, die in ihren Fabriken gefertigt wurden.

Mit einzigartiger Geschicklichkeit und großem Talent brachte Danielis ein Vermögen zusammen, das nur von dem des Kaisers übertroffen wurde. Als sie starb, hinterließ sie alles Leon VI. »Da gab es zahllose Goldstücke und eine große Menge goldener, silberner und bronzener Gegenstände, Kleider, Sklaven und Tiere... Der Sklaven gab es so viele, daß man mit der

Erlaubnis des Kaisers dreitausend von ihnen die Freiheit schenkte und sie in das Langobardenreich schickte. All ihr Besitz, Geld und Sklaven, wurde nach den Bestimmungen des Testaments verteilt, dem Kaiser blieben dann noch achtzig Besitztümer.«

Das unternehmerische Glück der Witwe Danielis muß auch für ihre Zeit außergewöhnlich gewesen sein, vor allem deshalb, weil sie ihr ungeheures Vermögen als Frau angehäuft hat. Das Gesetz kannte also bei der Verwaltung des Besitzes kein Geschlecht. Vielleicht gab es auch andere Frauen, die aufgrund ihrer gesellschaftlichen Stellung von den Verboten der Zünfte befreit und nicht in den heimischen Winkel verbannt waren, die ihre Talente und Gelder ebenfalls Früchte tragen ließen.

In dieser Zeit begann neben den Aristokratinnen eine andere Gruppe von Frauen, in der Verwaltung von Finanzen Erfahrungen zu sammeln: die Nonnen. Im Orient hatten sie neben dem Gebet auch die Aufgabe, in den Gefängnissen und Erziehungsanstalten als Aufseherinnen zu arbeiten. Den Klöstern wurden die weiblichen Gefangenen anvertraut, die auf ihr Urteil warteten, ebenso verführte und sitzengelassene Mädchen oder Ehebrecherinnen in Erwartung der Vergebung des Ehemannes. Als Gegenleistung für diese und andere ähnliche Dienste erhielten die Nonnen großzügige Schenkungen, die sie mit Umsicht verwalten mußten, um daraus einen steten Gewinn zu ziehen.

Im Viertel Deuterion, im Westen der Hauptstadt, ließ die Frau des Alexios Komnenos, Eirene Dukas, zu Beginn des 12. Jahrhunderts zum Dank für ein glückliches Leben ein Nonnenkloster errichten, das der Heiligen Jungfrau geweiht war. Die sechzig Seiten der Schenkungsurkunde sind von der Kaiserin mit ihrem Fingerabdruck in purpurroter Tinte unterzeichnet und bis heute erhalten. Neben vielfältigen moralischen Empfehlungen trifft Eirene sorgfältige Entscheidungen zur Verwaltung, verbietet den Verkauf der Güter, empfiehlt eine peinlich genaue Rechnungsführung und geht so weit, den Kauf von Stoffen für die Jahreszeit, in der sie weniger kosten, wie die Wiederverwendung von geschmolzenem Wachs zu empfehlen.

So erlernten die Nonnen, in diesem und anderen Klöstern, ein beachtliches Vermögen zu verwalten. In einem der nächsten Kapitel werden wir sehen, wie weit die wirtschaftlichen und kulturellen Aktivitäten gingen, die von den Frauen im Schatten des Klosters ausgeführt wurden.

Kapitel II

Die andere Hälfte des Lehens

Die Führung eines Schlosses

»Die Welt schien still zu stehen, auf den Feldern hörte man keine Stimme, die Hirten auf den Weiden pfiffen nicht mehr, die Wölfe fielen nicht über die Schafe her, Hühner und Gänse hatten keine Gefahr mehr zu befürchten. Als die Erntezeit gekommen war, wartete das Getreide vergebens auf den Mäher, die Weinberge verloren unter dem Ansturm des Winters ihre Blätter und waren aber noch voll schöner, roter Trauben. Tag und Nacht erklang die Fanfare des Krieges, überall hörte man den Lärm kämpfender Heere.«

So beschrieb der Geschichtsschreiber Paolo Diacono Italien im 6. Jahrhundert, als der von den Generälen Justinians zur Rückeroberung des Landes geführte Krieg mit der Pest im Land wütete. Ostgoten und Vandalen hatten Rom geplündert, Attilas Hunnenhorden den Norden der Halbinsel verwüstet, dann fielen die Langobarden über das Land her und hinterließen zerstörte Städte, verfallene Festungen und von den Bauern verlassene Felder.

Im 8. Jahrhundert hatte Italien nur noch fünf Millionen Einwohner. Die schönen Pflanzungen der Kaiserzeit waren zu Sümpfen und verwilderten Weiden verkommen. Schweine, Kühe und Pferde trieben sich in spärlichen Getreidefeldern mit schlechter Hirse und Spelz herum, die an die Stelle des Weizens auf der karg gewordenen Erde getreten waren. Das übrige Europa befand sich in ähnlichem Zustand, von England bis Deutschland, vom Piemont bis in die Pyrenäen war das Land von dichten Wäldern bedeckt. Ein ungewöhnlich feuchtwarmes Klima zwischen dem 6. und 10. Jahrhundert scheint ihr Wachstum begünstigt zu haben. Dieses Klima verursachte auch eine Reihe furchtbarer Überschwemmungen, wie jene, die 580 den Flußlauf der Etsch und des Piave veränderten.

Aber das Leben ging weiter. Angelsachsen in England, Franken in Gallien, Ostgoten in Spanien, Langobarden in Italien bildeten mit den unterworfenen Völkern neue Reiche: Eine neue Aristokratie, die sich den letzten Invasoren (Ungarn, Slawen, Arabern) entgegenstellte, errichtete Burgen auf den Höhen zwischen den Wäldern.

Während in Italien ein Rest des einstigen Stadtlebens unter dem Schutz der Bischöfe fortbestand, bildete im übrigen Europa das Schloß, Verteidigungsfestung und Verwaltungszentrale in einem, für die Menschen auf dem Land das Zentrum. Karl der Große hatte mit der Einführung des Feudalismus die wirtschaftlichen und rechtlichen Aufgaben sowie die Verteidigungsfunktionen des Staates an jene Grafen und Herzöge übertragen, die ihm die Treue geschworen hatten. Daraufhin herrschten 3.000 bis 5.000 Feudalherren als offizielle Vertreter des Kaisers über ihre Provinzen. Sie wiederum delegierten einen Teil der Macht an die ihnen untergebenen Ritter, die für weniger große Besitztümer verantwortlich waren.

Das Leben in einem Schloß stellt man sich gewöhnlich luxuriös vor, mit prächtigen Banketten und Troubadouren, die den Damen Liebeslieder widmeten. All das gab es, wenn überhaupt, nicht vor dem 12. Jahrhundert. In den karolingischen Burgen war das Alltagsleben hart. Die Frauen der Feudalherren unterstützten ihre Männer bei ihren Pflichten. Oft in der Verwaltung und immer dort, wo eine kreative und organisatorische Anstrengung gefragt war. Die deutschen, französischen und italienischen Adelsdamen genossen weitgehende Autonomie, obwohl die römischen Gesetze und die angestammten Sitten die Unterlegenheit der Frau als Selbstverständlichkeit begriffen. Die Frauen waren in die Lage versetzt, ein *Management* auszuführen und somit einen entscheidenden Beitrag zur neuen Welt zu leisten, die sich gerade zu entwickeln begann.

Auf dem Portal des Naumburger Doms ist die Statue der Stifterin Ute gemeinsam mit der ihres Gemahls Ekkehart eingemeißelt. Sie ist in einen Mantel gehüllt, den sie mit der rechten Hand bis zum Gesicht hochzieht, und mit einer Krone geschmückt. So scheint sie ihre Macht zu demonstrieren. Eine Macht, die Karl der Große in ein Gesetz faßte, als er im *Capitulare de villis Nr. 16* schrieb: »Wir wünschen, daß alles, was wir oder die Königin jedem unserer Richter oder Minister befohlen haben, durch den Haushofmeister zur Kenntnis gegeben werde, damit man es erfülle.« Ingmar von Reims, der 882 für Karl den Dicken eine Palastordnung verfaßte, unterstellte den Kämmerer, der für den königlichen Schatz verantwortlich war, direkt der Königin. Ihr oblag auch die Aufgabe, jährlich die Palatine zu bezahlen und sich um die Beschaffung von Nahrung, Getränken und Pferden für die Soldaten zu kümmern. Auch die Feudalherrinnen, Gräfinnen und Herzoginnen übernahmen zahlreiche Funktionen in der Verwaltung der Landwirtschaft wie bei der Führung der Burgen.

Von diesen Bauten, zumindest von denen, die vor dem 12. Jahrhundert errichtet wurden, ist fast nichts erhalten. Wo kein anderes Bauwerk an dieselbe Stelle getreten ist, bezeugen ein paar Steine den Platz der Festungen, die ansonsten aus Holz waren und deshalb der Zeit nicht standhielten. Die Archäologie liefert Hinweise, wie die Anlagen strukturiert waren und wie man in ihnen lebte. Aus Untersuchungen der aus Sümpfen geborgenen Fossilien wurde eine zuverlässige Europakarte der Wälder gewonnen, welche die Burgen umgaben.

Die Wälder, Zuflucht der Vogelfreien und der Eremiten, bedeckten den Südosten Englands und erstreckten sich bis zum penninischen Gebirge im Norden. Eichen-, Buchenwälder und Moore wechselten einander auch auf der bayerischen Hochebene ab, bis hin zum undurchdringlichen Schwarzwald entlang des Rheins und bis an die Grenze des Böhmerwalds. Die Altmark war mit Nadelbäumen bedeckt. In den slawischen Ebenen bauten die Wenden und Sorben auf verbrannter Erde ihre vergänglichen Kulturen an.

Frühere Abholzungen hatten die Wälder der Mittelmeerländer wie Spanien und Italien stark reduziert. Die Pyrenäen, Piemont, große Gebiete des Apennin und des Ätna blieben dennoch kaum passierbar. In Frankreich hingegen nahmen das Loirebecken, die Gebiete um Paris und Flandern wie auch die aquitanischen Ebenen, die freundlichen Muldentäler zwischen Ahorn, Pappeln und Nußbäumen der Normandie, die Koniferenwälder des Jura und des Zentralmassivs und die trostlose Heidelandschaft der Gascogne größere Menschengruppen auf.

Die Waldbestände, von Karl dem Großen (für Kontinentaleuropa) und von dem Normannen Wilhelm, Eroberer Englands im Jahre 1066, erfaßt, wurden von den weltlichen Feudalherren und den Vertretern der Kirche kontrolliert. Sie gaben den Bauern die Weideerlaubnis, ließen sie Eicheln und wilde Früchte sammeln und Holz auflesen. Sich selbst behielten sie das Privileg der Jagd auf Hirsche und Wildschweine, Hasen und Fasane vor, die einen stets willkommenen Beitrag zum Speiseplan der Herren bildeten. Mit Schwertern, Bogen und Hundemeute jagten die Adligen der Felle wegen auch Otter, Biber und Wildkatzen. Sie organisierten ferner Jagden auf Bären und Wölfen, den Schrecken der mittelalterlichen Dörfer.

In den von Wald umgebenen Burgen, die Wege miteinander verbanden, die nur die Ritter kannten, mußten die Frauen den Alltag der Gemeinschaft und die Verarbeitung der Landprodukte organisieren. Im 9. bis 12. Jahrhundert bestanden die Burgen aus einer Vielzahl von Bauten, die von mächtigen Mauern umschlossen waren und zahlreiche Menschen beherbergten: die Familie des Vasallen, seine Diener, Handwerker, Minister, die für die Verwaltung zuständig waren, Priester für die Kapelle. Außerdem befanden sich dort Pagen (Jünglinge aus anderen Familien, die ihre Erziehung vollenden wollten), Krieger für die Verteidigung und die Schöffen des Gerichts. Im Fall eines Krieges oder einer Hungersnot öffneten sich die

Tore auch für die Leibeigenen und die Pächter der herrschaftlichen Felder.

Ausgrabungen haben die vieleckigen Mauern der Burg von Troyes aus dem 10. Jahrhundert ans Tageslicht gebracht. Sie umgaben den Palast des Grafen, die sogenannte *aula comitis*, einen Turm, eine Kirche und eine Mühle. Die Burg gehörte den Grafen der Champagne, die sie zwei Jahrhunderte später aufgaben, um in einen Neubau neben der Kollegialkirche St. Stefanus zu ziehen. Diese neue Residenz besaß zusätzlich eine geschlossene Fassade zwischen zwei Türmchen und einen großen Saal in der ersten Etage, der über eine Galerie mit der Kirche verbunden war. Die Wohnräume der Herren lassen sich nicht rekonstruieren. Es ist aber sicher, daß zu der Burg auch ein Hospital gehörte. Die Grafen der Champagne zählten zu den reichsten Frankreichs. Sie verfügten über viele weitere Residenzen, darunter die Felsenburg von Provins, deren großer achteckiger Turm sich über dem Vorgebirge erhob.

Der Chronist Galbert von Brügge hinterließ im Jahre 1127 eine Beschreibung des Schlosses der Grafen von Flandern. Es stand in der Mitte des Flusses Reye, wurde von Brücken mit dem Festland verbunden und von einer bis zu fünfzehn Meter dicken Mauer geschützt. Die Halle des Grafenpalastes ruhte auf einem steinernen Fundament und öffnete sich auf eine Loggia, die man von außen durch eine Holztreppe erreichte.

Zu den unermüdlichsten Baumeistern gehörten die Herzöge der Normandie, die ihre Ländereien in Rouen, Caen und Falaise mit Burgen versahen. Als sie Zugang zum englischen Thron erlangten, setzten sie ihre Bautätigkeit auch in England fort. Das hervorstechendste Monument ist der Londoner Tower, ein Werk der Baumeister Wilhelms des Eroberers.

Bei der Rekonstruktion von Schlössern des kleineren Adels hilft die Liebe zum Detail des Chronisten Lambert d'Ardres. Der Priester tat Anfang des 13. Jahrhunderts im gleichnamigen Schloß Dienst.

Zu Zeiten Lamberts stand der Grafenpalast auf einem Unterbau aus Holz, in dem sich Keller und Lagerräume befanden. Die Halle im oberen Geschoß war zugleich Verwaltungs- und Gerichtssaal, Empfangsraum und Treffpunkt der Familie. Daneben lagen die Schlafzimmer der Eltern und die der kleineren Kinder und ihrer Kindermädchen. Die Halbwüchsigen schliefen in der zweiten Etage, einem Labyrinth aus kleinen Zimmern, Treppen und Korridoren. Eine geschlossene Galerie verband den Palast mit der runden Kirche aus dem 9. Jahrhundert, an deren Vorraum der Gebetssaal des Grafen grenzte. Am Kreuzgang lagen das Haus des Probstes und die Gemeinschaftsräume einander gegenüber. Neben der Küche und der Bäckerei waren Hühner und Schweine in Ställen untergebracht. Der drohenden Brandgefahr wegen war alles in separaten Gebäuden angelegt. Das Ganze war wie ein Unternehmen angeordnet, über dem die Hausherrin wachte. Sie kümmerte sich um das Eintreiben der Abgaben. Konnte eine Bäuerin nicht den vereinbarten Schafbock abliefern, ließ sich die als herrisch beschriebene Gräfin dafür eine Tochter geben. Sie zog das Mädchen auf und verheiratete es mit einem Pächter, damit aus der Ehe neue Leibeigene entstünden, die den Wohlstand der Familie beförderten.

Weiterhin ist dokumentiert, daß die Gräfin die Rechnungsbücher des Verwalters kontrollierte. Sie kümmerte sich um die Dienerschaft und den Komfort des Schlosses als ihren ersten Pflichten. Alle fürchteten sie, und die Bauern wußten, daß sie sich den Naturalienabgaben nicht entziehen konnten: Eier, Hühner und Wein, die die Vorratsräume füllten. Die Schloßherrin entschied über die Mahlzeiten für das Personal und die Pächter. Einfache Gerichte, die in einem dafür bestimmten Speisesaal eingenommen wurden: Hirse- oder Haferbrei, Schwarzbrot, wenig Fleisch, wenn meist vom Schwein.

Die Herrin überwachte auch die Verarbeitung der Lebensmittel. Die Burg stellte schließlich das Zentrum eines geschlossenen Wirtschaftssystems dar, das mit den Erträgen der Felder und Wälder die Herren, ihre Untergebenen und die Leibeigenen mit allem Nötigen versorgte. In jener Zeit war nur wenig Geld im Umlauf. Nominale Grundlage war das von Karl dem Großen geprägte fränkische Pfund mit 491 Gramm Silber, unterteilt in 240 Groschen. Schlechte Verkehrswege und das rare Vorkommen des wertvollen Metalls zwangen jedoch zu einem autarken Produktionssystem. Der Handel auf den lokalen Märkten erfolgte auf der Basis des Warentauschs.

Selbst bessergestellte Pächter zahlten dem Feudalherren für ihr Stück Land und für das Recht, Tiere in den Wäldern des Herren weiden zu lassen, Getreide, Holz und Wild. Die Pächter, an den Boden gebunden, auf dem sie geboren waren, mußten bei ihrer Heirat eine Hochzeitsabgabe leisten, außerdem willkürlich festgelegte Steuern zahlen, wenn der Herr in den Krieg zog oder seine Tochter verheiratete, und darüber hinaus einen bestimmten Prozentsatz der Erträge der von ihnen bearbeiteten Felder abliefern. Sie waren verpflichtet, ihre Ernten in der Mühle und der Wein- oder Ölpresse des Besitzers zu verarbeiten und dafür zu bezahlen, eine Regelung, die als Bannrecht bezeichnet wurde. Die persönliche Bindung an den Boden umfaßte außerdem die Pflicht, eine bestimmte Anzahl von Tagen gratis auf den Feldern zu arbeiten, die der Herr persönlich kontrollierte, oder bei Hofe Frondienst zu leisten.

Zum festen Personal der Burg kamen wechselnde Stellmacher, Schmiede, Brauer und Arbeiter, die in den Werkstätten Leinen webten oder in der Küche und in den Lagern beschäftigt waren. All diese Menschen mußten ernährt werden, aber vor allem arbeiten, damit die Bilanz des Feudalunternehmens positiv blieb. Die Schloßherrin überwachte im Winter das schwierige Einsalzen von Fleisch, das auf diese Weise für spätere Zeiten konserviert wurde. Milch war ein Luxus: In den Molkereien der Schlösser des Nordens wurde daraus in hölzernen Fässern, die zwischen Ruinen gefunden wurden, Butter für die Herrentafel gewonnen. Auch Wein und Bier, kostbarste Waren, verlangten bei der Herstellung und Lagerung besondere Sorgfalt.

Während vom Grafen militärische oder juristische Dienste verlangt wurden, hatte sich seine Frau um das Erscheinungsbild des Anwesens, die Ausstattung und das Ausrichten von Empfängen zu kümmern. Möbel aus dieser Zeit gibt es heute nicht mehr. Von Chronisten und aus Miniaturen wissen wir, daß die Tischplatten auf Holzböcken lagen, die Bänke am Kamin standen, die stabilen Betten und die Truhen eher grob gefertigt waren. Ausstaffiert wurden die Räume mit Teppichen und bestickten Stoffen, die Stühle und Wände bedeckten, als Baldachin über den Betten hingen und von den Tischen bis zum Boden reichten. Die Herrin stieg oft in die Werkstätten hinab (diese wurden zwischen dem Mauerring und den kleinen Räumen der Handwerker ausgegraben), wo die Pächter sponnen und webten und die Kleidung für die ganze Familie herstellten. Dann ging sie in die geheizten Räume der Edelfräulein hinauf, die traditionelle »Weberlieder« sangen und mit kostbaren Seidenfäden, später auch mit Gold, wahre Kunstschätze schufen. Die Tochter von König Eduard III. von England, Lady Jane, trug diese Stoffe, und Eleonore aus der Provence, Frau von Heinrich III. von England, zeichnete selbst die Vögel, Tiere und Blumen, die dann gestickt wurden. In der Tapetenwerkstatt von Bayeux kann man noch heute das berühmteste Werk von Frauenhand bewundern, ein Produkt aus dem Frauenhaus der Königin Mathilde, das auf 58 Bildern die Eroberung Englands von Wilhelm und seinen Normannen beschreibt.

Kissen, Tapisserien und Tischtücher schmückten im Schein der Wachslichter und des Kaminfeuers den großen Saal während der Empfänge. Die Herrinnen des Kleinadels überwachten persönlich die Küche, obgleich dort keine kulinarischen Raffinessen zubereitet wurden. Auf dem Herrentisch türmten sich Fleischberge, Hirsch, Reh, Gans, gefüllter Kapaun, am Spieß serviert oder auf großen Silbertellern, welche den Reichtum der Familie hervorheben sollten (und, wenn nötig, schnell eingeschmolzen wurden, um Geldstücke daraus zu machen). In England durften Rind- oder Hammelfleischsuppe nicht fehlen. Die Tauben wurden hingegen überall geschätzt, deren Aufzucht dem Herren vorbehalten war. Die Lebensmittel wurden stark gewürzt, gleichwohl die Gewürze von weither kamen und teuer waren. Teuer war auch der Dörrfisch, Nahrung an Fastentagen, wenn der Schloßherr nicht über Reserven verfügte oder weit vom Meer entfernt wohnte.

Man aß in Paaren von einem Holzbrett und legte das Fleisch auf Brotscheiben, die anschließend an Arme verteilt wurden. Gäste brachten meist ihr eigenes Messer mit, ansonsten benutzte man die Finger. Am Ende der Mahlzeit gab es Honiggebäck und kandierte Früchte, auch Orangen, die aus dem Süden eingeführt wurden, was kostspielig war.

Empfänge bedeuteten für die Schloßherrin zum einen eine Abwechslung zu den sonst üblichen Musik- und Spielabenden (vor allem Würfel und Schach: bei Ausgrabungen wurden zahlreiche Spielsteine gefunden!). Zum anderen stellten sie aber eine wirtschaftliche Belastung dar, vor allem, wenn der Gast der Herrscher oder der nächsthöhere Feudalherr war, der meist mit großem Gefolge reiste. Die Gäste blieben der schwierigen Reise wegen mehrere Tage und verpflichteten die Hausherrin, Schlafplätze und genügend Essen vorzubereiten. Organisatorische Fähigkeiten waren dabei um so gefragter, je mächtiger der Feudalherr war.

Im Herzen Englands erstreckte sich die Grafschaft Leicester, die noch im 13. Jahrhundert nach feudalen Grundsätzen geführt wurde, da die Könige Plantagenet länger als auf dem Festland an ihnen festhielten. Das Rechnungsbuch von Eleonore von Leicester ist bis heute erhalten. Aus den kleinen und großen Ausgaben kann man die Verantwortung ablesen, die die Führung eines feudalen Haushalts erforderte.

Im Mittelpunkt steht der Kauf von Lebensmitteln. Die Gräfin notiert die Ausgaben für Trockenfrüchte, Pfeffer, Salz, Senf, Ingwer, Zimt und Gewürznelken. In sieben Monaten wurden 53 Pfund Pfeffer verbraucht, in einer Zeit, da der Preis für Pfeffer um 10 Pence pro Pfund lag, während ein Arbeitstag mit einem Pence entgolten wurde. Ihr Hofstaat verbrauchte an einem Sonntag ein Rind, drei Kälber, sechs Dutzend Hühner und zehn Hammel, an einem Samstag im Mai wurden sechshundert Eier und dreizehn Pfund Wachs für die Kapelle gekauft. Eleonore sorgte für die Ausstattung der Fohlenställe, ließ Kutschen reparieren oder eine neue anschaffen. Sie besorgte Wein, Schuhe, Hosen, rief nach dem Barbier und bezahlte die Boten, die dem Gatten bei Abwesenheit Briefe nachtrugen. Auch die Summe von 4 Pence pro Tag für die Armen wurde vermerkt.

Eleonore scheint trotz ihrer vielfältigen Aufgaben eine sorgende Mutter gewesen zu sein. Die Töchter behielt sie bei sich, obwohl diese schon dreizehn Jahre alt waren und man die Kinder üblicherweise ab dem achten Lebensjahr zur Erziehung in ein Kloster oder in das Haus von Freunden schickte. Dafür brauchte sie dann jedoch Kindermädchen. Denn Eleonore war viel unterwegs, um die Besitzungen zu kontrollieren. Im tiefsten Winter legte sie in einem geschlossenen Wagen 15 Meilen über schlammige Straßen an einem Tag zurück, um die Einnahmen einiger weit entfernter Güter zu berechnen.

Für die edlen Damen war das Reisen jedoch nichts Ungewöhnliches, die verschiedenen Residenzen mußten schließlich besucht werden: Eleonore von Montfort leitete einen königlichen Zug, und Mahaut, Gräfin von Artois, eine Zeitgenossin, zog von Schloß zu Schloß, gefolgt von Köchen, Wäscherinnen, Kammerdienern, außerdem einem Schuster, einem Arzt, einem Kaplan sowie einem Sekretär und Schatzmeister. Mahaut betätigte sich als Wohltäterin: Zu Winterbeginn verteilte sie Decken, Kleidung und Schuhe an die Armen, dabei wachte sie sorgsam darüber, daß niemand in zwei aufeinanderfolgenden Jahren die gleiche Gabe erhielt. Sie erfüllte ebenso größere Aufgaben, kaufte und finanzierte zum Beispiel ein Krankenhaus.

Zur Entspannung vom aufreibenden Tagewerk erging man sich abends im von Mauern umgebenen Garten, vergnügte sich mit Schachpartien und Musik. Im Juni kam die Aufzucht der jungen Jagdsperber hinzu, die zwischen Stoffen und Federn warmgehalten wurden. Schließlich zog man sich ins Schlafzimmer zurück, dessen Ausstattung der ganze Stolz der Hausherrin und oft ein kostbarer Teil ihrer Mitgift war. Der Dichter Baudri de Bourgueil hat das Zimmer der Adele von Blois-Chartres, Tochter des Eroberers, beschrieben, das überdies im Wandteppich von Bayeux festgehalten ist. Adeles Zimmer ist reich an Teppichen, die biblische Szenen zeigen. Der Marmorfußboden enthält Intarsien, die Füße des Bettes sind aus Elfenbein und der Baldachin aus Seide, Gold und Silber.

Adele war sehr gebildet und hatte einen Kreis von Intellektuellen um sich versammelt. Sie las Ovid und Martianus Capella, besaß eine eigene Bibliothek. Bücher gehörten oft zu den beständigsten Werten der Mitgift. Die

Edeldamen gaben auch für die Neuanschaffung von Büchern enorme Summen aus. Eine Gräfin von Anjou bezahlte für ein Buch mit Predigten zweihundert Schafe, viele Marderfelle, einen Karren Roggen, einen mit Weizen und einen mit Hirse. Die Witwe des Grafen von Burgund hatte in ihrer Bibliothek Handschriften von heiligen Büchern wie der Bibel, dem Psalter, den Lebensbeschreibungen der Heiligen und der Kirchenväter. Sie verfügte über eines jener Stundenbücher mit Miniaturen, die die Beschäftigungen während eines Tages zeigten. Kinder wurden damit erzogen. Sie las Boethius auf französisch, außerdem höfische Romane, Geschichtsbücher wie die Chronik der Könige von Frankreich und besaß darüber hinaus eine Übersetzung der Gesetze der Normandie in Versen.

Die Macht der Feudalherrinnen

Adele von Blois-Chartres wurde 1102 Witwe, als ihr Mann Stephan in einer fernen Schlacht starb. Sie selbst hatte ihn gedrängt, seine Ehre wiederherzustellen, indem er zum ersten Kreuzzug zurückkehrte, von dem er geflohen war. Bis zur Volljährigkeit ihrer Kinder lagen in Adeles Obhut neben der Führung des Hoflebens und der Burgen auch die Verwaltung der Besitzungen. Das machte sie bekannt, obwohl sie bestimmt kein Einzelfall war. Die Chroniken jener Zeit berichten von vielen Frauen, die als Witwen oder während der langen Abwesenheit der Ehemänner kompetent mit Einnahmen, Ausgaben und Investitionen umzugehen lernten.

Die Regentinnen forderten die Feudalabgaben ein, und auch alle außerordentlich anfallenden Steuern. Sie kontrollierten die Verwalter, halfen beim Eintreiben der Hauptabgaben auf die Ernte, die im Herbst, am Tag des heiligen Michael oder des heiligen Martin, geleistet wurden. Sie eilten von einem Ort zum nächsten, damit die Frondienste zur rechten Zeit organisiert und die Wälder nicht übermäßig ausgenutzt wurden. Die Damen befaßten sich darüber hinaus auch mit der militärischen Verteidigung und der Rechtsprechung.

So saß im Jahre 1105 Emma, Markgräfin von Imola, einem Gericht vor, wie es auch Adelheid von Saluzzo, Beatrix und Mathilde von Tuscien taten. Außerdem mußte man sich in Zeiten von Hungersnöten um die Armen kümmern, Löhne entrichten und Geschenke vorbereiten, die man untereinander austauschte.

Hervorgetan mit ihren Leistungen haben sich in Frankreich in der

Grafschaft der Champagne Maria von Navarra, die zwischen 1181 und 1222 regierte, und später Bianca, Schwester von König Philipp August. Zu jener Zeit gewannen die Märkte an Bedeutung. In regelmäßigen Abständen wurden sie in Provins, Bar, Troyes und anderen Orten der Grafschaft abgehalten, auf halbem Weg zwischen Flandern, Italien und der Provence konzentrierte sich dort für sechs Wochen der internationale Handel. Die Flamen brachten Stoffe, die Italiener Seide, orientalische Gewürze und byzantinische Goldschmiedearbeiten, die Franzosen boten ihren Wein feil. Den Herren der Champagne, also auch den Gräfinnen Maria und Bianca oblag es, in den Jahren ihrer Regentschaft darüber zu wachen, daß das Asylrecht während der Marktzeit eingehalten wurde. Niemand durfte für Verbrechen verfolgt werden, die er früher begangen hatte, sogar das Verbot des Zinswuchers war für diese Zeit aufgehoben. Die Einnahmen der Grafen der Champagne waren so beträchtlich, daß sie aus persönlichem Interesse das Straßennetz und die Rastplätze pflegen ließen. Den flämischen Produzenten stellten sie sogar feste Pavillons und eine Reihe von Boten zur Verfügung, die für eine tägliche Verbindung mit dem Heimatland sorgten.

Die Markgräfin Adelheid blieb in Italien lange über ihren Tod hinaus in Erinnerung. In der Mitte des 11. Jahrhunderts stand sie an der Spitze der Dynastie der Arduinici von Turin. Dank der Verwandtschaft mit dem Hause der Franken und der Freundschaft zu Mathilde von Tuscien nahm sie Einfluß auf Staatsangelegenheiten.

Neben der ökonomischen und juristischen Führung des Besitzes wußten viele der Burgdamen sich auch selbst mit der Waffe in der Hand zu verteidigen.

Von beispielhafter Selbständigkeit jener Zeit ist der Fall der Herzogin von Bar: Heinrich V. war der langen Belagerung der lothringischen Festung müde, die von ihr verteidigt wurde. Deshalb drohte er, ihren Mann umzubringen, den er als Gefangenen genommen hatte. Die Edeldame stand unmittelbar vor der Niederkunft. Sie bat um einen Tag Kampfpause, und sie brachte im richtigen Moment einen Sohn zur Welt. Die Männer der Festung ließ sie dem Neugeborenen die Treue schwören. Das Ultimatum konnte sie daraufhin ignorieren. Ihr Gemahl hatte die Funktion, die ihn unersetzlich machte, verloren.

Römisches Recht und alte Sitten

Der Umgang mit der Macht hing auch bei den Burgfrauen von der individuellen Stärke ab. Oft waren sie Opfer des eigenen Reichtums und wurden schon als Kinder zu politisch motivierten Eheschließungen gezwungen. Man behandelte sie wie Tauschobjekte für ein gutes Geschäft. Aus dem Wirrwarr der Gewohnheitsrechte und des römischen Rechts zogen einige Frauen beträchtliche Vorteile, die ihnen jedoch jederzeit entzogen werden konnten.

In vielen Ländern galt die Vormundschaft, die für jede Entscheidung einer Frau die Bürgschaft des Mannes oder eines Verwandten verlangt. Die Ansprüche, die eine Frau an den Besitz des Vaters oder Ehemannes stellen konnte, waren nach Land und Zeit unterschiedlich geregelt. In den ersten Jahrhunderten des Mittelalters herrschte das Gewohnheitsrecht der Rechtspersönlichkeit: Man war, wo man sich auch befand, nicht dem örtlichen Recht unterworfen, sondern dem des eigenen Herkunftslandes.

Frauen aus reichen Familien konnten mit einer Mitgift rechnen. Von ihrem Ehemann erhielten sie am Tag nach der Eheschließung zusätzlich eine »Morgengabe«.

Das römisch-byzantinische Vermögensrecht, im 6. Jahrhundert mit der Wiedereroberung in Italien eingeführt und von den Ostgoten nach Spanien getragen, stellte nach den von Theodora inspirierten *Novellae* Männer und Frauen bei der Aufteilung des väterlichen Erbes gleich. Zahlreiche Dokumente bezeugen, daß die Adelsdamen, vor allem wenn sie Witwen wurden, eigenmächtig über ihr Geld verfügten. Eine gewisse Elissa schenkte dem Kloster von Farfa im Jahre 831 Häuser und Landbesitz. Gräfin Mathilde aus Pisa kaufte 930 von Bewohnern der Stadt Pontigio für Geld und Rinder deren Besitz. Ebenfalls in Pisa erwarb eine Gisela im Tausch gegen zwei Goldspangen zwei männliche und zwei weibliche Sklaven.

Bei den Invasoren germanischer Abstammung (vor allem Langobarden, Burgunder und Franken) sahen die Gewohnheitsrechte, die allerdings erst aufgeschrieben wurden, als sie schon vom römischen Recht beeinflußt waren, die Unmündigkeit der Frauen vor. An der Vormundschaft durch Vater oder Ehemann wurde festgehalten. Die Ländereien der Familie konnten nicht an eine Frau vererbt werden. Sie durfte nur Vermögen der Mutter oder vom Vater erworbene Güter erhalten. Die »Morgengabe« war deshalb von Bedeutung, weil sie meist aus einem Stück Land bestand. Sie begründete allerdings Diskussionen über das Recht der Witwe, wiederverheiratet oder nicht, ob sie darüber als Eigentümerin oder nur als Nutznießerin verfügen dürfe.

Die normannischen Herzoginnen wußten sich zu schützen, indem sie schriftliche Garantien verlangten. Angesichts des Umfangs ihrer Gaben war das nur berechtigt. Dabei hatte Luitprand bereits im Jahre 727 in der Kodifizierung des langobardischen Rechts vorgreifend festgelegt, daß die Morgengabe ein Viertel des Besitzes des Ehemannes nicht überschreiten dürfe. Die Damen mußten diese Gabe oft gegenüber den eigenen Söhnen verteidigen. Elisabeth von Jaligny, Großtante von Heinrich Plantagenet, verbrachte ihr Leben damit, ihre Rechte zu wahren. Unmittelbar nach ihrer Hochzeit unternahm sie die beschwerliche Reise in ihre Heimat, weil Verwandte ihr das Erbe streitig machten. Als sie Witwe wurde, mußte sie sich mit dem ältesten Sohn auseinandersetzen. Mit Hilfe des Grafen von Anjou, dem Herren der Region, besiegte sie ihn. Sie versuchte, gerecht zu handeln: In Bourbon belehnte sie den jüngeren Sohn mit ihrem persönlichen Besitz, und einem Neffen überließ sie das Gut von Jaligny.

Im Norden Europas jedoch blieben die Gewohnheiten, die den Frauen entgegenkamen, länger bestehen, da die dort siedelnden Stämme (Sachsen, Friesen, Wikinger) erst im 7. Jahrhundert in Kontakt mit Westeuropa traten. Die Adelsdamen genossen nicht nur weitreichendere Besitzrechte, sie hatten auch Zugang zum öffentlichen Leben: Denn als Karl der Große sein Reich neu ordnete, bestimmte er auch die Rechte und Aufgaben der Königin. Das Beispiel des Karolinger Königshofes, wie es in den Worten über die Obliegenheiten der Herrscherin skizziert wurde, ermunterte die Gemahlinnen der Adligen in ganz Europa, in Abwesenheit des Mannes wirtschaftliche und administrative Aufgaben zu übernehmen.

Die feudale Abhängigkeit beruhte ursprünglich auf der persönlichen Verbindung zwischen Herr und Vasall. Der Herr entlohnte den Vasallen mit der Erlaubnis, einen Besitz zu verwerten, der fast immer in Grund und Boden bestand. Der Vasall verpflichtete sich dafür, zugunsten des Herrschers die wirtschaftlichen und juristischen Aufgaben, die mit der Führung des Besitzes verbunden waren, wie auch die militärische Verteidigung zu übernehmen. Vor allem diese Pflicht ließ das Problem der offiziellen Überlassung eines Feudalbesitzes in den Händen einer Frau deutlich werden. Von Ausnahmen und Notsituationen abgesehen, waren Frauen nicht befähigt, Waffen zu tragen. Ein Hindernis, das trotz der vereinzelt liberalen Bräuche damals kaum überwunden werden konnte.

Außerdem fiel der Feudalbesitz beim Tod des Vasallen automatisch an den Herrscher zurück, der dann eine neue Vergabe festlegte. Sehr früh bereits, mit den Kapitularien von Quierzy aus dem Jahre 877 wurde die Nachfolge der großen Feudalgüter, die direkt vom König abhingen, erblich geregelt. Konrad II. dehnte dieses Recht noch vor seiner Krönung 1024 auch auf jeden anderen Feudalbesitz aus. Die Struktur des Feudalstaates blieb zwar erhalten, die Güter wurden jedoch auf Dauer von einem Vasallen bzw. dessem rechtmäßigen Erben verwaltet. Riß die männliche Linie der Nachfahren ab, konnte die Erbschaft auch an eine Frau fallen. Seit dem 10. Jahrhundert war man bemüht, die großen Familien fortbestehen zu lassen, die man mit der Vergabe eines Nachnamen zu festigen und zu identifizieren suchte. Zunächst bei den Fürstenfamilien, die direkt dem Landesherren unterstanden, konnten später fast überall Frauen, wenn sie die einzigen Erben waren, die feudale Belehnung erhalten. Man verpflichtete sie lediglich, einen Mann zu suchen, der in der Lage war, ein Heer aufzustellen.

Adelheid von Turin, Mathilde von Tuscien und Eleonore von Aquitanien waren die berühmtesten, offiziellen Feudalherrinnen. Im Laufe der Jahrhunderte gab es in Europa zahllose andere; in der Region von Troyes in der Champagne beispielsweise waren zwischen 1152 und 1284 von 284 Besitzern von Lehen 104 Ritter, 48 Damen und 10 Edelfräulein. Ihre Aufgaben unterschieden sich nicht von denen jener Frauen, die für den abwesenden Ehemann oder den minderjährigen Sohn regierten, mit einer Besonderheit: ihre Entscheidungen bedurften keiner Genehmigung oder Bestätigung.

Einige Frauen kauften sich ihre Pfründe: Mitte des 16. Jahrhunderts erwarb Maria Laura Loffredo aus altem normannischen Geschlecht die Universität von Matera, der sie sich angeblich verbunden fühlte, für 48.000 Dukaten als Lehen.

Wie investierten aber die Burgherrinnen ihre Überschüsse? Welche Beziehungen hatten sie zum Naturalbesitz und zum Geld, das damals nur begrenzt zirkulierte? Obwohl ihnen die Kontrolle der Ausgaben für die Verwaltung und die Repräsentation oblag, sie zuweilen auch über die Anschaffung neuer Immobilien entschieden, sorgten sich die Feudalherrinnen (wie ihre Gatten übrigens auch) nie darum, ein Geldkapital zu bilden, selbst wenn sie das Recht hatten, Münzen zu prägen.

Vor der Ausweitung des Handels und dem Aufbau der Städte im 12. Jahrhundert verurteilte die Kirche, die über das größte Geldvermögen verfügte, die Anhäufung von Reichtum und insbesondere den Geldverleih.

Ziel der Arbeit sollte nicht die Bereicherung sein, sondern einzig der Erhalt der Lebensverhältnisse. Überschüsse mußten die Herren für wohltätige Zwecke und die Unterstützung von Kranken und Bedürftigen spenden. Klöster und Bistümer gaben mit der kostenlosen Verteilung von Essen und Kleidern in Notzeiten ein Beispiel. Deshalb tätigten die Burgherrinnen in erster Linie Investitionen, die keinen unmittelbaren Gewinn brachten, dafür aber einen Platz im Himmel sicherten.

Ausgaben für die Speisung und Kleidung der Armen, die Krankenpflege und deren Unterbringung tauchen in den Rechnungsbüchern der Gräfin von Leicester und der Mahaut von Artois ebenso wie bei allen anderen Edeldamen auf. Oft mündeten die wirtschaftliche Unabhängigkeit und der Überschuß des Feudalunternehmens in beträchtliche Schenkungen an die Kirche. In Dokumenten aus Spanien, Italien, Frankreich und Deutschland finden sich 7 bis 18 % Adelsdamen, allein oder mit ihren Erben, unter den Spendern von Grund und Boden. Zwischen den Jahren 1000 und 1249 kamen von 883 Schenkungen, die drei religiöse Einrichtungen im Anjou entgegennahmen, 11,8 % von Witwen und 31,4 % von verheirateten Frauen.

Viele von ihnen gründeten Hospitäler und Abteien oder bauten Kirchen, wie Maria von Coucy, die nicht einmal zu den reichsten Frauen ihrer Zeit gehörte, oder Königin Anna, die im Jahre 1051 aus Kiew gekommen war, um Heinrich I. zu heiraten. In den Jahren ihrer Regentschaft, stellvertretend für ihren Sohn Philipp, gewährte sie zahlreiche Privilegien und Schenkungen, die sie stolz in slawischen Lettern mit »Anna Königin« unterzeichnete. Außerdem ließ sie die Kirche des Heiligen Vincent in Senlis errichten. Bis zur französischen Revolution feierten die Domherren jedes Jahr am 5. September einen Gottesdienst zu ihrem Gedenken und bewirteten anschließend dreizehn arme Witwen.

Mathilde von Tuscien

Unter den zahlreichen Feudalherrinnen des Mittelalters gehörte Mathilde von Tuscien zu den weitsichtigsten und mutigsten. Ihr Leben und Teile ihrer Besitztümer, die zu den größten Europas zählten, verwandte sie für die Verteidigung der Unabhängigkeit der Kirche gegenüber der Übermacht des Kaisers und für den ewigen Traum von der Errichtung eines italienischen Staates. An der Spitze ihrer Truppen kämpfte sie gegen die Heere des Kaisers. Sie reiste, gründete Hospitäler, Heime und Herbergen, förderte die landwirtschaftliche Urbarmachung. Sie starb als alte Frau, enttäuscht von einer Welt, der sie mit Intelligenz begegnet war. Mathilde wurde zu einer Legende.

Die mächtige Familie Attoniani, von der sie abstammte, kam ursprünglich aus dem Gebiet der Garfagnana und der oberen Toskana, zog von dort zu den Kämmen des Apennin. Um das Jahr 1000 erhielt Tedaldo den Markgrafentitel und die Herrschaft über die Ländereien um Mantua, Reggia, Brescia und Modena.

Sein Sohn Bonifatius eroberte mit unorthodoxen Methoden und zum Schaden der Bistümer und Pfarreien bei gleichzeitigem persönlichen Vorteil Bergamo, Cremona, Rovigo und einiges Land der Region um Bologna und Ferrara. Er ließ sich mit seinem Hof in Mantua nieder. Mit einem Netz von 85 Burgen kontrollierte er Ortschaften, Pfarrgemeinden und Landgüter über einige hunderttausend Hektar, zur Unzufriedenheit der Bischöfe und örtlichen Adligen. Auf dem Apennin von Reggia, dem uneinnehmbaren Felsen von Canossa, stand die Festung, die mit römischem Marmor, der aus Luni herbeigebracht wurde, verziert war. Von hier aus überblickte Bonifatius die Bergkämme, die sein Herrschaftsgebiet umschlossen. 1027 wurde der reichste Mann Italiens vom Kaiser zum Herzog ernannt.

Die Frauen hatten seit seiner Ära immer einen Platz in der ersten Reihe. Seine erste Gemahlin, Richilde, unterstützte den Gatten bei seinen Feldzügen. Seine zweite Frau, Beatrix, brachte ihm als Brautgabe Lothringen und eine Verwandtschaft mit dem Kaiser. Als der Markgraf nach Frankreich ging, um sie zur Frau zu nehmen, so erzählt der Dichter Donizone, ließ er die Pferde mit Silber beschlagen, ohne die Nägel zu befestigen. »Die Pferde liefen und das Silber flog davon. Die Bevölkerung der Region sammelte es sogar auf den Feldern auf, als Beweis für seinen Reichtum.« Als er seine Frau an den Hof von Mantua führte, »gab es für das Volk Brunnen voll Wein, auf den Tischen standen Teller und Schalen ganz aus Gold und Silber... und drei Monate lang hielt man in Murego reichen Hof«.

1052 blieb Beatrix mit ihrer kleinen Tochter Mathilde als Witwe zurück. Ihr Verhältnis zum Kaiser war angesichts der drohenden Rebellion der Vasallen und der von Bonifatius unterdrückten Städte angespannt. Aus politischen Gründen wie persönlicher Neigung heiratete sie Gottfried II. von Lothringen, dem es kurze Zeit später gelang, die Situation zu beruhigen, und der sogar eine Option auf das Herzogtum von Spoleto und die Mark von Camerino erwarb. 1069 aber starb auch er. Beatrix wurde zur

Herrin des Hauses. Mathilde unterstützte sie schon bald in den Regierungsgeschäften, nach einer kurzen und unglücklichen Ehe mit dem Sohn des Stiefvaters, den sie verließ, ohne ihm die Vorrechte des ersten Ehemannes zu überlassen. Es lag in der Tradition ihrer Familie, daß das Lehen auch auf die Frauen übertragen werden konnte.

Der Vater hatte Mathilde ein enormes Vermögen hinterlassen und eine außerordentlich schwierige politische Situation dazu. Die Macht der Attoniani war kaiserlichen Ursprungs, in Italien nahm der Einfluß des Papsttums aber zu, und zwischen diesen beiden höchsten Autoritäten entzündete sich ein tödlicher Konflikt. Seit den Zeiten Ottos, etwa ein Jahrhundert zuvor, hatten die deutschen Kaiser von der Schwäche der römischen Kurie profitiert und selbst Bischöfe und Äbte eingesetzt. Da diese keine Kinder hatten (zumindest keine rechtmäßigen), war auf diese Weise eine periodische Rückkehr ihres Vermögens in die Hand des Herrschers gesichert. Die Konsequenzen für die Kirche waren katastrophal. Darüber hinaus waren es nicht eben die heiligsten, die ernannt wurden, sondern jene, die dem Kaiser am meisten ergeben waren, oft Menschen ohne jede Berufung, deren Lebenswandel kein erbauliches Beispiel bot.

Als Hildebrand von Soana den Heiligen Stuhl bestieg, ein Kluniazensermönch, der den Namen Gregor VII. annahm und die nach ihm benannte »gregorianische« Reform der Kirche initiierte, entbrannte ein offener Kampf mit Heinrich IV., ein Cousin mütterlicherseits von Mathilde. Beatrix war 1076 gestorben und wurde in der gerade im Bau befindlichen Kathedrale von Pisa beigesetzt, in einem romanischen Bogen, der später auf den benachbarten Friedhof versetzt wurde. Mathilde mußte sich entscheiden, um das Wirrwarr von kaisertreuen Bischöfen, der vom Papst abhängigen Äbte und der Städte, die von einer Seite zur anderen wechselten, durchgreifend zu ordnen. Es blieb der Traum, für dessen Erfüllung ihr Vater seinen Besitz an Grund und Boden, Reichtum und Feudalrechten angehäuft hatte. Ein Traum, der auch sie dazu trieb, ständig umherzureisen, darüber zu wachen, daß Kanäle und Übergänge passierbar blieben, und Pächtern wie Abteien Land und Wälder zu gewähren, damit diese sie trockenlegten: der Traum, einen italienischen Nationalstaat auf persönlichem Eigentum und nicht auf kaiserlichen Konzessionen zu gründen.

Die Popularität des Kaisers schwand, als er sich in offenen Konflikt mit dem Papst begab. Und Mathilde, die schon seit längerem mit Gregor sympathisierte, schlug sich ganz auf dessen Seite. So gewann sie den mächtigsten Verbündeten für ihren Traum: die Kirche. Einige Historiker deuteten dieses Verhalten als mystische Krise. Tatsächlich jedoch war es eine politisch äußerst umsichtige Entscheidung. Die Gräfin folgte damit zwar auch ihrem Glauben, aber die Sorgfalt, die sie auf diplomatische Beziehungen und wirtschaftliche Abkommen, wie auch auf die Verbesserung der Lebensbedingungen auf ihren Besitztümern verwandte, zeigen Entschlossenheit und Weitblick. Gregor VII. und der Bischof von Lucca waren ihre geistlichen Berater, bei juristischen Fragen wandte sich Mathilde jedoch an Irnerius, einen bekannten Juristen, dem sie den Auftrag erteilte, an der Universität von Bologna das *Corpus Iuris* zu lehren.

Der Gang nach Canossa beeindruckte Zeitgenossen und Nachgeborene: Im Februar 1076 erklärte Heinrich IV. mit einer für jene Zeit unerhörten Gottlosigkeit den Papst für gestürzt. Gregor, der sich der Wertschätzung und Zustimmung der Christenheit wie der bewaffneten Unterstützung der Markgräfin von Tuscien sicher war, reagierte mit der Exkommunikation, die den Kaiser mit dem Kirchenbann belegte und, was schlimmer war, seine Vasallen von ihrem Treueschwur entband. Im Januar 1077, bevor der Reichstag abgehalten wurde, bei dem die deutschen Fürsten seine kaiserliche Macht widerrufen hätten, reiste der Kaiser nach Italien, um sich mit dem Papst zu versöhnen. Gregor erwartete ihn in der Felsenburg von Canossa, eingeschlossen in einen dreifachen Ring aus Mauern. Barfuß und nur mit einer Kutte bekleidet wartete im dichten Schneefall der Kaiser drei Tage vor dem Tor. Er weinte und flehte um Vergebung. An seiner Seite Kaplan Benzo, der ihn lehrte, Reue zu zeigen.

Der Papst traute ihm dennoch nicht. Die Blüte des Adels war indes im Burgsaal zusammengekommen und setzte sich für den Reuigen ein. Vor allem Mathilde, bewegt von der Erniedrigung des Cousins, dem sie in Kinderjahren sehr zugetan war, verwandte sich für ihn.

Am nächsten Morgen endlich öffneten sich die Tore, und dem Kaiser wurde feierlich Vergebung gewährt. Die Exkommunikation wurde zurückgenommen. Aber der Frieden dauerte gerade so lange, wie Heinrich brauchte, um seine Angelegenheiten in Deutschland zu regeln. Anschließend fiel er erneut in Italien ein, diesmal mit seinem Heer, um die erlittene Erniedrigung zu rächen. Mathilde setzte alles daran, die Kirche und das Volk zu verteidigen, das der Zug des Kaisers gepeinigt zurückließ.

An der nötigen Entschlossenheit und Erfahrung fehlte es ihr nicht. Kaum volljährig, wurde sie den Dokumenten zufolge gemeinsam mit der Mutter zum Vorsitz des Gerichtshofes für Florenz und die Toskana berufen: 1073 konfiszierte sie den Besitz von Santa Felicita und das Eigentum der Pfarrei, 1079 verurteilte sie die Domherren von Lucca, die der Papst exkommuniziert hatte, zur Knechtschaft.

Ihr Herrschaftsstil war oft hart. Sie forderte hohe Abgaben von Pisa und Lucca, die sie dem Papst übergeben wollte, behielt aber einen Teil davon für sich. Sie verlangte, um nicht selbst zahlen zu müssen, von ihren Leuten die Beherbergung des Bischofs Anselm von Canterbury, der auf dem Weg nach Rom ihre Länder durchquerte, weil er sie als besonders sicher empfand. Einen Bischof aufzunehmen bedeutete für die Pächter, die Burgen an seinem Weg mit frischem Fleisch, mit Kräutern, Wein, Kerzen, Holz und Futter für die Pferde zu versorgen.

Die Gräfin vermittelte außerdem eine Ehe zwischen Konrad, Sohn Heinrichs IV., der aufgrund von Unstimmigkeiten mit dem Vater um ihre Gastfreundschaft gebeten hatte, und der Tochter Rogers, Graf von Sizilien, der unermeßlich reich war und somit seinen Anteil im Kampf gegen den Kaiser tragen konnte.

Mathilde unterstützte die von Heinrich Verfolgten. Sie machte ihm Vasallen abspenstig, indem sie diese aus ihrem Besitz belehnte und mit Geschenken überschüttete.

Geld gab sie auch reichlich für die Repräsentation aus: Ihre Paläste in Mantua und Florenz waren erlesen eingerichtet. Donizone, der Kustos der Kirche von Canossa, der die Tugenden seiner Herrin in dem Gedicht *Vita Mathildis* pries, verherrlichte sie als königliche Kriegerin. Dargestellt in einer Miniatur, die sie auf dem Thron sitzend zeigt, blond und mit zarten Zügen, in einen golden gesäumten Mantel gehüllt, nimmt sie das kostbare Manuskript, das sich heute in der Bibliothek des Vatikans befindet, aus der Hand des Mönches entgegen. »Sie besaß eine beeindruckende Bibliothek«, schreibt Donizone, »jetzt hat sie eins von jeder Doktrin, fein illustriert.« Die Gräfin sprach mühelos deutsch und französisch, und die Edelfräulein aus Adelsfamilien stritten sich darum, an ihren Hof zu kommen.

Mathildes eigentliche Interessen lagen woanders. Das zeigte sich an ihren vielen Wohltaten, Privilegien, die sie verlieh, Lehen, Wälder, Ortschaften, die sie an Kirchen und Klöster, Diözesen und Kapitele verschenkte. Die 156 erhaltenen notariellen Urkunden, unterzeichnet mit ihrem stolzen Kreuz über dem Motto »Mathilda Dei gratia si quid est«, dokumentieren zum größten Teil Schenkungen an kirchliche Einrichtungen. Insbesondere das San-Benedetto-Kloster in Polirone, zwischen Suzzara und Mantua, in dem sie einst begraben sein wollte, überschüttete sie mit

Gaben. Darunter im Jahr 1104 Häuser und Hügel im Wald von Casalavone, mit der Erlaubnis »zur Urbarmachung, Abholzung, zu weiden und die Früchte des genannten Waldes und anderer Wälder der Gegend zu verwerten«. 1107 machte sich das Kloster an die Urbarmachung des Landes am Poufer, wo neue Dämme gebaut werden mußten, nachdem die alten zerfallen waren. Mathilde entband das Kloster von der Beherbergungspflicht, erlaubte ihm, seine Herden auf ihren Wiesen zu weiden, gewährte ihm die Gunst, auf ihrem Besitz Bäume zu fällen, Holz zu schlagen und zu fischen.

Mathildes Großzügigkeit gegenüber der Kirche resultierte nicht aus großer Frömmigkeit, sondern war Bestandteil eines Planes für den wirtschaftlichen und gesellschaftlichen Aufbau ihres Landes.

Nach den Zerstörungen durch Invasionen und Kriege und aufgrund der klimatischen Veränderungen im 5. Jahrhundert waren die Poebene und das Podelta über weite Strecken zugewuchert und mit Sümpfen bedeckt. Der Wein- und Olivenanbau auf den Hügeln der Toskana war verkommen, so daß der Boden schutzlos der Erosion ausgesetzt war.

Mit dem Bevölkerungswachstum um das Jahr 1000 begannen die Abteien, unterstützt von den großen Feudalherren, Arbeiten zur Gewinnung von neuem Ackerland. Die Benediktiner und ihre Anhänger unternahmen die ersten Dränagen und Grabungen, um die Sümpfe trockenzulegen. Später begann man auch in anderen Gegenden, Wälder abzuholzen. Das Land, das die Herren, und Mathilde mehr als alle anderen, den Abteien überließen, wurde unter den Pächtern aufgeteilt. Diese mühten sich, unter Anleitung des Klosters, einem frühen Unternehmen zur Bodengewinnung, es urbar zu machen.

Mathilde war sehr am Voranschreiten der Arbeiten interessiert. Dank der Kontrolle der Sümpfe durch Dämme, Deiche, Gräben und Sammelkanäle gehörten zu Zeiten der Gräfin die Gegenden um Mantua, Modena und Bologna zu den blühendsten und am dichtesten bevölkerten Italiens. Auch in der Toskana veränderte sich die Landschaft mit der Urbarmachung und der Aufteilung der hügeligen Flächen durch Einfriedungen, Stufen und Terrassen. Die Bevölkerung nahm überall zu, und aus der Kollektivarbeit entstanden unzählige neue Dörfer.

Neben dem Planen und Initiieren dieser Langzeitprojekte setzte die Gräfin auch Mittel frei, um für Pilger zu sorgen. Dem Kloster San Benedetto schenkte sie ein Krankenhaus. Außerdem führte sie die Verteilung von Almosen für 4.000 Arme an jedem ersten Montag im Monat ein. Dieser Brauch hielt sich bis 1592. Mathilde verstand es, ein Netzwerk weitreichender Unterstützungen aufzubauen, das sich gut in die Kontrolle über ihre Besitzungen fügte.

Die Apenninen zu überqueren, war damals ein schwieriges Unterfangen, die Straßen waren unsicher und beschwerlich. Mathilde ließ entlang dieser Wege, die auch ihre Ländereien miteinander verbanden, Herbergen und Hospitäler errichten. In den Hospizen konnten Männer und Frauen kostenlos übernachten und sich mit Reittieren, Verpflegung und Geleit bis zur nächsten Unterkunft versorgen. In der Abtei von Frassinoro gab es sogar einen Pavillon für besondere Gäste und deren Gefolge. Es entstanden weitere Unterkünfte, die alle von Mönchen bewirtschaftet und aus Spenden der Gräfin finanziert wurden.

Florenz, vor deren Stadtmauern Mathilde in einem Palast lebte, erhielt 1079 in Anerkennung ihrer Bedeutung für den Handel eigene Maßeinheiten, Gewichte und Mengen, die auf einen Stein im Tor von San Pancrazio eingemeißelt waren. Später wurde der Stadt sogar das Recht gewährt, die Steuern in der Umgebung einzutreiben. Lucca und Pisa schwankten zwischen dem Gehorsam für Mathilde und der Anerkennung der kaiserlichen Macht. Mantua aber, ihre Lieblingsstadt, bereitete Mathilde eine große Enttäuschung, als sie sich nach elfmonatiger Belagerung Heinrich IV. ergab, obwohl die Gräfin sie mit unzähligen Soldaten und Lebensmitteln versorgt hatte. Erst am Vorabend ihres Todes gelang es ihr, Mantua wieder zu unterwerfen. Mathilde war zwar ganz eine Feudalherrin, sie erahnte dennoch die Bedeutung, die die Städte gewinnen würden.

Zu den verschiedenen Regierungsaufgaben, die Mathilde über zwanzig Jahre wahrnahm, gehörte auch die Pflicht der militärischen Verteidigung, zu der sie die Übergriffe des Kaisers immer wieder zwangen. Die Kriegsführung stellte eine gewaltige wirtschaftliche Belastung dar. Heinrich verkündete 1081 in Lucca, sie sei ihrer Macht enthoben und vom Kaiserreich mit dem Bann belegt. Um sie aber zu enteignen, mußte er ihre Ländereien militärisch besiegen. Mathilde zog die Rüstung an und begab sich zu Pferd an die Spitze des Heeres. Nach anfänglichen Erfolgen erlitt Heinrich auf dem Schlachtfeld von Sorbara eine bittere Niederlage. Und die Gräfin, die dem Feind Verluste beigebracht hatte, die eines Bonifatius würdig gewesen wären, eroberte eine Burg nach der anderen zurück. Zwanzig Jahre später, 1092, zwang sie den kaiserlichen Cousin in der Schlacht von Canossa erneut auf die Knie. Das brachte endgültig die Wende.

Die Kriegsjahre führten kurzzeitig zu Liquiditätsschwierigkeiten. Einmal mußte sie den Abt von Canossa um die Goldkronen und den silbernen

Altartisch bitten, um daraus Geld zu machen, ein Verfahren, das damals nicht ungewöhnlich war. Gelegentlich halfen ihr auch Klöster mit Geld aus. Mehr als einmal, so geht aus den Dokumenten hervor, war sie gezwungen, Hypotheken auf ihren Besitz aufzunehmen. Ihr Vater Bonifatius hätte unter ähnlichen Umständen weniger rücksichtsvoll gehandelt und statt dessen Städte und Vasallen geplündert oder mit Steuern belegt.

Entsprechend der Kirchenlehre achtete Mathilde darauf, nicht unnötig Reichtümer anzuhäufen. Sie hatte keine Erben, und einige Monate nach der Begegnung von Canossa begab sie sich zum Papst nach Rom, um ihm im Petersdom ihre gesamten Güter zu vermachen, über die sie sich jedoch bis zu ihrem Tod weitestgehende Verfügungsgewalt vorbehielt. Um diese Schenkung wurde später viel gestritten, denn unter rechtlichen Gesichtspunkten konnte Mathilde die kaiserlichen Lehen, wie die Markgrafenschaften von Spoleto und der Toskana, nicht verschenken. Diese waren derart schwer von den lehnfreien Besitzungen und anderen Rechten zu trennen, daß diese Angelegenheit über mehrere Jahrhunderte zwischen der Kirche und dem Kaiserreich diskutiert wurde, bis man sie mit der Teilung des Erbes löste.

Mathilde hatte während der Kämpfe gegen Heinrich IV. erkannt, daß es unmöglich war, ihren Traum von einem italienischen Staat zu verwirklichen. Sie nahm den Titel einer Vizekönigin an, den ihr der Nachfolger Heinrich V. anbot. Sie wußte, daß die Zukunft Italiens in den Städten und Dörfern lag, denen sie viele Wohltaten zukommen ließ. In den letzten Jahren vervielfachten sich die Schenkungen, gleichzeitig verzichtete sie auf die Eintreibung ihrer Feudalrechte und traf 1115, in der Stunde ihres Todes, die Entscheidung, alle Leibeigenen auf ihren Ländereien freizugeben. Es war ihr nicht gelungen, die Halbinsel politisch zu einen, dafür hat sie den wirtschaftlichen Aufschwung entscheidend mit in die Wege geleitet.

Schon im 12. Jahrhundert konnte man große Veränderungen wahrnehmen: Es entstanden viele neue Gemeinden. Durch die Kreuzzüge verstärkte sich der Kontakt zum Orient, der Handel blühte auf. An den Universitäten kam es zum Austausch mit der arabischen Kultur.

Auch gesellschaftlich passierte viel. In immer mehr Ländern konnten die kleinen Feudalherren der Konkurrenz der städtischen Märkte nicht standhalten. Das Bürgertum entfaltete sich, parallel dazu manifestierte das kanonische Recht, das in die Statuten der italienischen Städte aufgenommen wurde, frauenfeindliche Tendenzen. Vergeblich, um die Schwäche des weiblichen Geschlechts zu schützen, grenzte es jene Autonomie ein, die die

Frauen aus mittleren Schichten gerade erst entdeckten. Dessenungeachtet trug Frauenarbeit in den Städten maßgeblich zur Entwicklung der Wirtschaft aller europäischen Länder bei.

Kapitel III

Von Dienerinnen und Königinnen

Der Alltag der Hermentrude

Entlang der Täler der Loire, der Seine und des Rheins, zwischen den Sümpfen der Poebene und den Hügeln Umbriens und der Toskana öffnete sich schon vor dem Jahr 1000 das Land, nachdem Sümpfe trockengelegt und Wälder niedergebrannt worden waren. Im Schatten einer Kirche oder einer Burg existierten kleine Dörfer von den Erträgen der Felder. Umherziehende Köhler, die sich feudaler Fesseln entzogen, lebten vom Verkauf von Holzkohle und Honig, von Pilzen und anderen Waldfrüchten. Neunzig Prozent der europäischen Bevölkerung, Millionen Leben, Männer wie Frauen, bildeten mit schwerer und auch gut organisierter Arbeit über Jahrhunderte den produktiven Sockel der Wirtschaft. Die Zeit hat zwar Namen und Gesichter ausgelöscht, dennoch gibt eine archäologische Ausgrabung oder ein Dokument, das Kriege und Zerstörungen überstanden hat, immer mal wieder Informationen über einzelne

Personen, die damit zugleich ein Licht auf ihre Zeitgenossen und Lebensverhältnisse werfen.

Im 9. Jahrhundert, zu Zeiten Karls des Großen, verfaßte Irminon, Abt von Saint-Germain-des-Prés (damals noch ein Vorort von Paris), ein Katasterbuch, das neben allen Besitzungen, die zu der Abtei gehörten, auch sämtliche Einwohner und ihre täglichen Pflichten auflistete. Dieses Dokument, das bis heute erhalten geblieben ist, gewährt einen wertvollen Einblick in das Hochmittelalter. In Villairs (heute Saint-Cloud) lebte der Pächter Bodo mit seiner Frau Hermentrude und den drei Kindern Wido, Herbert und Hildegard. Sie waren freie Pächter, mußten aber Feudalabgaben leisten. Bodo bezahlte zwei Silberschillinge für das Heer und zwei Weinfäßchen für das Recht, die Schweine im Wald weiden zu lassen. Er mußte zwei Tage in der Woche für die Abtei arbeiten, außerdem einhundert Holzbretter und drei Pfähle, drei Hühner und 15 Eier im Jahr liefern. Sein Land und den kleinen Weinberg bestellte er, um das Lebensnotwendige für sich und seine Familie zu gewinnen.

Welchen Beitrag leistete Hermentrude in dem geschlossenen Wirtschaftssystem, in dem es fast keinen Geldfluß gab und jedes Dorf, jede Familie autark für den Eigenbedarf produzierte? Der traditionellen Arbeitsteilung entsprechend hatten die Frauen für Feuer, Wasser, den Garten und die Küche zu sorgen. Die Wohnhäuser, umgeben von Scheunen, Ställen und Hühnergattern, von denen sie sich im übrigen kaum unterschieden, waren damals mit Stroh und Ton befestigte Holzhütten, die neben der Tür nur noch eine Öffnung besaßen, um das Licht herein und den Rauch der offenen Feuerstelle abziehen zu lassen. Ein paar Schemel und Strohsäcke bildeten die Einrichtung. Die Hauspflege war einfach.

Zuweilen verließ Hermentrude den häuslichen Bereich, machte sich auf den Weg über Felder und Weiden hinweg zum nächsten Wald, wo sie Reisig und Kräuter sammelte. Und während Bodo auf den Feldern arbeitete, mußte sie sich um den Garten und die Obstbäume kümmern und die Tiere versorgen.

Im *Capitulare de villis* zählte Karl der Große pedantisch auf, was in einem kleinen Familienbetrieb nicht fehlen durfte: Bäume mit Äpfeln, Birnen, Pfirsichen, Kirschen, Feigen, Mispeln, Mehlbeeren und Nüssen, um daraus Öl zu gewinnen; an Gemüse Erbsen, Bohnen, Linsen, außerdem Wurzelpflanzen wie Rüben, Raps, Radieschen und Karotten, Kohl, Porree, Zwiebeln und Knoblauch, Salat und Zichorie, Spinat, Rauke, Portulak,

Gurkenkraut und aromatische Kräuter; um das Fleisch zu würzen Senf, Salbei und Majoran. Rosen, Lilien und Veilchen pflanzten die Frauen jedoch, ohne daß es ihnen vorgeschrieben wurde.

Der Wein- und Getreideanbau lag zwar in den Händen des Mannes, der außerdem mehrere Tage zum Frondienst verpflichtet war, um sich das Recht auf Haus und Felder zu sichern. Ansonsten jedoch besorgte Hermentrude wie die anderen Landfrauen das Essen für die Familie. Sie züchtete Hühner, Gänse und Schweine. Auf dem kleinen Wochenmarkt der Grafschaft verkaufte sie den Überschuß an Eiern, Salat und Früchten und verdiente damit ein wenig Geld, um Salz zu kaufen oder die Mühlengebühr bezahlen zu können. Dem Willen des Kaisers kam sie so nach: »Man muß auch mit großer Sorgfalt darüber wachen«, schrieb Karl der Große, »daß Speck, getrocknetes oder gesalzenes Fleisch, Essig, Tresterwein, Senf, Käse, Butter, Most, Bier, Met, Honig, Obstwein und Mehl mit größter Reinheit zubereitet werden. Niemand soll den Wein mit den Füßen stampfen. In unseren Ställen und Landgütern soll es immer mindestens einhundert Hühner und dreißig Gänse geben. Wenn es zuviel Hühner oder Eier gibt, soll man sie verkaufen lassen.«

Das war noch nicht alles. Die Bauern mußten auch Hanf und Flachs bearbeiten. Jede Hütte war quasi ein kleines Textilunternehmen, das die Kleidung für die Familie und Stoffe für den Herren herstellte. Eine langwierige und ermüdende Arbeit. Nach der Ernte im Frühling mußten die Pflanzenhalme sorgfältig gereinigt und in von der Sonne gewärmtem Wasser aufgeweicht werden. Dann mußten die Frauen die Halme auf der Wiese zum Trocknen ausbreiten, oft umwenden und wieder befeuchten. Mit einem Schlegel trennten sie die Fasern vom Holz und hechelten sie, das heißt, kämmten sie mit den Stacheln einer Distel. Die weitere Arbeit erledigte man im Haus. In den wenigen von Garten- und Küchenarbeiten freien Momenten war Hermentrude mit Spinnen beschäftigt. Damals benutzte man einen Spinnrocken mit einem langen Stock, den man sich, wie auf Holzschnitten zu sehen, in den Gürtel steckte. Aus dem Büschel mit Flachs oder Hanf, das an der Spitze hing, zog man mit einer Hand die Fasern, die man spinnen wollte, mit der anderen drehte man sie, indem man sie um eine Spindel wand.

Der Webstuhl war vertikal gebaut und bestand aus einem hängenden genagelten Rahmen, auf den das Netz gespannt wurde. Mit einem Schiffchen wurde der Einschuß zwischen den Fäden hindurchgeführt. Die so gefertigten, groben Stoffe mußten noch gewaschen und geschlagen, auf Gestellen getrocknet und mit Kräutern wie Safran, Krapp oder, um Grün und Blau zu erhalten, mit Färberwaid gefärbt werden.

Dann erst konnte Hermentrude Kleider nähen oder die Überschüsse auf dem Markt verkaufen. Sie war eine freie Frau. Frauen, die als Leibeigene geboren waren, mußten eine bestimmte Anzahl von Tagen in den Werkstätten der weltlichen oder kirchlichen Herren arbeiten. Karl der Große hatte festgelegt: »Sie müssen zu vorher bestimmten Terminen ihre Produkte, also die Leinwand, Wolle, die Farben Blau, Rot, Gelb, Kämme für die Wolle, Bürsten für die Wolle, Seife, Fett, Behälter und andere notwendige Gegenstände abliefern. Das Viertel der Frauen sei gut bewacht, die Häuser und Räume mit Öfen und Kammern ausgestattet und von einer festen Palisade umgeben. Hinter festen Türen mögen die Frauen ungestört ihre Arbeiten verrichten.«

Die heimische Textilarbeit wurde als produktive Arbeit angesehen, wie der Sohn Karls des Großen 827 in einem Dekret verkündete, in dem er diese Tätigkeit neben der Feldarbeit zu den Arbeiten zählte, die am Sonntag verboten waren: »... die Frauen dürfen weder Stoffe weben noch Kleider zuschneiden oder mit der Nadel nähen, noch die Wolle kämmen, Hanf bearbeiten, in der Öffentlichkeit waschen oder die Schafe scheren. So soll man den Tag des Herren ehren.« Die Arbeiten der Frauen waren von der Mühe und Produktivität her nicht geringer zu bewerten als die Arbeiten der Männer, die, wenn es nötig war, zudem von Frauen übernommen wurden: In der Abtei Saint-Germain, bei der Bodos Familie lebte, gab es dreiundsechzig Witwen und zweiundvierzig ledige Frauen, Pächterinnen eigener Gutshöfe.

Vom 8. bis zum 12. Jahrhundert ruhte in Europa die vielfältige Pyramidalstruktur der Feudalgesellschaft auf der Arbeit der Landbevölkerung, von der alle Konsumgüter kamen, da es wenig Handel gab. Die Bauern mußten mit ihren Abgaben in Naturalien oder, sehr viel seltener, mit Geld und mit unbezahlter Arbeit ihre direkten weltlichen oder kirchlichen Herren versorgen, die wiederum ihre Abgaben an den Herrscher oder den Papst zu leisten hatten.

Gosberga und die Freiheit

Bei den Landarbeitern gab es juristische Unterschiede, die sich aber praktisch kaum auswirkten. Es existierten nur wenige Allodialbesitze, die also von jeder feudalen Fessel, persönlichen Abgaben und Arbeitsleistungen frei waren. Zahlreich waren die Pächter wie Bodo, die auf herrschaftlichem Boden lebten, dessen Bearbeitung sie erbten, den sie aber jederzeit verlassen konnten. Sie mußten bestimmte Prozentsätze ihrer Produktion abgeben und Arbeitsleistungen für den Herren erbringen, die immer wieder neu festgelegt wurden. Ein Teil des Feudalbesitzes unterstand direkt dem Herren. Dazu gehörten Wälder, Sümpfe, Seen und Gutshöfe, die von Leibeigenen bearbeitet und von einem Intendanten verwaltet wurden. Unter den Leibeigenen, die vom Hof mit dem Lebensnotwendigen versorgt wurden, waren Bauern, Schäfer, Viehhirte und jene Frauen, die in den Textilwerkstätten arbeiteten, ebenso Schmiede und Handwerker, die nahe beim Schloß lebten. Ihre Arbeit wurde zeitweise von den Arbeitsstunden der Pächter unterstützt. Die Leibeigenen waren an das Land gebunden und wurden mit dem Land verkauft oder vererbt, sie konnten jedoch eigene Felder und Gärten bestellen, die ihnen zugewiesen wurden, und auch Tiere halten. Wie andere bezahlten sie das *Bannrecht* für die Benutzung der herrschaftlichen Mühlen und Weinpressen, außerdem eine jährliche persönliche Abgabe (Kopfsteuer) und eine Ehesteuer, wenn der Mann eine Frau heiratete, die zu einem anderen Besitz gehörte. Nach dem Recht der *Toten Hand* war der Herr auch Erbe ihrer Habe. In der Praxis unterschieden sich aber die Lebensbedingungen eines Freien, eines Pächters und eines Leibeigenen nur wenig, alle waren dem Zehnt für die Kirche unterworfen, der am schwersten lastenden Abgabe, für die man das wenige Bargeld zurücklegte.

Auch bei den Leibeigenen war die Arbeitsleistung der Frauen entscheidend für die Verbesserung der Lebensbedingungen und die Bildung eines kleinen Kapitals. In Zeiten, da die Anhäufung von Schätzen als sündige Habgier galt und die Versuchung überflüssigen Konsums nicht gegeben war, sollte dieses Geld für die Ablösung aus der Leibeigenschaft dienen. Eine Sehnsucht, die eher ideell als von wirtschaftlichen Erwägungen bestimmt war, aber mit dem Anwachsen der Bevölkerung nach dem Jahr 1000 immer stärker wurde.

Die Geschichte von Constant le Roux und seiner Frau, Leibeigene der Frauenabtei von Ronceray im Anjou, wurde von einer Nonne im *Chartularium von Ronceray* aus dem 10. Jahrhundert festgehalten. Es lohnt sich, diesen hartnäckigen, wirtschaftlichen wie sozialen Aufstieg zu skizzieren.

An der Loire, nicht weit von Angers, Fontevrault und Saumur, damals wichtige Zentren, lag Ronceray in einer milden, an Seen, Wiesen und Wäldern reichen Klimazone, wo Ackerbau betrieben wurde. Die Loire war zu jener Zeit die Grenzlinie zwischen der für Südfrankreich und die Mittelmeergegend typischen Zweifelderwirtschaft (die Felder wurden abwechselnd brachliegen gelassen und durch die Verbrennung des Unkrauts gedüngt) und der Dreifelderwirtschaft im Norden. Dort baute man in einem Jahr Weizen und Roggen an, im zweiten Frühlingskorn wie Gerste und Hafer, im dritten ließ man das Feld brachliegen.

Zu Lebzeiten Constants erfuhr das Anjou nach den Aufständen der Feudalherren und den damit verbundenen zusätzlichen Schikanen für Bauern und den sie schützenden Abteien eine Periode des Friedens und des Wohlstands. Constants Freude muß folglich groß gewesen sein, als die Gräfin von Anjou ihn der Abtei schenkte, wo ihm die Keller anvertraut wurden. Auch für sein weiteres Schicksal waren Frauen entscheidend. Wenig später äußerte eine Witwe den Wunsch, bei den Nonnen von Ronceray begraben zu werden. Sie hatte eine Tragödie erlebt. Ihre einzige Tochter war von ihrem Mann umgebracht worden. Sie schenkte der Abtei ihr Habe, darunter ein Haus mit Ofen und einen Weinberg. Wohl dank seiner Gewandtheit erhielt Constant diesen Besitz auf Lebenszeit zugesprochen, dazu noch die Aufsicht über Felder, Wiesen und Weiden in Espau und Femart.

Er brauchte eine Frau und wählte Gosberga. Da sie keine Kinder bekam, widmeten beide ihre Zeit der Arbeit, von einem unersättlichen Verlangen nach Besitz ergriffen. Sie vertrieben die Bauern und bewirtschafteten die Felder in Halbpacht. Man kann deshalb davon ausgehen, daß Constant sich inzwischen freigekauft hatte, denn ein Vertrag über Halbpacht wurde nur unter Freien geschlossen. Die Halbpachtfelder gab er an selbstgewählte Unterpächter weiter. Und aus den Legaten, die die Abtei besaß, erhielt er neue Weinberge und Weiden auf Lebenszeit. Nach vielen Jahren gewinnbringender, solidarischer Arbeit gaben die alt gewordenen Eheleute den Nonnen alle verwalteten Güter zurück und erhielten dafür eine Anstellung für einen ihrer Neffen. Constant ging als Mönch nach Saint-Aubin und Gosberga nahm den Schleier in Ronceray.

Gosberga erschien bei allen Entscheidungen und Handlungen, die den gemeinsamen Besitz betrafen, an der Seite ihres Mannes. Das Mitspracherecht der Ehefrau und die Festigkeit der ehelichen Bindung bildeten eine Konstante, die auf das karolingische Recht zurückging.

Die Gesetzgebung der Langobarden, Sachsen, Friesen, Franken und Thüringer sanktionierte nach den Invasionen im 4. Jahrhundert die juristische Unmündigkeit der Frau. Die Frauen wechselten von der Vormundschaft des Vaters zu der des Ehemannes oder eines anderen Vormundes, wenn sie Witwen oder Waisen waren. Abschnitt 59 des *Salischen Gesetzes* schloß die Frauen von der Erbfolge aus, ab 1316 verwehrte es ihnen den französischen Thron. Bei den norddeutschen Völkern, in Dänemark und Skandinavien war die Beteiligung der Frauen am öffentlichen Leben nicht verboten. Dies wirkte sich auf die feudalen Organisationsformen in Westeuropa aus, indem Frauen Feudalbesitz erbten, Heere führten und Recht sprachen. Diese Bräuche verbreiteten sich im gesamten karolingischen Reich auf allen gesellschaftlichen Ebenen und förderten somit weibliches Unternehmertum.

Einer der ersten Halbpachtverträge in Italien, von denen es noch Zeugnisse gibt, wurde von einer gewissen Eva abgeschlossen, die im September 1030, wenn auch mit Zustimmung des Vaters, eines Richters, einem gewissen Morando ein Stück Land bei Florenz überließ, damit er dort einen Weinberg bearbeitete, dessen Erträge er mit ihr teilte. In Verträgen, die Landwirtschaft, Administration und Lehensverhältnisse betrafen, die zwischen dem 9. und dem 14. Jahrhundert abgeschlossen wurden und in den Archiven von Siena, Florenz und Lucca aufbewahrt sind, erscheinen die Frauen oft neben den Ehemännern, aber auch allein. Zu den geschicktesten gehörte eine Tuta, Witwe aus Siena, die einen Pachtvertrag mit Tuccio aus Orgiale über eines ihrer Felder und Häuser abschloß. Sie versprach, sich zur Hälfte an den Ausgaben (Samen, Tiere, Streu und Dünger) zu beteiligen und erhielt dafür die Hälfte der Erträge und ein Viertel dessen, was Tuccio verdiente, wenn er für andere arbeitete. Außerdem verlangte sie von ihm, mit Vertragsende den Besitz in ordentlicher Verfassung zu hinterlassen.

Französische Statistiken liefern folgende Angaben: Im Poitou des 10. Jahrhunderts wurden von 417 registrierten Verkäufen, Käufen und Tauschgeschäften 198 allein von Männern, 53 allein von Frauen und die übrigen von Familien getätigt.

Bei Pächtern und Leibeigenen wie Constant le Roux und seiner Frau war die Gleichheit den Bestimmungen des Gesetzes voraus, da das Erbproblem nicht existierte. Arbeiten und Pflichten waren gerecht geteilt.

Im Stundenbuch des Herzogs von Angoulême (das aus dem 15. Jahrhundert stammt, die Traditionen auf dem Land ändern sich jedoch nur sehr langsam) sehen wir bäuerliche Ehepaare, die am Morgen gemeinsam im Karren losfahren. Zuerst läßt sie sich schieben, bekleidet mit einem

Strohhut und einer Karaffe in der Hand, neben sich Forke und Sichel. Dann wechseln sie sich ab. Auf den Feldern mähen die Männer, und die Frauen schütteln die Garben, damit die wertvollen Körner herausfallen. Auf der Tenne schlagen sie das Getreide mit Stöcken oder backen Brot, tragen dabei ein knöchellanges Hemd, das mit einer weißen Schürze über der Hüfte zusammengehalten wird. Im Stundenbuch des Herzogs von Berry scheren die Frauen im Juli mit großen Scheren die Schafe, im August tauchen sie nackt in einem kleinen See. Sie lesen den Wein auf kleinen Weinbergen im Schatten der Burg von Saumur, und im November, wenn der Mann Schwein zerteilt, fangen sie in einer Schale das Blut auf, um daraus Blutwurst zu machen. Die Arbeit war hart, brachte aber auch Komfort: ein Haus mit Ofen beispielsweise, wie das von Gosberga, das ein Statussymbol und einen Anziehungspunkt für Nachbarinnen darstellte.

Ein seltenes Dokument stellt ein Testament aus der Toskana vom 30. Juni 1206 dar. Die Eltern hinterließen der einzigen Tochter ein Haus in der Stadt und drei Gutshöfe. Sie waren also wohlhabend. Zur Einrichtung des Hauses gehörten jedoch lediglich Betten, Truhen, ein Kochtopf, eine Pfanne, Gefäße für Öl, Mehl und Wein, eine Öllampe, zwei Suppenschüsseln, ein Teller, drei Schalen, ein Glas, ein Messer, ein Tischtuch und ein Bettvorhang. Die Ärmsten hatten bloß ein paar Näpfe aus Holz oder Steingut und vielleicht einen Kochtopf. Darin bereitete man die Gemüsesuppen zu, das Grünzeug oder den Fisch, der getrocknet oder gesalzen auf den Markt kam oder den man nach Bezahlung des üblichen Bannrechts in den Gewässern des Herren fischen durfte. An Festtagen gab es kleine Waldtiere, deren Jagd mit Bogen und Fallen erlaubt war.

Das größte Ziel für Gosberga und die anderen Frauen, denen es an der Seite ihrer Männer gelang, noch in der Leibeigenschaft, die Grundlage für ein selbständiges Wirtschaften zu schaffen, war die Erlangung der Freiheit, auch wenn sie im Alltag praktisch zu keinen Veränderungen führte.

Der schwerste Tribut bestand in den Arbeitstagen. Viel von dem, was in Naturalien bezahlt wurde, wurde von Frauen hergestellt. Aber auch eine alleinstehende Frau konnte sich, wenn sie eine gute Arbeiterin war und außerdem Fronarbeit leistete, ihre Freiheit kaufen, wie beispielsweise Chrétienne la Naudette, Bewohnerin von Vailly unter der Herrschaft von Philipp VI. Die Grafenkammer mußte wegen ihr eine Untersuchung anstellen, um zu entscheiden, wieviel der König für ihre Freiheit verlangen könnte. Am 17. Februar 1346 wurde Chrétienne mit ihren Kindern für fünfzig Pariser Livres freigegeben. Was passierte dann? Vielleicht zog sie in die Stadt, wo sie sich als Lohnarbeiterin verdingen konnte. Ihre Kinder jedenfalls wuchsen als freie Menschen auf.

Die Unternehmerinnen von Montaillou

Mit der Bevölkerungszunahme nach der Jahrtausendwende war es notwendig geworden, mehr Land urbar zu machen. Die Mönche begannen damit. Sie verbanden die Bedürfnisse der Menschen mit der Verbesserung der landwirtschaftlichen Produktion, förderten die Landgemeinden. Eine Dürre oder eine Überschwemmung konnte allerdings ein Gebiet für längere Zeit zerstören. Der Warentransport war schwierig und gefährlich. Oft kam es zu Hungersnöten und Epidemien. Immer wieder gab es Unruhen, der Wunsch nach größerer Unabhängigkeit wurde von Männern wie von Frauen geäußert.

Montaillou, ein kleines Dorf in Westfrankreich am Fuße der Pyrenäen, war zwischen 1294 und 1324 Schauplatz eines denkwürdigen Prozesses gegen katharische und waldensische Ketzer, die in dieser Gegend starken Zulauf hatten. Die beiden Aktenbände des Inquisitionsprozesses, geführt von dem Zisterziensermönch Jacques Fournier, der später als Benedikt XII. Papst wurde, enthalten eine Chronik des Landlebens, Tag für Tag, Haus für Haus, die in der Geschichte wahrscheinlich ihresgleichen sucht.

In jener Zeit lag das Dorf auf einem unbefestigten Hügel, beherrscht von der Burg des Grafen von Foix, der dort seinen Sitz hatte. Es zählte etwa zweihundert Einwohner, unterteilt in vierzig Familiengemeinschaften. Die Häuser waren bescheiden, obgleich sie schon mehr Einrichtung aufwiesen als einige Jahrhunderte zuvor. Zentrum bildete die gemauerte Küche, in deren Mitte der Herd stand, die große Erfindung des 12. Jahrhunderts. Die Küchenausstattung war dürftig, man half sich in der Nachbarschaft aus. Am Abend saß man auf Bänken vor dem Feuer, während der an den Balken hängende Schinken und Speck langsam geräuchert wurde.

Neben der Küche befand sich der Keller, mit Fässern und den Betten des Gesindes. In den reicheren Häusern gab es ein Obergeschoß für die Schlafräume. Die Felder des Dorfes waren auf Terrassen angelegt, sie trugen Weizen und Hafer, Futtergetreide, Hanf und Flachs. Der eigentliche Reichtum von Montaillou bestand allerdings aus Tieren. Rinder, Geflügel, Schweine und vor allem Schafe weideten, von Hirten bewacht, ringsum auf den Wiesen.

Wenngleich es bereits die Zeit der großen Jahrmärkte der Champagne war, zirkulierte in Montaillou nur wenig Geld. Wie zu den Zeiten Karls des Großen verkauften die Frauen Hühner und Eier auf dem Markt und besorgten sich so das Bargeld für den Mahllohn bei der Mühle und um zu Pfingsten den Schuster zu bezahlen. Ansonsten brauchte man kaum Geld. Man ernährte sich von gesalzenem oder geräuchertem Hammel- oder Schweinefleisch, Milch und Käse aus eigener Herstellung, Suppen mit Speck, Kohl, Lauch, das aus dem heimischen Garten kam, außerdem Schnecken und Pilze, die die Männer im Wald sammelten. Reichtum bedeutete, Land und Haustiere zu besitzen, vor allem Schafe, deren Wolle einen hohen Verkaufswert hatte und Geld brachte, weil sie auch weiter entfernt verkauft werden konnte. Guillemette Maury, eine Witwe, die 1308 wegen Ketzerei angeklagt wurde, ließ sich mit ihren Kindern in der Ortschaft Saint Matthieu de Montaillou nieder. Sie war wohl entschlossen, es hier zu Reichtum zu bringen. Ihre Intelligenz und ihre Arbeitswut machten sie zur Stammutter und zum Vorstand eines Familienverbandes. Zunächst kaufte sie ein großes Haus mit Landgut, Hof, Garten, Feldern, Weinbergen, Weiden und Tieren. Drei Landarbeiter konnte sie fest anstellen und in ihrem Haus wohnen lassen, andere halfen ihr als Saisonarbeiter. Darüber hinaus verdingte sie sich selbst gemeinsam mit ihren Kindern zum Dreschen oder zur Weinlese bei anderen Bauern. Sie richtete in ihrem Haus eine Wollkämmerei ein. Ihre Mägde schoren Schafe und teilten die Wollflocken in drei Qualitätsgruppen (fein, mittel und gewöhnlich), wuschen sie mit Aschenlauge, um das Fett zu entfernen, und trockneten sie in der Sonne. Die Wolle wurde auf dem Tisch ausgebreitet und geschlagen, um sie zu reinigen und die einzelnen Fibern voneinander zu trennen. Dann wurde sie zum Kämmen geölt. Dazu benutzte man inzwischen Metallkämme. Die Zeiten der Hausweberei waren vorbei, und Guillemettes Wolle ging nach Flandern und Italien, um in den Fabriken, die mit halbmechanischen Webstühlen ausgestattet waren, weiterverarbeitet zu werden.

Guillemette gab sich mit ihren beträchtlichen Einnahmen nicht zufrieden. Mit ihrem Cousin Pierre, der das Dorf verlassen wollte, schloß sie einen Fünfjahresvertrag und übernahm seine einhundertfünfzig Schafe. Verdienst wie Verluste sollten zu gleichen Teilen aufgeteilt werden. Als Pierre zurückkehrte, mußte er erfahren, daß seine Schafe tot waren und Felle wie Wolle für dringende familiäre Bedürfnisse verwandt worden waren.

Guillemette, aufgrund ihrer wirtschaftlichen Macht inzwischen zu Ihre Gnaden Madame Guillemette geworden, war nicht die einzige Unternehmerin von Montaillou. Es gab noch eine Na Ferriola in Mérens, Besitzerin eines Hauses und einer Ziegenherde, für die sie Hirten einstellte. In den Dokumenten tauchen ebenfalls die Schankwirtin Fabrisse Rives und Alazaïz Azéma, Käsehändlerin und Schweinezüchterin, auf. Diese zog von Dorf zu Dorf und spannte so ein enges Netz zwischen Lieferanten und Kunden. Die hier genannten Frauen waren innovativ für ihre Zeit, weil sie einen Schritt über die Abgeschlossenheit ihres geregelten Lebens hinaus wagten. Sie haben dabei auch bereits den Wert von Informationsaustausch und Solidarität erkannt. Man traf sich auf dem Markt, bei der Mühle, am Brunnen: Damen aus dem Kleinadel, Bäuerinnen und Unternehmerinnen. Sie tauschten Neuigkeiten und Eindrücke aus. Ebenso die Frauen in den Städten, die neben ihren Männern im Handwerk oder Handel tätig waren.

Eleonore von Aquitanien, Frankreich und England

An der Spitze der Pyramide standen andere Frauen: Die Königinnen waren durch das Gesetz und die Bräuche mit enormer Verantwortung ausgestattet. Oft wurden sie zur Regentschaft berufen, und selbst wenn keine schwierigen politischen Entscheidungen anstanden, mußten sie zumindest die Last der wirtschaftlichen Führung auf sich nehmen. Während es bei den Bäuerinnen und Feudalherrinnen genügte, bei der Organisation des Unternehmens oder des Feudalbesitzes den Traditionen zu folgen, sahen die Königinnen sich oft mit Phänomenen konfrontiert, denen sie wie alle Herrscher mit Intuition und Phantasie begegnen mußten.

Eleonore von Aquitanien, die Frau Ludwigs VII. von Frankreich und später Heinrichs II. von England, Mutter von Richard Löwenherz und von König Johann Ohneland, von Geburt her eine der reichsten und mächtigsten Feudalherrinnen ihrer Zeit, fiel ob ihres Geistes besonders auf. Heute ruht sie unter den romanischen Bögen der Kirche von Fontevrault, ihrer geliebten Frauenabtei im Poitou, die sie im Laufe ihres langen Lebens oft unterstützte. Ihre Gestalt ist in den Marmor des Sarkophags eingemeißelt. Über dem schönen, gleichmäßigen Gesicht, das von einem Kinnband umschlossen ist, liegt die Krone, die ihre unermeßliche Macht symbolisierte, während das Buch, das sie in den Händen hält, auf ihre Aktivität als Förderin der Kultur hinweist.

Von ihr ist viel bekannt: ihre Familiengeschichte, Reisen, Liebesaffären, der Hof und die Politik. Ihre Einflußnahme aber auf die wirtschaftliche Entwicklung von Frankreich und England ist sicher noch nicht ausreichend gewürdigt.

Da das karolingische Recht die Belehnung von Frauen mit großen Gütern erlaubte, erbte Eleonore 1137, gerade fünfzehnjährig, aufgrund des plötzlichen Todes ihres Vaters das Herzogtum von Aquitanien sowie die Grafschaft von Poitou mit der Aufsicht über viele mächtige Vasallen. Ganz Südwestfrankreich war praktisch in ihren Händen, ein Gebiet, weit größer als die persönlichen Besitzungen des Königs von Frankreich. Außerdem hatte Eleonore von ihrem Großvater Wilhelm IX., dem ersten Troubadour des Languedoc, Kultur und den Hang zu luxuriösen Lebensgewohnheiten übernommen.

All dies bewahrte sie nicht vor der Notwendigkeit, so schnell wie möglich einen Mann zu suchen, der sie mit Waffen vor der ständigen Gefahr einer Rebellion ihrer Vasallen schützen konnte. Nur Ludwig, der sechzehnjährige Dauphin war ihrer würdig, und die Heirat wurde vollzogen. Nach der feierlichen Hochzeitszeremonie in der Kathedrale Sankt Andreas in Bordeaux und der Herzogskrönung in Poitiers, der Lieblingsstadt der Braut, traf die Nachricht vom Tode Ludwigs VI. von Frankreich ein. Als neue Herrscher zogen Ludwig und Eleonore in Paris ein, damals eher ein Hauptort in ländlicher Gegend. Reich war die Hauptstadt vor allem an Abteien, unter denen das riesige Bauwerk der Festung von Châtelet, zum Schutz der Seinebrücken, und der Palast auf der Île de la Cité herausragten, der Wohnsitz der Könige, über dem einstigen Schloß Kaiser Julianus' erbaut.

Die ersten Jahre waren sehr glücklich. Eleonore überließ die Verwaltung ihrer Güter ihrem Gemahl, empörte sich jedoch, als man ihre Autorität in Zweifel zog: Sie forderte eine bewaffnete Expedition gegen Wilhelm von Lezay, der ihre Jagdfalken gestohlen hatte, und eine andere gegen den Grafen von Toulouse, dessen legitime Rechte sie an sich zu reißen hoffte. Als die Bürger von Poitiers den Anspruch erhoben, eine freie Stadt zu gründen, und die Herrschaft ihrer Gräfin ablehnten, griff der König ein und bestrafte sie hart.

Eleonore war noch zu jung, um zu begreifen, daß in der Unruhe dieser Bürger der Keim einer historischen Wende reifte. In Europa manifestierten sich in den Städten die ersten Freiheitsbestrebungen. Wenige Jahre später fiel Kaiser Friedrich I., der ebenfalls den Fehler beging, die Städte zu unterschätzen, mehrfach in Italien ein. Die Kämpfe endeten nach der Niederlage von Legnano und der Anerkennung der städtischen Autonomie mit dem Friedensschluß von Konstanz im Jahre 1183.

Um Eleonore von ihrem Starrsinn abzulenken, griff 1146 Bernhard von Clairvaux ein. Unter dem Vorwand, Edessa wäre in die Hände von Ungläubigen gefallen, rief er den zweiten Kreuzzug aus. Ludwig VII. war sehr gläubig und schloß sich sofort dem Kreuzzug an. Eleonore unternahm daraufhin eine Reise durch Aquitanien und bestätigte im Austausch gegen Geldleistungen die Privilegien der Abteien.

Bei derartigen Gelegenheiten holte man das wenige im Umlauf befindliche Bargeld aus den Panzerschränken, und die Königin erhielt Geldstücke aller Art: Münzen aus ihrer Prägerei in Troyes bis hin zu karolingischen Silberstücken, die immer stärker mit Kupfer versetzt waren. Dieses Geld wurde ihr nützlich, begeisterte sich Eleonore doch für die Idee, mit einem großen Gefolge von Edeldamen, Gepäck, Kleidern und Geschirr durch Mitteleuropa zu ziehen.

Es war eine in jeder Hinsicht denkwürdige Reise. In Byzanz, wo Eleonore drei Wochen Gast im Palast von Kaiser Manuel Komnenos war, bewunderte sie die riesigen Säle mit vergoldeten Säulen, die mit Teppichen bedeckten Böden und die Seide, mit der die Wände bespannt waren, die silbernen Duftlampen, die geblasenen Glaspokale mit griechischen Weinen. Sie staunte über den Geschmack der gewürzten Soßen und den Duft der exotischen Früchte, über den Glanz der Hagia Sophia, in der tausende Wachskerzen strahlten und die großen Kronleuchter das Gold der Mosaike funkeln ließen.

Sie veränderte sich: Gervas von Canterbury und Wilhelm von Tyros zufolge verliebte sie sich in den schönen Raimund von Poitiers, gefährdete damit ihre Ehe, was zu einer üblen Nachrede führte, die bis heute andauert. Nach der Geburt einer zweiten Tochter im Jahre 1152 verlangte sie plötzlich unter dem Vorwand, eine zu enge leibliche Verwandte ihres Gemahls zu sein, trotz Ludwigs Widerstand die Annullierung der Ehe. Nach beachtlicher Beharrlichkeit wurde ihr das vom Konzil von Beaugency gewährt.

Eleonore verließ Paris und kehrte auf ihre Besitzungen in Aquitanien zurück. Hier heiratete sie kaum zwei Monate später Heinrich Plantagenet, Graf von Anjou und Herzog der Normandie, durch seine Mutter Prätendent auf den englischen Thron.

Während Eleonore am französischen Königshof ihre Repräsentationsfunktion, in die sie durch die Übermacht der Kirchenvertreter gezwungen war, gelangweilt hatte, erlebte sie mit ihrem zweiten Mann, der zehn Jahre jünger als sie und voller Entschlossenheit war, viel. Heinrich, der am 19. Dezember 1154 gemeinsam mit ihr in der romanischen Westminsterabtei gekrönt wurde, verstand ihre Talente zu wecken und auszunutzen. Es war wichtig, die neue Dynastie zu festigen. So war Eleonore einerseits ständig schwanger, andererseits baute sie zunächst die königlichen Paläste um, unterstützt von Thomas Becket, dem damaligen Kanzler. Bald erstrahlten die Gebäude im Licht der Öllampen, die an die Stelle der übelriechenden Talgkerzen traten, und das Geschirr wurde vergoldet. Im *Public Records Office* von London werden ihre Rechnungsbücher aufbewahrt, aus denen hervorgeht, daß sie Leinen für die Tischtücher einführen ließ und Wandteppiche und Kissen kaufte.

Weine aus Aquitanien verließen die Häfen ihrer französischen Besitzungen Bordeaux und La Rochelle. Eleonore begründete einen lebhaften Export französischer Weine nach England, der ihre Weinbauern reicher machte und sie veranlaßte, ihre Anpflanzungen auch auf bisher unbebautes Land auszudehnen. Dem englischen Hof stand somit ein angenehmeres Getränk zur Verfügung als das Bier, an das sie sich nicht gewöhnen konnte. Diese wirtschaftliche Neuerung mußte natürlich geregelt werden: Es war vermutlich die Königin, die die berühmten *Rôles d'Oléron* verfassen ließ, den ersten Seerechtskodex in Nordeuropa.

Von Bordeaux, wohin man durch die See- und Marktstädte der Champagne gelangte, nahmen auch Gewürze, Parfüms und Seidenstoffe sowie exotische Früchte und Mandeln, die für die Bäckerei und die Kosmetik verwandt wurden, ihren Weg nach England. Der Hafen von London, von dem aus die flämischen Schiffe, beladen mit englischer Wolle aus der Produktion der Zisterziensermönche, und die mit aus den königlichen Minen stammenden Zinn gefüllten Frachter in See stachen, erhielt auf diese Weise starken Auftrieb. Der Schatz der Krone füllte sich aufgrund der Steuern, die ausländischen Geschäftsleuten auferlegt wurden.

Zweimal im Jahr, zu Ostern und am Tag des heiligen Michael, nahm Eleonore an den Sitzungen des Scaccarium teil. Die Beamten des Königs, die Sheriffs, waren dann im Beisein des Hofstaates in einem großen Saal versammelt und legten auf einem mit einer schachbrettartigen Decke überzogenen Tisch hölzerne Jetons aus, welche die Summen verkörperten, die in den einzelnen Grafschaften eingenommen wurden. Der Wert hing vom Platz auf dem Schachbrett ab. Die Abrechnungen wurden vom Kanzler kontrolliert und sorgfältig von Schreibern notiert, ehe das Geld in den Tresoren in London und Winchester verschwand.

Die einzigartige Zeremonie ging auf die Zeiten der normannischen Invasionen zurück, die den Feudalismus nach England brachten, der jedoch dort, im Unterschied zum Festland, immer unter Kontrolle des Herrschers blieb. Eine genaue Aufstellung aller Lehen, das *Domesday Book*, legte die Abgaben fest, die zweimal im Jahr erhoben wurden.

Während die französischen Monarchen gezwungen waren, mit den Vasallen zu verhandeln, hatte Heinrich die Angewohnheit, unerwartet in den Königsstädten aufzutauchen und auch mitten in der Nacht unverzüglich die Abrechnungen der Sheriffs zu verlangen. Eleonore war ihm dabei oft behilflich. Sie vertrat allein die Gerichtsbarkeit, bewilligte oder verweigerte Privilegien und erließ Zahlungsbefehle. Ihre Autorität ermöglichte es ihr, dem Vizegrafen von London zu befehlen, den Mönchen von Reading Ländereien zurückzugeben, und sie gebot den Rittern von Abington unter Androhung der königlichen Justiz, dem Abt den schuldigen Frondienst zu leisten.

Neben den eigenen Besitzungen und anderen strategischen Gebieten, für die sie Gebühren erhoben, gehörten den Herrschern auch sämtliche Bergwerke des Landes. Die Zinnminen, die von Eleonore kontrolliert wurden, stellten beträchtliche Ressourcen dar.

Das zu überwindende Hindernis für den in der Mitte des 12. Jahrhunderts entstehenden Handel lag in der Vielfalt an Gewichten, Maßen und Geldstücken: Jede Grafschaft, jede Stadt besaß eigene Maßeinheiten. Karl der Große führte, da zu seinen Zeiten die Goldwährung fast verschwunden war, in ganz Europa das fränkische Pfund mit 491 Gramm Silber ein, das in 240 Pfennige unterteilt war. Als aber die königliche Macht gestürzt wurde, erhielt praktisch jeder große Feudalherr das Recht, Geld zu prägen. Die Findigsten unter ihnen ersannen den Trick, das gesamte Geld regelmäßig aus dem Verkehr zu ziehen, um neues zu prägen, das jedoch einen zunehmenden Kupferanteil enthielt. Die Differenz ging in ihre Taschen und die Geldstücke, einst silbrig glänzend, wurden immer dunkler. Um den Handel der Londoner Geschäftsleute zu unterstützen, beschloß Heinrich gemeinsam mit Eleonore die Prägung neuer Münzen, mit richtigem Gewicht und aus dem richtigen Metall. Diese Münzen wurden schnell in ganz Europa akzeptiert.

Zur gleichen Zeit etwa wetteiferten die Städte in der Errichtung von Kathedralen, die sich als Zentren der Freiheitsbestrebungen und als Symbol einer Macht, die die Kirche zukünftig vielleicht nie mehr erlangen würde, über den Hütten erhoben. Auf den Gütern der Herzogin wurde Saint-

Pierre in Angoulême zum Vorbild, bedeckt mit Kuppeln nach byzantinischer Art, die durch die Kreuzzüge in Europa bekannt wurde. Saint-Foy in Conques, die die Pilger auf der Reise in die Cevennen aufnahm, wurde fertiggestellt, ebenso Notre-Dame-la-Grande, vergleichbar einem kostbaren Reliquienschrein aus Gold und Elfenbein. Eleonore konnte diese Bauten bewundern, als sie während einer Reise Heinrichs den Ärmelkanal überquerte, um ihre Feudalrechte in der Bretagne und im Poitou wahrzunehmen. Sie hielt in Saumur und Bordeaux Hof, strafte einen aufsässigen Vasallen und gönnte sich eine Erholungspause, um einen weiteren Sohn zu gebären. Zehn Kinder brachte sie insgesamt aus erster und zweiter Ehe zur Welt.

Aufmerksam beobachtete sie das Baufieber, das überall herrschte. Auf ihren Wunsch hin entstand die Saint-Pierre-Kathedrale in Poitiers, der Wiege ihrer Dynastie. In Saumur, wo sich das Königspaar gern aufhielt, ließ sie Klöster für die Feste und Märkte der Weißen Mönche errichten und während sich ihr Mann mit Gewissensbissen wegen der Ermordung von Thomas Becket herumschlug, setzte sie den ersten Stein für das Konvent der Augustiner in Limoges.

Es folgten schwierige Jahre. Der König ließ sich immer öfter mit anderen Frauen ein. Vergebens zog sich Eleonore für lange Zeit zurück, hielt sich in den schönen Gegenden des Südens auf, umgeben von Troubadouren wie Bernhard von Ventadour und Chrétien de Troyes. Mit ihrer Tochter Marie von Champagne spielte sie »Liebeshöfe«. Man fällte dabei scherzhafte Urteile über heikle Gefühlsdinge. Als Förderin der Literatur und Kultur rief sie im Palast in Poitiers, sobald der große Saal neu gestaltet war, junge Leute aus guten Familien zu sich, die hofften, hier ihre Bildung vervollkommnen zu können.

Als sie erfuhr, daß Heinrich die schöne Rosamunde Cliffort als ständige Geliebte gewählt hatte, rächte sich Eleonore, indem sie die Vasallen des Poitou zu einem Aufstand gegen ihn trieb. Man schrieb das Jahr 1173. Der König ließ Eleonore in Chinon festnehmen und hielt sie sechzehn Jahre als Gefangene. Es war allerdings eine goldene Gefangenschaft. Eleonore durfte reisen und ihre Kinder treffen, vor allem den Erben Richard, ihren Lieblingssohn, der ihr auch sehr ähnlich war.

Nach einigen unruhigen Jahren starb Heinrich II. unerwartet 1189. Eleonore war zu diesem Zeitpunkt 67 Jahre alt und nach Aussagen ihrer Zeitgenossen immer noch schön. Aktiver denn je, befreite sie sich und stellte sich an die Seite Richards, dem neuen König. Von den Aufgaben des bevorstehenden Kreuzzuges erfüllt, überließ er ihr bereitwillig die Regierung. Dank ihrer Erfahrungen bemerkte die Königin sogleich, daß der Staat ziemlich zugrunde gerichtet und die Finanzen erschöpft waren. Sie reiste von Stadt zu Stadt, um die herrschende Unzufriedenheit abzuwiegeln und gab politische Gefangene gegen Geld frei. Mit den Ungerechtigkeiten ihres verstorbenen Gatten räumte sie auf. So befreite sie beispielsweise die Abteien von der schwerlastenden Verpflichtung, die Pferde des Heeres zu unterhalten.

Erneut beschäftigte sie sich mit dem Problem der unterschiedlichen Münzen und Maße. Sie beschloß, es radikal zu lösen. Mit dem vollen Vertrauen ihres Sohnes legte sie für das Königreich ein einheitliches Mengenmaß für Getreide und Flüssigkeiten fest, ebenso ein Längenmaß für die Stoffe. Schließlich schaffte sie auch eine einheitliche Währung für ganz England. Das waren Neuerungen von enormer Tragweite, die Frankreich erst sehr viel später erreichten. Die Folge war: Der Handel wurde vereinfacht, sein Umfang wuchs, der Lebensstandard stieg an.

Wohl zur eigenen Belohnung verwendete Eleonore einen Großteil des eingenommenen Geldes für Richards Krönungszeremonie. Diese erforderte eine zweimonatige Vorbereitung und wurde die prunkvollste, die England je erlebt hatte.

Am 3. September 1189 näherte sich der prächtige Zug durch die Straßen Londons der Westminsterabtei. Sechs Granden des Königreiches reichten auf einer samtbedeckten Tafel die Weihgewänder dar: Vergoldete Stoffhosen, den Purpurmantel, die Dalmatik und den mit Hermelin gefütterten Mantel. Der Graf von Aumale trug auf einem Kissen die edelsteinbesetzte Krone.

Für die Zeremonie in der Kathedrale, den Festumzug und das große Bankett im Saal der Abtei hatte Eleonore an nichts gespart: Aus den Rechnungsbüchern erfährt man von der Erneuerung des Zaumzeugs sämtlicher Pferde und der Ausgabe von fünfunddreißig Pfund für Seide und Zobel für die Gewänder der Königin und ihres Gefolges.

Es war Zeit, die diplomatischen Beziehungen mit dem Orient wiederaufzunehmen, die unterbrochen waren, nachdem Saladin die heiligen Orte zurückerobert und sechzehntausend christliche Sklaven gefangengenommen hatte. Die Herrschaft der Franken war auf ein schwankendes Relikt reduziert. Die Seerepubliken drängten die europäischen Herrscher. Richard, Philipp August von Frankreich und der alte Barbarossa bereiteten sich auf den Kreuzzug vor. Ganz England war aufgerüttelt und beteiligte sich am Bau riesiger Schiffe. Holzfällerbrigaden schlugen das Holz, Legionen von Arbeitern, darunter auch Frauen, webten Segel und drehten Taue. Fünfzigtausend Hufeisen wurden geschmiedet, außerdem Panzerhemden, Helme, Schilde und Pfeile. Die Führung des Landes lag bald wieder in Eleonores Händen. Es war eine problemlose Regierungszeit, abgesehen von einer versuchten Rebellion des Sohnes Johann, der zum Gehorsam gezwungen wurde, während sich um die Unternehmungen von Löwenherz die Legenden rankten.

Um so heftiger schlug im März 1193 die verhängnisvolle Nachricht ein: Der König hatte, nachdem er den Kreuzzug durch ein Abkommen mit Saladin beendet hatte, auf der Rückkehr an der Küste von Istrien Schiffbruch erlitten und war Gefangener des Herzogs Leopold von Österreich geworden, der ein riesiges Lösegeld forderte: einhundertfünfzigtausend Kölnische Silbermark, das entsprach dreißigtausend Kilo reinen Silbers.

Geld aufzutreiben war für Eleonore noch nie ein Problem gewesen. Sie setzte ein altes Feudalgesetz in Kraft, demzufolge jeder Adlige, der gefangengenommen wurde, Anspruch auf Bezahlung des Lösegeldes durch die Vasallen hatte. Die Forderung für Richard wog schwer: Jeder freie Mann mußte dem Staatsschatz ein Viertel seiner Jahreseinnahmen zahlen. Gold und Silber verschwanden aus den Kirchen, die Zisterziensermönche, traditionelle Schafzüchter, gaben alle Wolle. Die Königin sammelte Gold, Geld und Edelsteine in der Krypta der Sankt-Pauls-Kathedrale. Schließlich bestieg Eleonore aus Mißtrauen gegen Piraten selbst das Schiff, um die kostbare Last an ihr Ziel zu bringen. Am 12. März 1194 kehrte sie mit dem König zurück.

Eleonore war inzwischen einundsiebzig Jahre alt. Durch ihre Hände waren gewaltige Geldströme geflossen, die sie mit Geschick ansammelte oder investierte, aber auch mit königlicher Größe auszugeben verstand. Dabei wurde die Wohltätigkeit von ihr nie vernachlässigt: Davon zeugen das Aussätzigenheim in Caen ebenso wie das Hospiz in Surrey, am Hafen von Perrot, nahe La Rochelle. Sie hatte vor allem der Abtei von Fontevrault reichlich gespendet, in der nach dem Willen des Gründers Robert von Arbrissel eine Äbtissin das Kloster von Nonnen und Mönchen leitete. Dorthin wollte sich Eleonore zurückziehen, um ihre letzten Jahre in Frieden zu verbringen.

Doch es kam anders: Gerade vierzigjährig starb Richard. Eleonore begrub den König neben seinem Vater an dem Ort, wo auch sie einst ruhen wollte. Sie verließ das Kloster und wurde wieder Königin.

Nun mußte sie die Herrschaft der Plantagenet sichern und die französischen Vasallen dem letzten Nachkömmling Johann unterwerfen: Mit zweiundsiebzig Jahren sah man sie erneut zu Pferd durch Aquitanien, den Anjou und die Bretagne ziehen, um die Treueschwüre der Feudalherren zu empfangen, Gerichtssitzungen abzuhalten und Feudalrechte zu bestätigen. Hier besiegelte sie ihren glücklichen Werdegang als Politikerin und Ökonomin: Sie hatte verstanden, daß die immer zahlreicher werdenden Städte an industrieller Kraft gewinnen und auch auf dem Land neue Arbeit bringen würden. Überall entstanden Wassermühlen, die mechanische Walkmaschinen, Schmieden und Sägen in Bewegung setzten. Brachland wurde urbar gemacht, der Warenaustausch nahm zu und die Straßenverhältnisse besserten sich. Eleonore erkannte die kommunalen Freiheiten an. Gerade sie, die sechzig Jahre zuvor die Forderungen von Poitiers hart zurückgewiesen hatte, nahm nun persönlich an der Wahl des Bürgermeisters von La Rochelle teil. Im Gegenzug forderte sie aber von der reichen Bürgerschaft beträchtliche militärische und wirtschaftliche Unterstützung.

Am 31. März 1204 starb Eleonore in Fontevrault, mit zweiundachtzig Jahren. Eine außergewöhnliche Gestalt.

Eine andere Eleonore, andere Königinnen

Eleonore war nicht die einzige Frau jener Zeit, die sich als fähig erwies, ein Königreich zu führen. Am Hofe der Ottonen war die Königin im 10. Jahrhundert *consors regni, particeps imperii,* und als solche nahm Adelheid, Frau Ottos I., an den Regierungsgeschäften teil. Als ihr Sohn starb, übernahm die byzantinische Prinzessin Theophano gemeinsam mit der Schwiegertochter die Regentschaft über das Reich für ihren Enkel Otto III.

Gisela, die Frau Konrads des Saliers, war nicht nur gebildet, großzügig und eine hervorragende Lehrerin, sondern auch schön: In ihrem Grab in Speyer ist ihre goldene Haartracht bis heute erhalten. Die tatkräftige Frau zog an der Spitze des Kaiserhofes durch ganz Europa und beeinflußte oft maßgeblich die Entscheidungen ihres Gemahls, der 1039 die Erblichkeit kleiner Feudalbesitze zuließ.

Blanca von Kastilien brachte König Ludwig den Heiligen zur Welt. Sie regierte Frankreich ab 1226, als sie Witwe wurde, bis zur Volljährigkeit des Sohnes und erneut während seiner Teilnahme am Kreuzzug. In Zeiten, da die Lebenserwartung gering war und der Tod in jugendlichem Alter ebenso die königlichen Familien heimsuchte, mußten sich die Frauen zwangsläufig mit Politik und Wirtschaft beschäftigten, um die Nachfolge für ihre Söhne zu sichern. Sie taten es oft und würdig, auch wenn die offizielle Geschichtsschreibung sie fast vergessen hat und ihre Taten unter dem Namen der Söhne verzeichnet.

In der Mitte des 13. Jahrhunderts trat eine Prinzessin von Kastilien, Nachkomme von Eleonore von Aquitanien, Gattin des englischen Erben Eduard, auch sie hieß Eleonore, in die Fußstapfen ihrer berühmten Vorfahrin. Während der Hochzeitsreise durch Frankreich wurde sie mit ihrem Gemahl mit großen Festlichkeiten empfangen. Das Paar ließ sich auf dem Feudalbesitz von Bordeaux nieder, nachdem man der Abtei von Fontevrault den traditionellen Familienbesuch abgestattet hatte.

Das Paar widmete sich der Verwaltung Aquitaniens und erleichterte die Abgabelasten für die Weinhändler von Guyenne. Als sie von einer Reise ins Heilige Land zurückkehrten, wohin sie König Ludwig begleitet hatten, erfuhren sie, daß Heinrich III. von England gestorben war und der britische Thron sie erwartete. In London unterstützte Eleonore ihren Mann. Als sie eine tödliche Krankheit in sich verspürte, bat sie ihren Mann, sie ein letztes Mal nach Aquitanien zu begleiten. Es wurde eine Triumphreise durch das ihnen wohlgesonnene Land.

Die Rechnungsbücher berichten von Käufen farbigen Wachses in La Rochelle, Ausgaben für die Einrichtung, Geschenke und die Dienerschaft. Der König verweigerte ihr nichts, und sie schaffte sich im Schloß von Condat einen kleinen zoologischen Garten, ließ orientalische Seide und Florentiner Stoffe, venezianische Parfüms, wilden Honig aus Palermo, Orangen und Aprikosen nach Bordeaux bringen. Mit ihrer Freigebigkeit belebte sie die Wirtschaft der ganzen Stadt. Sie bat mit der gleichen Unbefangenheit wie ihre Namensvetterin italienische Bankiers um Kredite und kümmerte sich weiterhin um die Wohltätigkeit.

Eleonore starb am 4. Dezember 1290 in Herdeby, England, in den Armen ihres Gatten, der zu ihrem Gedenken in allen Orten, an denen sie gelebt hatte, ein großes Kreuz errichten lassen wollte. Die Erinnerung daran ist im Namen des Londoner Bahnhofs Charing Cross erhalten.

Kapitel IV

Klausur und Öffnung

Entwicklung der Nonnenklöster im Feudalismus

Heute existiert nur noch die Kirche, unter deren lichterfüllten Bögen die Plantagenet ruhen, der Kapitularsaal mit dem romanischen Kreuzgang und die große achteckige Küche in geschwungener Form, in der Konzerte stattfinden. Als sich Eleonore von Aquitanien zum Sterben dorthin zurückzog, gab es viele Gebäude, in denen etwa fünftausend Nonnen und Mönche lebten, die unter der Führung einer Äbtissin den Regeln des Benediktinerordens folgten. Ein Wanderprediger hatte es 1101 wenige Kilometer südlich von Saumur, zwischen dem Anjou und Poitou, gegründet: Robert von Arbrissel.

Zwanzig Jahre zuvor hatte Papst Gregor VII., unterstützt von Markgräfin Mathilde von Tuscien, einen harten Kampf geführt, um dem Papsttum das Ernennungsrecht für Bischöfe zu sichern. Nach der Einrichtung kirchlicher Lehen durch Otto I. war dieses Amt der politischen Entscheidung der Kaiser überlassen. Robert, barfüßig und mit zerrissenen Kleidern, kämpfte offen mit Worten gegen den Verfall der Sitten durch die Einmischung weltlicher Herren in die Angelegenheiten der Kirche.

Schnell versammelte sich eine Menge von Adligen und Vagabunden, Witwen und Jungfrauen, die seine Jünger sein wollten und ihn vor das Problem stellten, sie angemessen unterzubringen. So entstand die Abtei von Fontevrault. Der christlichen Doktrin des Marienkults entsprechend und um in Nachahmung der Sitten der Ritterschaft die moralische Würde der Frauen zu heben, legte Robert fest, daß an der Spitze als Äbtissin eine Witwe zu stehen habe, der auch die Mönche Gehorsam schwören mußten. Sie hatte die Verantwortung für die Seelen des Klosters und mußte die umfangreichen Einnahmen und Ausgaben verwalten. Aus unterschiedlichsten Quellen strömten Schenkungen, die unerwartetste kam aus der Gegend von Orbestier, vom Herzog von Aquitanien, Wilhelm IX.

Von diesem Augenblick an traten die Herren von Poitou und Aquitanien, wie auch ihre Nachbarn aus dem Anjou, förmlich in einen Wettbewerb mit Geschenken und Grundbesitz für die Abtei. Der Orden verzweigte sich: 1105, als ihn Papst Paschalis mit einer Bulle bestätigte, gab es bereits sechs andere Priorate, und ihre Anzahl stieg im Laufe der Jahrhunderte. Sie breiteten sich bis nach Spanien und England aus.

Illustre Gäste kamen nach Fontevrault: Hier nahmen Philippa und Audéarde von Aquitanien den Schleier, ebenso Bertrada von Montfort, die Geliebte von König Philipp I., der dieser Verbindung wegen exkommuniziert wurde. Nach seinem Tod kehrte Bertrada unbefangen an die Seite ihres Gemahls Fulko von Anjou zurück. Es kam Petronille von Chemillé, eine sechsundzwanzigjährige Witwe, die zweite Äbtissin wurde. Ihr folgte nach fünfunddreißig Jahren, 1149, Mathilde von Anjou, die dieselbe Abtei verlassen hatte, um den englischen Thronerben zu heiraten, und ihn dann bei einem nächtlichen Schiffbruch sterben sah.

Mathilde, der Tante ihres Gemahls Heinrich, stattete Eleonore nach ihrer Heirat einen Besuch ab, um der Abtei die Familienschenkungen zu bestätigen, denen sie neue Wohltaten hinzufügte: 35 Pfund, die sie 1164 vom Schachbrett genommen hatte, zahlreiche Ländereien um Argy anläßlich der Krönung ihres Sohnes Richard zum Herzog von Aquitanien, die Freistellung von vier Männern für die Bäckerei der Abtei in Laudum.

Inzwischen war aus der Abtei eine kleine Stadt geworden: Das Frauenviertel, streng von dem der Mönche getrennt (die die Nonnen nur in der Kirche trafen), umfaßte das Haupthaus, das große Kloster für Witwen und Jungfrauen, das Hospiz für Aussätzige und andere Kranke und die Sainte-Madeleine für reuige Prostituierte. Es bildete das Zentrum eines Imperiums, das von Frauenhand gelenkt wurde, nach dem Willen des Gründers ein Symbol für das, was Frauen auf dem Gebiet spiritueller und materieller Organisation zu leisten vermochten.

Die Entwicklung der Nonnenklöster erreichte in jener Zeit ihren Höhepunkt. Sie hatte fast unbemerkt in den ersten Jahrhunderten der christlichen Ära begonnen, als sich rechtschaffene Witwen und Diakonissen der Pflege von Kranken und Armen widmeten. Im Orient bildeten diese Frauen einen Orden, die den Priestern bei der Verwaltung der Sakramente halfen, kranken Frauen die letzte Ölung brachten und den Katechismus lehrten.

Ab dem 4. Jahrhundert, während sich eine Tendenz zur Neugruppierung abzeichnete, erschienen die ersten Entwürfe einer Lebensregel, die empfahl, Armut und Gebet mit Arbeit zu verbinden. Die Nonnen sollten in den Gärten säen und gießen, Kleider nähen, Handschriften kopieren.

Nach dem 6. Jahrhundert, als Sankt Benedikt die Normen festlegte, nach denen Arbeit und Gebet einander ablösen sollten, um die Tage in den Klöstern abwechslungsreich und nutzbringend zu gestalten, wurden die Nonnenklöster gerade für den Adel interessant und entfalteten sich, finanziert von den Stiftungen adliger merowingischer und langobardischer Damen. Die berühmteste war die heilige Radegunde, Gründerin des Klosters von Sainte-Croix, das in Poitiers mehr als zweihundert Nonnen vereinte.

Andere entstanden in Nivelles, wo die heilige Gertrud eine Abtei und ein Krankenhaus gründete. Im 8. Jahrhundert schuf Sankt Bonifatius, der aus Irland kam, unterstützt von englischen Nonnen, Frauenklöster in Deutschland. Damals gab es Verwirrung über die angemessene Lebensweise, vor allem was das Eigentum betraf. Die adligen Damen behielten ihre persönliche Mitgift und verfügten weiterhin über ihre Besitztümer. In Poitiers brach nach dem Tod der Gründerin ein Aufstand gegen die neue Äbtissin aus, die beschuldigt wurde, zu schlemmen, mit Würfeln zu spielen und für ihre Enkelin aus einer Altardecke eine Seidenjacke und ein goldenes Diadem gefertigt zu haben.

Die Entwicklung der ottonischen Kirchenlehen gestand den Äbtissinnen eine politische und wirtschaftliche Macht zu, die denen der Äbte und gräflichen Bischöfe glich. Sie hatten ebenso die Aufgabe, an den örtlichen Versammlungen zur Ankunft der *missi dominici* des Herrschers teilzunehmen, Posten zu verleihen und sogar Synoden einzuberufen. Es waren alles hochgebildete Damen fürstlicher Herkunft, die ein beträchtliches Grundvermögen verwalteten.

Diese Ableger von Fürstenhäusern, die der Adel vor allem als ehrenvolle Zuflucht für die eigenen Frauen ansah, existierten zum Teil nur für kurze Zeit, da sie an das politische Geschick der Gründer gebunden waren. Zum Beispiel wenn die Zahl der Gäste stieg, weil sich dem Mutterhaus oft spontan entstandene Gruppen von Witwen und Jungfrauen anschlossen, die allein nicht mehr bestehen konnten. Um sie kümmerte sich Gregor der Große, der mit achtzig Goldpfund zur Unterstützung der dreitausend Nonnen von Rom beitrug. Er schrieb dem Bischof von Cagliari, man dürfe den Nonnen in Anbetracht der weiblichen Schwäche nicht erlauben, persönlich durch das Land zu ziehen, um den Zehnt aufsässiger Pächter einzutreiben.

Im 12. Jahrhundert wurden die benediktinischen Normen mit ihren ursprünglichen Forderungen nach einem enthaltsamen Leben und persönlicher Armut von den neuen Kluniazenser- und Zisterzienserorden aufgenommen, die eine geistliche Gemeinschaft unter direktem Befehl des Papstes bildeten. Die Normen verbreiteten sich in allen Frauenklöstern, auch in Fontevrault. Die Kanonissen dagegen, aus einfachem gesellschaftlichen Stand, trafen bei der Kirche auf eine gewisse Ablehnung. Einige Frauen aus dem Volk, die in den Klöstern und Krankenhäusern zugelassen wurden, um Dienst zu tun, ohne in den Orden aufgenommen zu werden, hofften auf diese Weise die Berufung mit dem Schutz durch die Autorität zu verbinden.

Die Regel des heiligen Benedikt legte nicht nur den Rhythmus von Gebet, Arbeit und Ruhe fest, sondern klärte auch die Besitzverhältnisse in der religiösen Gemeinschaft: Die Nonnen, auch wenn sie mit einer beträchtlichen Mitgift eingetreten waren, besaßen kein Eigentum. Alle Güter gehörten dem Orden, der sie fruchtbringend anlegen und für die eigene Erhaltung sowie wohltätige Zwecke einsetzen sollte. Die Äbtissin mußte also ein meist vielschichtiges Netz von Geben und Nehmen kontrollieren. Daneben trug jede Nonne eine Verantwortung, die sie als unverheiratetes Familienmitglied nie erhalten hätte.

Die relativ rasche Verbreitung der Nonnenklöster im Feudalismus erklärt sich nicht nur aus starker Gläubigkeit, sondern auch aus gesellschaftlichen Zwängen: das war vor allem die Unterbringung adliger Mädchen, die man nicht verheiraten konnte. Zum einen hatten nicht alle eine angemessene Mitgift (die vom Kloster geforderte war weit bescheidener), zum anderen mußten auch die jüngeren Söhne der Aristokratie oft auf eine Heirat verzichten und sich der Kirche oder dem Heer weihen, um die Aufteilung des Familienbesitzes zu vermeiden. Im Kloster bewahrte eine Witwe oder eine Tochter von hohem Stand die Achtung, die ihrer Herkunft zukam.

Wirtschaftliche Führung eines Klosters

Im 12. Jahrhundert waren die Aufgaben einer Äbtissin klar umrissen. Die wirtschaftliche Leitung wurde dennoch schwieriger und forderte Organisationstalent. Da die Kirche jede Art von Profit untersagte, durften die Abteien ihren Besitz nicht ausdehnen. So warf 1139 die Kirchenhierarchie den Nonnen des Klosters von Rosano vor, eine Mühle zum Schwingen der Stoffe für die aufblühende florentinische Wollindustrie errichtet zu haben, die enorme Gewinne brachte.

Aber auch die Ansprüche zur Erhaltung der Anlagen waren nicht leicht zu befriedigen. Das Kircheneigentum, die Mitgift der Nonnen und die Schenkungen von Privatpersonen bestanden vor allem aus Grundbesitz. Von den Erträgen des Bodens lebten die großen Abteien ebenso wie die kleinen, von ihnen abhängigen Priorate. Nichts verlangte mehr Aufmerksamkeit als der Boden, vor allem, wenn die Erträge jeder kleinen Parzelle durch eine Vielzahl unterschiedlicher Verträge und Gewohnheitsrechte aufzuteilen waren. Wie jeder Feudalherr mußte die Äbtissin überprüfen, daß ihre Landarbeiter jedes Jahr sowohl die Personenabgabe leisteten wie die Ehesteuer, wenn sie heirateten und dadurch den angestammten Wohnort verließen. Bei ihrem Tod mußte der Konvent die Hinterlassenschaften einziehen, auch wenn man sich vermutlich mit einem symbolischen Obolus von den Erben zufriedengab. Außerdem mußte man die Fronarbeitstage der Pächter und Diener sowie die Abgaben in Getreide, Wein, Hühnern oder Eiern, die Scheunen und Vorratskammern füllten, ausrechnen.

Alles wurde in Rechnungsbüchern vermerkt, insbesondere das Bargeld, das durch Erbpachtverträge und Gebühren für die Nutzung der Brücken und Öfen der Gemeinschaft eingenommen wurde, wie auch das Nutzungsgeld für Mühlen, eine häufige Schenkung an die Klöster. Ebenfalls in Geld, neben Naturalien, wurde das Weiderecht auf den Wiesen oder das Jagdrecht in den Wäldern des Klosters bezahlt. Genau registriert wurde die Einziehung des Zehnt, der schwerwiegendsten Abgabe im Mittelalter, die jeden Bewohner der Städte und Dörfer traf: Ein Zehntel aller Einnahmen mußte an die Kirche abgegeben werden, ein Teil davon ging an den örtlichen Bischof, der ihn an den Heiligen Stuhl weiterleitete.

Obwohl die Geldzirkulation sehr beschränkt war, verfügten die Kircheneinrichtungen aufgrund dieser Einnahmen, Spenden und Almosen immer über eine gewisse Geldmenge. Die Nonnen lernten, Buch zu führen und Verwaltungsbilanzen zu erstellen. Leider sind die Rechnungsbücher und Inventarlisten der Nonnenklöster in vielen Fällen verschwunden oder nur in Bruchstücken erhalten. Einige liegen noch in bischöflichen Archiven und warten darauf, katalogisiert zu werden. Der Geschichtsforschung fehlen bis heute grundlegende Untersuchungen über die Rechnungsführung der Wirtschaftsbetriebe, und auch die veröffentlichten Dokumente weisen nicht darauf hin, wieviel eine bestimmte Menge Getreide oder ein Arbeitstag in Geld wert war.

Natürlich konnte eine Äbtissin, so fähig sie auch war, nicht alles allein bewältigen. Einige Abteien besaßen tausende Hektar Land, mit Dutzenden von Dörfern und Kirchen. Remiremont verfügte über 52 Güter und erhielt den Zehnt von 80 Kirchengemeinden. Die Anfänge des Nonnenklosters von Saint-Pierre-les-Dames in Reims, reich an Gütern in Belgien, Deutschland, Artois, der Provence und England, liegen zwar im verborgenen; im 13. Jahrhundert jedoch hatten sich Dépendancen bereits an 68 Orten niedergelassen, besaßen Mühlen, Weinberge, Wälder und Dörfer. Die Oberin übte in 27 Orten auch die Rechtsprechung aus.

Bei der Führung dieser beachtlichen Imperien standen den Äbtissinnen

Herren edler Abkunft mit Rat zur Seite, die auch die Verbindungen zur Außenwelt aufrechterhielten. In Remiremont waren es ein Probst, zwei Kanzler und ein Verantwortlicher für die Vorräte. Ein Oberhofmeister nahm im Namen der Abtei die militärischen und juristischen Aufgaben wahr. Ihnen unterstand ein kleines Heer von Bediensteten und Aufsehern, das die Einnahmen peinlich kontrollierte. Dazu kamen Hausdiener, Landarbeiter und manchmal, wie in Notre-Dame de Saintes, auch ein Jäger. Personal, das bezahlt wurde. Auch in kleineren Klöstern wurde die Exekutive in der Verwaltung der Güter und die Erhebung der Abgaben einem Verwalter überlassen, einem Mönch oder häufiger noch einem Notar, der vom Kapitel gewählt wurde und den Titel des *advocatus* erhielt.

Die Ratgeber besorgten die Rechnungsführung, griffen aber nicht in Entscheidungen ein. Diese lagen allein, den Regeln der Stiftung entsprechend, bei der Äbtissin und dem Nonnenkapitel.

In kleinen wie großen Abteien herrschte ein demokratisches System. Entsprechend Kapitel LXIV der benediktinischen Ordensregel wurde die Äbtissin von der Mehrheit der Nonnengemeinschaft gewählt, wobei ein Einspruch des Bischofs möglich war. Der heilige Bernhard hatte allerdings nicht die Einmischung weltlicher Herren vorgesehen, was bis zum 12. Jahrhundert relativ häufig geschah. Das IV. Laterankonzil legte Verfahrensweisen für die Wahl fest, die durch Abstimmung, Kompromiß oder göttliche Eingebung erfolgen konnte. Da ein Eingreifen des Heiligen Geistes, der Einhelligkeit herbeiführte, selten vorkam, entbrannte bei der Abstimmung zuweilen wütender Streit. Dann einigte man sich darauf, eine begrenzte Zahl von Nonnen zu nominieren, die eine Äbtissin wählten, während die anderen sich zu Gehorsam verpflichteten. In den Archiven von Sainte-Glossinde in Metz gibt es die Kopie des freundlichen Berichts an den Papst über die Wahl von Alison Condé, die 1292 auf diese Weise stattfand.

Unabhängig davon, wie sie gewählt wurde, konnte die Äbtissin Routine betreffende Entscheidungen und Festlegungen von geringerem Ausmaß selbständig treffen. Für größere Verpflichtungen mußte sie sich nach dem Votum der Mitschwestern richten.

Sie hatte die Schlüssel für die Schatzkammer, in der Geld, wertvolle Gegenstände und Rechnungsbücher aufbewahrt wurden. Auch die älteste Nonne besaß meist zusätzlich einen Schlüssel.

Dieser demokratische Ansatz, der im Innern der Kirche geübt wurde, in den Familien aber, aus denen die Nonnen kamen, noch unbekannt war, zeigte sich auch in der Leitungspolitik. Constant le Roux, Leibeigener in Ronceray, erhielt die Möglichkeit, reich zu werden, ohne unrechtmäßig zu handeln. Sein Aufstieg wurde im Chartularium der Abtei aufgezeichnet.

Neben den Herrenrechten konnte ein Kloster auch mit anderen Einnahmen rechnen, so zum Beispiel das Geld für den Freikauf von Leibeigenen. Außerdem wurden eigene Produkte verkauft. Da der Grundbesitz vor allem aus Hinterlassenschaften und Schenkungen stammte, besaßen viele Stiftungen Landbesitz in fernen Ländern. Man kann sich schwer vorstellen, daß die Wagen mit Korn, Wein, Futter, Hühnern, Gänsen, Holz und Fisch über die oft unbefahrbaren und unsicheren Straßen ins Mutterhaus kamen. Die Produkte wurden folglich am Herstellungsort verkauft und das Kloster kaufte davon alles, was es benötigte, in der Umgebung. Auch durch diese Verfahrensweise lernten die Nonnen, mit Geld umzugehen.

Für kleinere und ärmere Klöster konnten die Einnahmen für die Totengebete wichtig sein. Oft wählte eine Aristokratenfamilie eine Gemeinschaft von Nonnen und übertrug ihnen diese Aufgabe, die dann meist auch gut entlohnt wurde.

Beschäftigung und gesellschaftliche Funktion der Nonnen

Die Äbtissin war neben der Verwaltung des Besitzes auch für die geistige Auslastung der Nonnen zuständig. »Müßiggang ist ein Feind der Seele«, hatte der heilige Benedikt geschrieben, »deshalb müssen sich die Mönche zu festgelegter Stunde mit Handarbeit und zu anderen Zeiten mit der Lektüre der heiligen Bücher beschäftigen.« Die Arbeit war zugleich Einnahmequelle. Jede Nonne hatte ihre Aufgabe als Kopistin oder Lehrerin, arbeitete in der Weberei, die Kleider und Stoffe für den Bedarf der Gemeinschaft und für die Kirchenhierarchie, die ein entsprechendes Privileg besaß, herstellte.

Verschiedene Holzschnitte zeigen kleine Räume, in denen einige Nonnen spinnen, andere zuschneiden und nähen. Vor dem Aufstieg der städtischen Handwerkerschaft kamen die feinsten Leinen und die weichsten Wollstoffe aus ihren Händen. Einige Frauen, die geschickt im Sticken waren, stellten Altardecken, Mäntel und Taschen her, aber auch die Ausstattung für die Hochzeit von Verwandten. Andere verdienten mit dem Verkauf köstlicher Backwaren an Gäste und Pilger Geld. Sie erfanden das

Anisbrot, die Chartreuse aus Bologna, Beignets mit Rosenblättern und Windbeutel.

Von höhergestellten Töchtern verlangte man auch in einem Zisterzienserorden nicht, sich der Feldarbeit zu widmen. In den Frauenklöstern herrschte ein außerordentlich hohes kulturelles Niveau. Roswitha, Nonne in Gandersheim, deren Name von der Äbtissin Herberga festgehalten wurde, hatte alle Bücher der Bibliothek gelesen und gehörte zu den größten Dichterinnen des Ottonenzeitalters. Héloïse, die unglückliche Geliebte des Mönches Abaelard, die sich nach den bekannten Vorfällen zur Meditation ins Paraclet in der Champagne zurückzog, sprach mit siebzehn Jahren bereits perfekt Griechisch und Hebräisch. Immerhin wurde seit der Zeit des heiligen Cesarius von den Nonnen verlangt, lesen und schreiben zu können. Die Bischöfe richteten ihre Episteln in Latein an die Frauenklöster. Auch in den Adelsfamilien waren die Frauen meist gebildeter als die Männer.

Die Nonnen nutzten ihre Bildung, um als Lehrerinnen zu wirken. Aus den Schulen der großen Abteien gingen die späteren Gräfinnen und Markgräfinnen, oft auch künftige Nonnen hervor. Der Preis für den Unterhalt und die Ausbildung war so hoch, daß einige Feudalherren meinten, sie sich nicht leisten zu können. Jener heilige Cesarius hob jedoch im Artikel 5 der Regeln für das Kloster von Saint-Jean d'Arles, das von seiner Schwester geleitet wurde, die Nützlichkeit hervor, Kinder ab sechs Jahren in Klöstern erziehen zu lassen. Die vorgeschlagene Didaktik war einfach: Die Kinder mußten in den Büchern die Worte der Psalmen wiedererkennen, die sie auswendig gelernt hatten.

In Dokumenten über die bischöflichen Besuche in England wird immer wieder die Anwesenheit kleiner Kinder erwähnt. Und 1116 machte der Graf von Anjou eine Schenkung an Ronceray, damit dreizehn arme Kinder aus seiner Grafschaft von den Nonnen ernährt und aufgezogen wurden. Neben einigen Ausnahmen – Schulen von außerordentlich hohem Niveau, wie die von Roswitha und Héloïse – mußten die Nonnen des Hochmittelalters vor allem die Erlangung einer Grundbildung sichern: schreiben, lesen, außerdem ein wenig Arithmetik und Musik, in England auch die französische Sprache. Auf jeden Fall gehörten dazu sittsames Verhalten, Zeichnen, Sticken und manchmal die Kunst, Kräutertees, Duftstoffe, Balsame zu mischen, Süßigkeiten zuzubereiten und Wunden zu behandeln. Ein Mädchen auf seine Pflichten als Hausherrin vorzubereiten, erforderte ein Maß an Bildung, das die Möglichkeiten in den Häusern der adligen Damen überstieg, wo es ebenfalls Erziehung und Ausbildung erhalten konnte. Jungen blieben hingegen nur während der ersten Schuljahre in den Nonnenklöstern.

Lebte eine Kopistin in einem Kloster, war ihre Tätigkeit Quelle beträchtlicher Einnahmen. Der ungeheure Aufwand der Handschriften ist bekannt. Es war eine ermüdende, anspruchsvolle Arbeit, bei der wertvolle Materialien verwandt wurden. Mit Mühe kratzte die Feder über das steinharte Pergament, die Tinte, auf Basis von Gummiarabikum, trocknete leicht ein, und im Winter erstarrten die Hände. Eine gute Kopistin schaffte im Verlauf ihres Lebens höchstens vierzig Werke.

Es ist kaum bekannt, daß viele Meisterwerke aus den Frauenklöstern und von Frauenhand stammen. Erst kürzlich wurde eine Sammlung der Kolophone (sämtliche Endbemerkungen, die dem Kopisten vorbehalten waren) aller Manuskripte des Abendlandes bis zum 16. Jahrhundert veröffentlicht. Man staunt, wieviele Unterschriften von Frauen sind.

Eine andere einträgliche Tätigkeit der Frauenklöster bestand in der Gastfreundschaft, die reichen Witwen oder unglücklich verheirateten Ehefrauen gewährt wurde. Hinter klösterlichen Mauern fanden sie Zuflucht. Viele bekannte und weniger bekannte Damen haben im Laufe der Jahrhunderte ihre letzten Jahre in den Gemächern der Abteien verbracht. Einige nahmen den Schleier, wie Adele von Blois, Tochter von Wilhelm dem Eroberer, die sich nach einem politisch und kulturell turbulenten Leben in den Zisterzienserorden in Marcigny zurückzog. Andere blieben Laien, verpflichteten sich jedoch zur Keuschheit, wie Adele von Wichman, die sich zu Zeiten Ottos II., ihres bewegten Lebens müde, in ein Kloster nach Paderborn begab. In ihrer Jugend hatte sie in einem stürmischen Prozeß die Schenkungen des Vaters und der Schwester zugunsten kirchlicher Stiftungen für sich eingefordert.

Unter diesem Aspekt bot die Kirche den Frauen eine Wahlmöglichkeit: Junge Witwen konnten eine zweite Heirat ablehnen, wenn sie die Verpflichtungen des Ehestandes als Belastung empfanden. Alte Frauen fanden einen Ort, an dem sie in Ruhe ihr Leben beschließen konnten. Und Frauen, die in schwierigen Familienverhältnissen lebten, wie Philippa, die Frau des unberechenbaren Wilhelm IX., hatten so eine ehrenhafte Möglichkeit, davonzugehen. Manchmal kamen auch Jungfrauen, die zwar keine Nonnen werden wollten, aber der Welt den Rücken kehrten, und sei es nur für eine bestimmte Zeit. Denn die Klöster boten Damen, die zuweilen das Bedürfnis nach Meditation verspürten, auch vorübergehende Gastfreundschaft.

Abtei und Priorat waren also Rückzugsort wie Zufluchtstätte und erfüllten damit eine gesellschaftliche Funktion, boten sie doch einen Dienst von Frauen für Frauen in Zeiten, wo vor allem in der Aristokratie die Einsamkeit der Frauen als peinliche Belastung betrachtet wurde, man sich zudem der Alten zu entledigen suchte. Es war schließlich eine lohnende Tätigkeit, denn die edlen Gäste wurden nicht umsonst aufgenommen, auch wenn man bei dem hohen Preis, den sie zahlten, berücksichtigen muß, daß sie in der Regel einen Teil ihres Gefolges mitbrachten. Das war die Kehrseite der Medaille: der damit verbundene Einzug von Zerstreuung in die Klöster. Die begleitenden Edelfräulein waren nach der letzten Mode gekleidet und weckten das Verlangen der Nonnen, ihnen nachzueifern (die obligatorische Bekleidung für jeden Orden war noch nicht festgelegt). Sie sorgten außerdem für Klatsch und führten Haustiere mit sich. Die Bischöfe donnerten oft gegen die Sitte, Gäste aufzunehmen, jedoch vergebens, weil sie für die Gesellschaft ebenso notwendig war wie das Geld, das sie dem Kloster einbrachte.

Tägliche Ausgaben

Die Einnahmen waren vielfältig, und die Äbtissinnen mußten sorgfältig Buch darüber führen, in größeren Abteien unterstützt von einer Gruppe von Fachleuten, in deren Gefolge eine Schar von Helfern und Dienern beschäftigt war. Diese Leute kosteten Geld, und ein Kloster hatte gelegentlich Ausgaben, vor allem bei außergewöhnlichen Werken der Wohltätigkeit, die die Einnahmen übertrafen. Die Frauen lernten in der Kirche auch zu organisieren, denn ein Kloster war quasi ein unabhängiges Unternehmen, in dem jede Nonne ihren Beitrag leistete.

Bis zum 12. Jahrhundert mußte keine andere wirtschaftliche Einheit (bis auf die Staaten) eine Buchführung mit so vielen Posten führen wie die Klöster.

Neben den Männern, die den Kontakt zur Außenwelt pflegten, wurde die Äbtissin innerhalb des Klosters von einem Gremium unterstützt. Die wichtigsten unter ihnen war die Priorin, rechte Hand der Äbtissin, die für die Ausführung ihrer Anordnungen sorgte und sie bei Krankheit oder Abwesenheit vertrat: eine schwierige Aufgabe, die Entschlossenheit und Diplomatie erforderte, die wirtschaftliche Führung aber weitgehend ausklammerte. Ein Großteil des Geldes eines Klosters ging durch die Hände der Verwalterin oder Kellermeisterin, die für Küche, Vorratsräume, Keller,

Refektorium, Mühle, Ofen, Obst- und Blumengärten, Ställe und Hühnerhöfe zuständig war. Für ärmere Klöster konnte es problematisch sein, jeden Tag zwei Mahlzeiten für die Nonnen zuzubereiten. In den reichen Abteien hingegen verfügte die Verwalterin über zahlreiche weltliche Dienerinnen und eine Verantwortliche für den Weinkeller.

Die Mahlzeiten waren nicht opulent: Schwarzbrot, zwei Gemüsegerichte und Rohkost, einfach gekochtes Fleisch oder Fisch, Früchte der Saison. Nachspeisen gab es nur an Festtagen. Während der Fastenzeiten aß man Fisch und Käse. Die Besorgung von Fisch war eines der größeren Probleme der Verwalterin, die sich glücklich schätzte, wenn sie einen Weiher oder Teich in der Nähe oder wenigstens das Fischereirecht für einen See oder Fluß hatte.

Auch heute kann man noch viele mittelalterliche Refektorien besichtigen, halbdunkle Räume von strenger Architektur. Küchen sind bloß wenige erhalten, dafür entschädigen die Bauten von Fontevrault. Die Küche liegt außerhalb der Klostermauern – wie es oft auch bei den Schloßküchen der Fall war – und hat die Form eines Achtecks, mit einer Pyramide von schuppenförmigen Steinen überdacht. Der Übergang von der achteckigen Wabenstruktur zum Quadrat des zentralen Kamins im Innern wird durch einander überschneidende Bögen auf zwei Ebenen geschaffen, die sich auf die Rauchfänge von zwanzig Nebenöfen öffnen und die Voraussetzungen für den Rauchabzug bilden. In dieser Raumharmonie erklingen heute Konzerte. Einst arbeiteten hier viele Menschen an den Mahlzeiten für Fontevrault, das nicht nur Abtei, sondern auch Krankenhaus und Hospiz war. Die Einrichtung war ebenfalls viel umfangreicher als in den privaten Häusern: große Kessel, Schüsseln für das Gemüse, Pfannen, Zangen, Herdhandschuhe, Speckmesser, Gefäße, um den Speck zu schmelzen, Besen, Becken zum Geschirrspülen, Hocker, Schüreisen, Spieße, Fächer für das Feuer, Dosen für Salz und Gewürze, die für die Konservierung der Lebensmittel unerläßlich waren, Salbei und andere Kräuter.

Die Funktionen der Schatzmeisterin und der Mesnerin waren oft in einer Person vereint. An der Seite der Äbtissin ordnete und hütete sie Besitzurkunden, Archive, Verträge und verteilte das Geld für nötige Zahlungen. Sie war für die beweglichen Güter des Klosters zuständig: Silber, Reliquienschreine, Vasen, vergoldete Lampen und reich geschmückte Paramente, Wachs und Öl für die Lampen, Weihrauch und Kleider für die Nonnen, die sehr aufwendig hergestellt wurden.

Von der Kantorin erwartete man geistige Kompetenz: Sie leitete den

Chor der Nonnen und die Oberschule für externe Schülerinnen. Gleichzeitig war sie für das Scriptorium und die Bibliothek verantwortlich, in der sich oft wahre Schätze befanden: Manche Klöster besaßen dreihundert bis fünfhundert Bände.

Ausgabenrechnungen kamen auch von der Torwärterin und der Krankenpflegerin. Erstere empfing die Pilger, die ebenso wie manch andere wichtige Gäste nur eine Nacht im Kloster blieben. Oft mußte die Torwärterin auch für ihr Wohlergehen sorgen. Außerdem verteilte sie Almosen an die Armen. Das waren nicht immer nur Speisereste des Klosters. In Zeiten von Hungersnot klopften ganze Heerscharen an die Pforte. Hier erhielten sie zumindest eine warme Suppe. Die Krankenpflegerin war, sofern es ein Hospiz gab, auch für die alten Frauen zuständig, wie für alle anderen Unglücklichen, die Zuflucht erbaten. Sie bekamen etwas zu essen, den Zuspruch und die Aufmerksamkeit der Nonne, die ihnen Absude, Kräutertees und Elixiere aus ihrem Anbau zubereitete: Minze, Rosmarin, Raute, Anis, die oft auch in der Küche verwandt wurden, harntreibenden Liebstöckel, Kletten, die Ekzeme zum Vernarben brachten, Sauerampfer gegen Katarrhe, und schwarzer Holunder, aus dessen Rinde man einen Absud für die Leber kochte, Baldrian und sogar Schierling. Diese Pflanzen wurden auch mit benachbarten Klöstern ausgetauscht, da sie die Grundlage der mittelalterlichen Pharmazie bildeten.

In einer Gesellschaft, in der es keine Krankenhäuser, Herbergen und Hospize gab, war die Sozialfürsorge eine der vordersten Aufgaben der Klöster. Für die Wohltätigkeit wurden gewöhnlich zehn Prozent aller Einnahmen, manchmal auch ein Viertel oder ein Drittel, verwendet. Die großen Abteien verteilten tausende Brote, Fleisch, Salzheringe, Getreide, getragene Kleidung. Während einer Hungersnot leerten die Nonnen Lager und Vorratsräume, um regelrechte Volksspeisungen zu veranstalten.

In Fontevrault gab es ein Gebäude für Aussätzige und ein anderes für ehemalige Prostituierte. Einige Frauen blieben jahrelang dort. Die Klöster legten zwar bei der Ausgabenplanung die Anzahl der Plätze fest, die man anbieten konnte, ohne sich zu ruinieren. Oft aber waren es dann tatsächlich zwei-, dreimal so viele Gäste.

Diese allgemeine Gastfreundschaft, deren Initiatorin einst Gräfin Mathilde gewesen war, wurde wiederum von den Wohltätern der Klöster ausdrücklich gefordert. Sie erkannten die gesellschaftliche Funktion und wollten die Klöster darin bestärken.

In der Abrechnung einer Abtei oder eines Priorats fielen ferner die außerordentlichen Besuche von Bischöfen und Fürsten schwer ins Gewicht, zuweilen sogar eine Visite des Wohltäters selbst, der dann mit der ganzen Familie eintraf. Es war die Aufgabe der Torwärterin, ihn diskret zum Aufbruch zu ermuntern. Ein Erzbischof reiste mit einem Gefolge von Schildträgern, Pagen, Knappen, Köchen, Kochgehilfen und bis zu fünfzig Pferden. Alle mußten versorgt werden. An die kirchlichen Autoritäten wurde natürlich ein Teil des Zehnt gezahlt, dazu kamen außerordentliche Zuschüsse für Adlige oder Herrscher, die in den Krieg zogen oder gefangen waren, wie im Fall Richards von England. Manchmal mußte man auch dem Bischof oder der Mutterabtei hilfreich unter die Arme greifen, wenn deren Güter durch Naturkatastrophen oder Kriege zerstört wurden.

Zu den Kosten für Versorgung und Wohltätigkeit, zur Bezahlung der Löhne und zu den unvorhergesehenen Ausgaben kamen außerdem die Kosten für die Verteidigung. Bis 1298 war die Klausur der Nonnen nicht kodifiziert, auch wenn allgemein anerkannt war, daß sie die Klostermauern nur in dringlichen Fällen verlassen sollten. Das Dekret *Periculosum* von Papst Bonifatius VIII. erhob die Klausur zur Pflicht, aber zunächst gelang es nicht, diese durchzusetzen: Die Nonnen verließen das Kloster und ließen sich zur Sicherheit von einer bewaffneten Eskorte begleiten. Die Gräfin Sofia di Pratovecchio reiste, nachdem sie Äbtissin von Rosano geworden war, mit einem großen Gefolge von Rittern durch die Toskana des 13. Jahrhunderts.

Auch wenn die Architektur der Frauenklöster meist nicht die Pracht der Mönchsklöster erreichte, mußte man doch Reparaturen oder eine Erweiterung der Bauten in Rechnung stellen. Für entsprechende Unternehmungen fehlte es nicht an Unterstützung. Als die Nonnen von San Teodoro di Pola 1356 beschlossen, in die Stadt zu ziehen, weil sie an einem zu abgelegenen Ort lebten, erhielt die Äbtissin Frisa vom venezianischen Senat die Erlaubnis, drei Jahre mit 600 Pfund Öl, aus eigener Produktion oder importiert, zu handeln, um die Kosten für die Bauten einzuspielen.

Trotz sorgfältigster Organisation gestaltete sich die wirtschaftliche Situation der Frauenklöster immer schwieriger als die der Mönchsklöster, die manchmal zu wahren Finanzmächten wurden, nachdem sie gelernt hatten, die kanonischen Verbote, Geld anzusammeln, zu umgehen. Die Nonnen blieben gezwungenermaßen ausgeschlossen von dem großen wirtschaftlichen Aufschwung der Religionsgemeinschaften durch die Zisterzienserbewegung. Es ließ sich nicht mit ihren Lebensregeln vereinbaren, daß sie die Urbarmachung der Böden oder die Entwässerung der Sümpfe leiteten und neueste Techniken der Pflanzen- und Tierzucht ausprobierten. Das Gesetz der Klausur – obwohl noch relativ dehnbar – wie auch die Härte der Zeit hinderten sie daran, zu einer Überraschungsinspektion auf weit entfernte Lehen zu reisen. Deshalb mußte man mit zahlreichen Verwicklungen und Betrügereien rechnen, was wiederum Anwaltskosten verursachte.

Die neuen Stadtorden

Neugründungen im 12. und 13. Jahrhundert wurden zunehmend nicht mehr von Fürsten und Kaisern für ihre Frauen, sondern von den Vallombrosaner-, Kartäuser- und Zisterzienserorden errichtet. In Italien gab es damals sechs große Klöster zwischen Mailand, Novara, Como und Lodi, viele weitere in der Toskana und in Apulien, und in einem Städtchen wie Assisi mindestens zehn benediktinische Nonnenklöster. Auf der gesamten Halbinsel unterhielten die Zisterzienser siebzig Einrichtungen.

In Mittelitalien entstanden darüber hinaus viele Gemeinschaften von Büßern oder Frauen, die in Einsamkeit, Keuschheit und Armut lebten, ohne kirchlichen Orden anzugehören. Das Laterankonzil von 1215 ließ sie im Benediktinerorden aufgehen. Die ungefähr einhundertdreißig Nonnenklöster in England waren fast alle recht klein, während in Deutschland, wo sich der Zisterzienserorden stark verbreitete, die Zahl der Klöster von einhundertfünfzig im 12. Jahrhundert auf fünfhundert um 1250 stieg, in denen insgesamt fünfundzwanzig- bis dreißigtausend Nonnen lebten. In den deutschsprachigen Ländern nahm das weibliche Streben nach einem Gott geweihten Leben oft die Form freier Zusammenschlüsse von Stiftsdamen an. Damen aus dem gerade entstandenen Bürgertum der Städte suchten nach neuen, unabhängigen Formen der Andacht. Jean de Vitry erhielt vom Papst die Erlaubnis, diese Frauen in Brüderschaften zusammenzubringen, in denen sie in Armut und Keuschheit leben und außerhalb der strengen Regeln eigenständig ihren Lebensunterhalt bestreiten konnten. Entsprechende Einrichtungen bildeten sich in Liège, in Frankreich, in Deutschland und Italien. Im Norden nannten sie sich Beginen, vielleicht eine Abwandlung des Begriffs Albigenser, und widmeten sich neben der Arbeit dem Dienst für Arme. Sie hatten entscheidenden Anteil an den entstehenden Handwerksbetrieben für Frauen.

In Italien fand die Suche nach Formen der Anbetung und Mildtätigkeit eine mächtige Umsetzung in der Franziskaner- und Dominikanerbewegung, die von Anfang an das Apostolat für Frauen vorsahen. Die Gestalt des heiligen Dominikus faszinierte wohlhabende Mädchen wie büßende Frauen und Ketzerinnen, die in großer Zahl konvertierten. Im französischen Prouille hatte der Heilige eine katharische Gemeinschaft in ein Kloster umgewandelt, während er sich in Rom darauf beschränkte, das Benediktinerkloster von San Sisto nach seinen Gesetzen zu reformieren. Die Entstehungsgeschichte des ersten dominikanischen Frauenklosters ist reichlich verworren: In Bologna, der Lieblingsstadt des Heiligen, wo er in dem stattlichen Grabmal der ihm geweihten Kirche beigesetzt wurde, schenkten auch die Universitätskreise den Predigern ihre Sympathie. Dennoch mußte die edle Diana degli Andalò lange bei den kirchlichen Autoritäten drängen, ehe sie die Erlaubnis erhielt, das Konvent der heiligen Agnes zu gründen.

Klara von Assisi gründete, nachdem ihr Franziskus 1211 die Haarpracht abgeschnitten und sie in einfaches Tuch gekleidet hatte, den Klarissinnenorden, der sich zum Ziel setzte, ein Leben in Armut und Abgeschlossenheit zu führen, allein dem Gebet für die Menschheit gewidmet. Ihre Andachtsregeln verbreiteten sich. Von dreitausend Nonnen beim Tode Klaras wuchs die Anzahl auf fünfzehntausend im 13. Jahrhundert. Anfänglich sah man die Mädchen angesehener Familien barfuß und voller Entbehrungen ihr Leben fristen, denn die Klausur verbot jegliche Aktivität. Später kamen die Hinterlassenschaften und Schenkungen, die mittlerweile von Händler- oder Handwerkerfamilien stammten und vor allem aus Immobilien in den Städten bestanden.

So wurden paradoxerweise auch die Klöster der Bettlerorden wohlhabend, und die Nonnen übten sich in der Verwaltung von Häusern und Geschäftseinrichtungen. Sie erreichten allerdings nie das Vermögen der großen Abteien, die in der neuen städtischen Welt auch an Bedeutung verloren. Im 14. Jahrhundert waren die Lehen nicht mehr so einträglich, denn die Wirtschaft konzentrierte sich nunmehr auf andere Einnahmequellen. In vielen kleinen Prioraten auf dem Lande lebte man, abhängig von den Ausgaben, der Großzügigkeit und manchmal auch einer schlechten Verwaltung, in Armut. Selbst die Nonnenbewegung war inzwischen in den Städten verankert.

Das Bild der Eingeschlossenen paßt nicht zu einer Bewegung, die in Europa zehntausende Frauen erfaßte. Die Geopferten, von den Familien Ausgestoßenen hat es sicher gegeben, aber die Zahl derer, die den Schleier aus freier Wahl nahmen oder, wenn sie eben keine andere Wahl hatten, dieses Leben in Übereinstimmung mit ihren Bestrebungen annahmen, war weitaus größer.

Nicht zu vergessen auch der große Einfluß der Kirchenväter auf die Gesellschaft, die die Jungfräulichkeit höher bewerteten als die Ehe. Unter den Frauen war zudem eine gewisse Scheu vor der Ehe vorhanden, bedeutete sie doch oft eine Kette von Schwangerschaften und ein nicht selten frühes Ende.

Die Äbtissin des Geoffrey Chaucer

Das Klosterleben verlief dennoch nicht ohne Zerstreuung und weltliche Befriedigung, und nicht alle Nonnen verzichteten zugunsten der Gemeinschaft auf jeden persönlichen Besitz. Die Wirklichkeit unterschied sich oft von den Predigten der Bischöfe, es schlüpften nicht wenige durch die Maschen der Ordensregeln.

Von den vielen Äbtissinnen, deren Wirken bestenfalls eine vergilbte Gerichtsakte belegt, ist die einzige, von der ein lebhaftes Bild überliefert ist, eine kleine englische Äbtissin aus dem 14. Jahrhundert: Madame Eglentyne.

Geoffrey Chaucer hat ihr in seinen Erzählungen aus Canterbury Unsterblichkeit verliehen, und sie hat sich gewiß nie vorgestellt, daß Historiker fünfhundert Jahre später in den bischöflichen Archiven das Sammelsurium ihrer Kontenbücher durchstöbern und die Boshaftigkeiten ihrer Mitschwestern studieren würden, die in den Registern des Bischofs festgehalten sind.

»Sie ist eine überaus schlechte Verwalterin«, schreibt eine, »sie hat das Kloster mit Schulden überhäuft, die Kirche bricht zusammen, seit zwei Jahren gab es keine neuen Kleider, sie hat ohne unsere Zustimmung Wälder und Werkstätten verkauft und unser bestes Geschirrservice verpfändet. Man muß sich darüber nicht wundern, denn sie fragt uns nie nach unserer Meinung, obwohl sie es tun müßte.« Eine andere: »Sie kleidet sich eher wie eine Dame von Welt als wie eine Nonne, sie trägt Ringe und Ketten.« »Ihr Mantel war sehr elegant, als ich sie traf«, bekräftigt Chaucer. »Um den Arm trug sie zwei Rosenkränze aus kleinen Perlen, von denen eine funkelnde Goldbrosche herabhing ...«

Jahre geistiger Kämpfe waren vorangegangen, vor allem in den kleinen Klöstern auf dem Lande wie dem der Diözese von Lincoln. Wie viele andere war es von einer wirtschaftlichen Krise erfaßt. Die anmutige Priorin »mit Augen so grau wie der Wind« verspürte nicht die geringste Neigung zu einem asketischen Leben. Sie besaß auch keine verwalterischen Fähigkeiten, geschweige denn die Voraussetzungen für die Leitung. Sie hätte sich um den Gewinn aus den Werkstätten kümmern, die Einnahmen des Kirchenzehnt kontrollieren, die Preise für den Verkauf der Wolle von den eigenen Schafen aushandeln müssen. Wahrscheinlich jedoch langweilten sie diese Angelegenheiten, und sie ließ sich leicht hintergehen. Wenn es ihr an Geld fehlte, verkaufte sie Wälder, die zu den wertvollsten Gütern gehörten, verpflichtete sich gegen Bargeld, Leibrenten zu zahlen, oder vermietete Grundbesitz weit unter Wert. Erst nach dem Besuch des Bischofs entschloß sie sich, die Rechnungsbücher zu führen, die bis heute im Archiv erhalten sind.

Von ihrer vornehmen Abstammung her an einen gewissen Lebensstil gewöhnt, fand sie es selbstverständlich, die wertvollen Goldringe, Silbergürtel, Seidenschleier und Eichhörnchenpelze zu kaufen, die in den Abrechnungen vermerkt sind. Leider vergaß sie die Kleider der anderen Nonnen, weil sie zu sehr damit beschäftigt war, ihre Hündchen zu füttern »mit gebratenem Fleisch, Milch und Kuchen. Sie weinte verzweifelt, wenn einer von ihnen starb«.

Haustiere zu halten war streng verboten: »Wir sind davon überzeugt«, schreibt 1387 William von Wykeham an die Abtei von Romsay, »daß einige Nonnen eures Klosters Vögel, Kaninchen, Hunde und andere unwürdige Geschöpfe mit in die Kirche nehmen, denen sie mehr Aufmerksamkeit schenken als dem Gebet. So kommt es zu häufigen Unterbrechungen ihres Gesangs und dem ihrer Gefährtinnen und zu großer Gefahr für ihre Seelen. Deshalb verbieten wir euch allen strengstens, im Namen des euch gebotenen Gehorsams, von heute an Vögel, Hunde, Kaninchen und andere unwürdige Geschöpfe mit in die Kirche zu nehmen, die zu Disziplinlosigkeit führen...« Die Nonnen jedoch blieben ungehorsam und imitierten ihre adligen Pensionsgäste bis hin zu den Moden.

Auch die Wallfahrt nach Canterbury, bei der Madame Eglentyne Chaucer traf, war sehr teuer, denn die Dame reiste mit einem Gefolge von Schildträgern und Dienern, natürlich auch mit ihren geliebten Hündchen.

Es ist nicht bekannt, wie das Kloster von Eglentyne endete. Klein und arm, wie es war, ist es nur durch einen Zufall nicht – wie so viele andere – in Vergessenheit geraten. Dennoch war es wie das ehrwürdige Fontevrault, wo derartiges Verhalten undenkbar gewesen war, ein Vorposten weiblicher

Selbständigkeit, der Selbständigkeit der Priorin, sich der Verschwendungssucht hinzugeben, und der Selbständigkeit der Nonnen, ihre Stimme im Kapitel zu erheben.

Weibliche Autonomie und unternehmerische Fähigkeiten der Nonnen wurden in den Dienst der Gesellschaft gestellt, um zwei häufig vorkommende Probleme zu lösen: das der Armen, der Alten und Kranken, um die sich damals keine staatliche Einrichtung kümmerte, und das der vielen alleinstehenden Frauen mit wenig Besitz, als Folge der für die vermögenden Schichten typischen Sitte, den jüngeren Kindern die Ehe zu verbieten, um das Familienerbe nicht zu teilen.

Die Nonnenklöster, oft von Edeldamen oder reichen Witwen beschenkt, sind auch ein Beispiel für Solidarität zwischen Frauen. Das Geld kam nicht in Umlauf und brachte keine Profite im engeren Sinne. Viele Frauen aber, die von der Wohltätigkeit lebten, konnten so ein würdiges Leben führen, das, praktisch für die Gesellschaft, diese weder belastete noch zu einem Element des Ungleichgewichts wurde.

Neben Randgruppen beherbergten die Klöster des Mittelalters fast ausschließlich adlige Damen und später Vertreterinnen des städtischen Bürgertums. Da es beim einfachen Volk keine Besitzprobleme gab, bestand für die Mädchen kaum ein Hindernis darin, eine Familie zu gründen. Das brachte ihnen sogar meist Vorteile, konnten sie doch auf diese Weise ein eigenes Familienunternehmen aufbauen. Außerdem hatten die Frauen auf dem Land immer noch die Möglichkeit zu bezahlter Heimarbeit. In den Städten schließlich eröffneten sich ihnen dann noch ganz andere Perspektiven.

Kapitel V
Die Stadt des 13. Jahrhunderts

Zwischen Haus und Werkstatt

In der zweiten Hälfte des 13. Jahrhunderts herrschte Ludwig IX. über Frankreich. Er war damals noch nicht heiliggesprochen, wurde aber seiner frommen Werke wegen verehrt. Paris war eine einzige Baustelle. Auf der Île de la Cité entstand neben dem Königspalast und dem Hospiz de l'Hôtel-dieu der kostbare Reliquienschrein von Sainte-Chapelle, zu Ehren der Reste der Dornenkrone Christi, seiner Schärpe und der Milch der Jungfrau. Für diese Reliquien hatte der Heilige König doppelt soviel ausgegeben wie für die Kapelle selbst. Seit einem Jahrhundert arbeitete man an Notre-Dame, dem Stolz der Pariser, die darin wetteiferten, am Bau mitzuwirken. Ringsum entstanden Paläste von Amtspersonen und Domherren, Häuser und Läden der Buchhändler, Binder, Lederwarenhersteller und Goldschmiede.

Hinter dem Petit Pont, am linken Seineufer, nahm die Sorbonne Gestalt an. Zwischen den Herrschaftspalästen und den Mauern der Klöster belebten die Schilder der Fleischer, Händler, Schreiber und Miniaturenmaler ein Gewirr kleiner Straßen, die sich fächerförmig zum Fluß hin öffneten.

Das Nordviertel hinter dem Grand Pont, am linken Ufer, entfaltete sich. Am Châtelet landeten mit Holz und Metall beladene Flöße und Schiffe. Die Gilde der Flußhändler stapelte die Waren in ihren Lagerhallen. Durch staubige Gassen, in denen oft zwei Wagen nicht aneinander vorbeikamen, gelangten die Sachen in die Geschäfte und Werkstätten der Einzelhändler und Handwerker. Die Straßen waren entsprechend unterteilt. Es gab die Straße der Tuchmacher, der Färber, der Weber, des Eisens, der Helme, der Keramik, die den Marktplatz, Les Halles, einschlossen. Die beeindruckenden Bauwerke, die in feste Verkaufsstände aufgeteilt waren, hatte Philipp August ein Jahrhundert zuvor mit einem Mauerkreis gesäumt, in dem auch die Gebrauchtwarenhändler einen Platz fanden.

Ganz in der Nähe öffnete sich der Place de Grève zum Fluß hin, umgeben von engen spitzen Fachwerkhäuschen. Im Erdgeschoß, unter einem Bogengang mit hölzernen Pfeilern, befanden sich die Werkstätten und Läden der Handwerker. Auf dem Platz boten Unbeschäftigte ihre Arbeitskraft für eine Wocheneinstellung an, und im Morgengrauen versammelten sich Menschen vom Land, um Früchte, Fisch, Honig und Wild zu verkaufen, außerdem Altmetallsammler und Verkäufer gebrauchter Schuhe, Restaurateure von Möbeln und Einrichtungsgegenständen, Ausrufer der öffentlichen Bäder, Bettler und Mönche.

In den Luxusgeschäften, an Öfen, in denen man Brot buk, in Werkstätten für Handschuhe, Juwelen, Kerzen, in Tavernen und auf den Straßen handelten tausende Frauen mit Hühnern und Eiern oder Heilkräutersträußen.

Pariser Frauen im 13. Jahrhundert

Die Jahrhunderte, in denen das Stadtleben in Europa anhob, boten Frauen aus dem Volk die Möglichkeit, selbständige Unternehmerinnen zu werden und gegen Geld die im eigenen Haus oder am Herrschaftshof erworbenen Fertigkeiten anzubieten.

Das 13. Jahrhundert ist von tiefgehenden Veränderungen gekennzeichnet: Städte entstehen oder erwachen, wie in Italien, zu neuem Leben. Sie ziehen Menschen vom Land an, vervielfachen die Bedürfnisse, verlangen nach Waren und etablieren den Tauschhandel, der früher nur auf internationalen Märkten stattfand. Geld wird zunehmend verwendet: Friedrich II., dann Ludwig IX., die Städte Venedig, Genua und Florenz prägen eigene Münzen, Dukaten und Goldflorentiner, die überall akzeptiert werden. Die Karawanen der Händler mit ihren Waren ziehen nicht mehr über die unsicheren Straßen Europas. So weite Wege legen jetzt nur noch die begehrten orientalischen Waren und Rohstoffe zurück, die Transportunternehmen anvertraut werden, um am Zielort verarbeitet zu werden. Die Städte wachsen, und um die ebenfalls wachsenden Bedürfnisse zu befriedigen, müssen sich zwangsläufig die Techniken und Arbeitsmittel der Landbevölkerung verbessern. Auch Frauen, die über produktive Fähigkeiten verfügen, eröffnen sich neue Möglichkeiten. In einem Geldwirtschaftssystem können sie ihre Alltagsarbeit im eigenen Unternehmen fruchtbar machen und neue Dinge hinzulernen, die bis dahin Männern vorbehalten waren.

Die Rolle der Frauen in den Anfängen der städtischen Wirtschaft ist wenig erforscht. Einige Genossenschaftsstatute oder Steuerregister geben Informationen über eine Stadt, heben Namen und Zahlen oder eine Gestalt hervor. Die hilfreichste Quelle bleiben Bilder, vor allem Drucke und Miniaturen, die Menschen in ihrer Umwelt darstellen.

Auf dem Arbeitsmarkt erscheinen die Frauen in den Städten zunächst mit ihrer althergebrachten Webekunst und bei der Lebensmittelherstellung: Sie haben immer schon gewebt und gekocht, Bier gebraut und Käse zubereitet, Fleisch gesalzen und geräuchert.

Seitdem im 12. Jahrhundert die Normannen die Seidenraupenzucht nach Westen brachten, werden die kostbaren Fäden von Frauen gesponnen. Sie lernen, an Spulenwickelmaschinen und Webstühlen zu arbeiten: Ein Holzschnitt aus dem *Book of Trade* aus Ypres, um 1310 entstanden, zeigt eine Arbeiterin, die mit dem Schiffchen den Einschußfaden an einem Webstuhl mit angezettelten Pflöcken führt. Für die Wolle verwendet man

Haspeln, mit denen man gleichzeitig spinnen und den Faden auf die Spindel wickeln kann.

Viele Frauen sind im Zuge der großen Freikaufbewegung der Leibeigenen allein oder mit der Familie in die Stadt gezogen. Den Männern gleich haben sie Groschen für Groschen das Recht von ihrem Herren erkauft, das Land der Vorfahren verlassen zu dürfen. Andere sind einfach geflohen, haben hinter Stadtmauern Zuflucht genommen, wo das Gewohnheitsrecht ihnen nach einem Jahr und einem Tag die Freiheit gab. Kollektive Freikäufe durch die Kommunen bildeten dazu eine Alternative. Um ihre Wirtschaft mit Arbeitskräften zu versorgen, erwarben die Gemeinden Leibeigene von den Feudalherren und befreiten sie von der Bindung an den Boden und von dem Gesetz, nach dem die Söhne eines freien Mannes und einer Leibeigenen unfrei waren, ein Modus, der letztendlich große Teile der Bevölkerung in die Leibeigenschaft geführt hatte.

1256 machte sich Bologna zum Vorreiter dieser Bewegung. Doktoren ersannen den Freikaufsatz von 10 Lire für jeden Leibeigenen, wenn er über 14 Jahre alt war, und 8 Lire für Kinder. Die 5.791 Leibeigenen, die davon profitierten, sind auf den 61 Blättern des *Liber Paradisus* aufgeführt. Das Pergament nennt auch die 379 Besitzer. Die Besitzerin der meisten Leibeigenen (152) war eine »domina Balnisia«.

Um Zutritt zur städtischen Welt zu erhalten, verpflichteten sich Mädchen als Kammermädchen in Herrenhäusern. Sie sparten ihren Lohn und übten oft eine zweite Tätigkeit aus, um eine Mitgift zusammenzubringen, die es ihnen ermöglichte, einen Handwerker zu heiraten und mit ihm zusammenzuarbeiten. Viele von ihnen waren zwischen dem 10. und 13. Jahrhundert in den Vereinigungen der Nachbarschaftshilfe und den Brüderschaften, die Feste für ihren Schutzheiligen und Begräbnisfeiern organisierten, aber auch Versammlungen der einzelnen Berufsgruppen durchführten. In den Dokumenten, die über Jahrhunderte von der offiziellen Geschichtsschreibung ignoriert wurden, sind sie, vor allem in Frankreich, auch in den Zünften vertreten. Diese versammelten sich in regelmäßigen Abständen an einem festen Platz, wo die Statuten und das Verzeichnis der Mitglieder aufbewahrt wurden. Dort entschied man mit protektionistischen Zielen über Arbeitszeit und -bedingungen, einigte sich auf Qualitätsmarken oder diskutierte über Zulassungsbedingungen für das Handwerk und den Zugang zu den Märkten.

Hier bot sich Frauen, die entweder an der Seite ihrer Männer oder allein eine Werkstatt führten, ein neuer Lebensstil. Die Arbeitszeit zwischen

Haus und Werkstatt zu teilen, war nicht schwer. In Paris, wo die Häuser des einfachen Volkes im Stadtzentrum konzentriert waren, befanden sich im Erdgeschoß Läden und Werkstätten, die einige Stufen über den Lagerräumen im Keller lagen. In der ersten und zweiten Etage waren die Wohnräume, insgesamt kaum hundert Quadratmeter. In der Küche stand ein großer Herd, über dem an einer Kette im Kessel die Suppe brodelte. Auf zwei Holzbänken an den Seiten versammelten sich in der Mittagspause die Familie und Lehrjungen. Erwachsene und Kinder aßen gemeinsam an einem Tisch neben dem Backtrog. Hölzerne Fensterläden schützten vor der Abendkälte und Pergament- oder Leinenstreifen verschlossen die Fenster vor der Sonne. Die Brunnen im Hof und in kleinen Gärten hinter dem Haus spendeten Wasser. Die Frau eines Handwerkers konnte auf die Hilfe der Lehrlinge rechnen, die per Gesetz bei ihrem Meister wohnen mußten. Stationäre und ambulante Händler verkauften Speisen wie Brot, Gebäck, Gemüse- und Käseaufläufe. Ein Register von Philipp dem Schönen verzeichnet 1292 allein in Paris zweihundert Bäcker, Müller und Konditoren.

Die Handwerkerfrauen und Kleinhändlerinnen investierten viel Zeit in das Geschäft. Im Morgengrauen öffneten die Pariser Werkstätten: Man ließ einen horizontalen Fensterladen herab, der als Bank diente, und zog den oberen zum Schutz der Waren nach vorn. Hinter dem Verkaufsladen an der Straße lag zum Hof hin die Werkstatt. Einige Ateliers waren besonders einladend gestaltet: Jean Renart beschreibt in seinem Roman *Guillaume de Dole* die Werkstatt zweier verarmter Damen, die von der Stickerei lebten: Am Fenster sangen Vögel in Käfigen, der Boden aus festgestampfter Erde ist von einer *jonchée*, einer frischen Mischung aus Kräutern und Blumen bedeckt.

Das »Livre des Métiers« und die Steuerrollen

Etienne Boileau war von 1254 bis 1271, unter der Herrschaft Ludwigs IX., Gerichtsherr der Händler von Paris, ein von den Zünften gewählter Richter, dem der König die Verwaltung der Stadt anvertraute. Um das Wirtschaftsleben zu ordnen, sammelte Boileau im *Livre des Métiers*, das stets ergänzt wurde, die Satzungen aller Zünfte, die sich bis dahin konstituiert hatten. Für den Beitritt wurde das Zeugnis einiger Mitglieder, eine bestimmte Lehrzeit und der feierliche Schwur, die Regeln zu respektieren, verlangt. Mitglieder durften den Meistertitel tragen, eine Werkstatt führen und Lehrlinge ausbilden. Sie mußten eine festgelegte Abgabe an den Herrscher und einen Zunftbeitrag leisten, der als Versicherung für die Alten und Kranken wie als die Mitgift für die Töchter eingesetzt wurde.

Boileau zählt 321 Berufe auf, bei 108 davon erscheinen Frauen als Eigentümerinnen von entsprechenden Unternehmen. Sechs Professionen werden ausschließlich von Frauen ausgeübt, alle im Bereich der Mode. Hier sind Frauen auch als vereidigte Verantwortliche für Produktqualität und die Herstellungsbedingungen zugelassen. Die meisten sind Seidenspinnerinnen an kleinen und großen Spindeln und Herstellerinnen von Seidenstoffen. Berufe, die nicht sehr einträglich waren.

In den Luxusgeschäften um den Königspalast und den Grand Pont verkauften Kurzwarenhändler Parfüms, Pelze, Haarnadeln, Handschuhe und Gürtel, bunte Seidenkopftücher, mit Gold und Perlen bestickte Hauben und die Sarazenen oder Almosenspender genannten Täschchen. Trotz der Aufrufe des Königs zur Sparsamkeit lebte man in einer wohlhabenden und friedlichen Stadt wie Paris im Luxus: Die Mäntel waren mit Eichhörnchen oder Hermelin gesäumt, die mit Gold und Silber durchwirkten Gewänder hatten lange Schleppen und tiefe Ausschnitte, die Gürtel waren mit Juwelen besetzt. Den Kopfputz, den die Seidenmodistin Julienne in der Rue des Rosiers herstellte, kann man in der »Anbetung der Könige« von Gentile da Fabriano wie in einem Musterkatalog bewundern: Die Frauen hinter der Jungfrau tragen eng anliegende goldene Kappen, auf den Köpfen der Könige und der Edelleute funkeln prächtig geschmückte Turbane. Die Gewohnheit der Maler, die religiösen Geschichten in eine zeitgenössische Umgebung zu versetzen, vermittelt den Nachgeborenen einen Eindruck damaliger Sitten und Bräuche.

Das Geschäftsleben gewinnt Anschaulichkeit, wenn man dem *Livre des Métiers* ferner entnimmt, daß zu den 120 Eigentümern von Werkstätten für Almosentäschchen auch eine gewisse Geneviève gehörte, die Kopfputz aus Pfauenfedern herstellte und dafür 12 Golddinare Steuern zahlen mußte, während ihr Kollege Robert nur 12 Pfennige zahlte. Im Stundenbuch des Herzogs von Berry, das im Museum Condé de Chantilly aufbewahrt wird, ist auf der Miniatur des Monats April eine blonde Dame in blauem Kleid zu sehen, die einen solchen Kopfputz aus Pfauenfedern trägt. Diese Hauben mußten sehr teuer gewesen sein, konnte Geneviève doch mit ihren Einnahmen eine Kapelle errichten.

Neben den Zünften, in denen sie allein vertreten waren, konnten Frauen mit vollen Rechten noch in anderen Bereichen Werkstätten als Meisterinnen führen. So als Kurzwarenhändlerinnen, Verkäuferinnen von Hanf und Leinen, Hosenschneiderinnen und auch bei den Stickern, welcher damals kein ausschließlicher Frauenberuf war. Einige waren Meisterinnen, während der Mann einem anderen Beruf nachging.

Die Gürtelmacherinnen arbeiteten mit Leder und Metall. Ihnen hing der Ruf an, leichte Mädchen zu sein, und nur Töchter oder Ehefrauen von Berufsangehörigen konnten dieses Handwerk erlernen und Lehrlinge ausbilden. Es war keine leichte Tätigkeit, denn die Verarbeitung des Leders erforderte unterschiedliche Fertigkeiten: Die Handwerkerinnen kauften die bereits gegerbten Felle von Lederhändlern. Die Felle mußten sie dann zuschneiden und mit Metallschablonen gravieren oder mit Folien vergolden, eine aus Venedig stammende Technik. Zu jener Zeit gab es viele Handschuhmacherinnen, deren Werkstätten so beträchtliche Einnahmen brachten, daß sie in den Steuerrollen auftauchten. Handschuhe waren für militärische Übungen ebenso unerläßlich wie für die Falkenjagd. Sie zu fertigen erforderte die Kenntnis des Verlaufs der Lederfasern. Oft wurden sie mit Metallplatten verstärkt, wie jene, die seit sechshundert Jahren in Canterbury über dem Grab des Fürsten Nero hängen und noch in gutem Zustand sind. Im Museum des Klosters von Las Huelgas in Borgas werden sorgsam gefertigte Kettenhandschuhe aufbewahrt, die im 12. Jahrhundert den spanischen Königen gehörten.

Die Steuerbücher von 1296 und 1313 belegen die unternehmerische Selbständigkeit der Pariser Frauen in Handwerk und Handel und erlauben folgende Statistik: 77 Frauen erscheinen als steuerpflichtig im Bereich der Weberei und Kleiderherstellung. Die Eintragung in der Steuerrolle zeigt, daß es sich dabei um Familienoberhäupter handelte, also Witwen oder alleinstehende Frauen, denn Ehefrauen wurden der Steuererklärung des Gatten untergeordnet. Außerdem gibt es 17 Hotelbesitzerinnen und 15 Wirtsfrauen, Berufe, die von der Stadtverwaltung eher mißbilligt wurden. Ab und an verbot Ludwig IX. den Besuch öffentlicher Lokale mit einem Edikt, dem kaum Folge geleistet wurde. Die Wirtsfrauen, wie auch ihre männlichen Kollegen, schickten ihre Ausrufer auf Straßen und Plätze, wo sie die Qualität des Weines anpriesen und einen Krug zum Kosten anbieten ließen. Oft mußten sie Kontrollen der Preise und der verwendeten Meßgefäße hinnehmen, da letztere gelegentlich mit einem doppelten Boden korrigiert wurden. So bemühten sich auch die zahlreichen Bäckerinnen, ihren Verdienst mit dem vermehrten Zusatz von Hefe aufzubessern. Der Teig gab dann mehr Brote her, und das Brot, das man nach Anzahl und nicht nach Gewicht verkaufte, wurde leichter. Die Bäckerinnen werden selten in den Zünften oder Steuerrollen erwähnt, weil sie zu wenig verdienten, wenn sie ihre Arbeit zu Hause verrichteten und nur in der Nachbarschaft verkauften. Ein Zeugnis gibt es dennoch, und zwar die Strafregister für Lebensmittelbetrug von 1323/24, in denen fünfzig von ihnen auftauchen.

Während die Weinherstellung Männersache blieb, sind in England unter den Bierbrauern viele Frauen zu finden, die die uralte Aufgabe der Frauen, das Mischen von Wasser und Malz, also gerösteter Gerste, die man dann im Keller reifen ließ, als Geschäft betrieben.

Hildegard von Bingen erwähnt unserer Kenntnis nach zum ersten Mal die Beifügung von Hopfen, weil er das Getränk klarer macht und konserviert, ihm außerdem den charakteristischen bitteren Geschmack verleiht.

In den Steuerregistern von 1297 sind zwei weibliche Barbiere, die damals auch Aderlasse vornehmen, Wunden nähen und Brüche schienen durften, neben fünf Heilkundigen vermerkt. Ein Jahrhundert später bereits, 1375, ist diese Tätigkeit für Frauen fragwürdig geworden. Eine Barbierin aus der Pfarrei Saint-Marcel wird zur Rede gestellt, weil man sie aus der Zunft ausschließen will. Sie erklärt, den Beruf vom Vater geerbt und keine anderen Einkünfte zu haben, um ihr Leben zu bestreiten.

Die sechsundzwanzig öffentlichen Bäder, derer sich Paris 1292 rühmte, konnten auch von Frauen geführt werden. Für einen Preis von zwei bis vier Dinaren konnten sich die Bürger in einem Gemeinschaftsbecken für Männer und Frauen mit warmem Wasser reinigen, wie einige Drucke zeigen, oder in die Sauna gehen, sich rasieren und die Haare schneiden. Ein Ausrufer lief durch die Viertel und verkündete, wann das Wasser warm genug war.

Unzählige Frauen gehörten zu den Verkäufern von Fisch, Trödel, Milch und anderen Waren. Vier von ihnen waren 1313 in der mächtigen Zunft der Pariser Fleischer, zwei waren Lederhändlerinnen. In ihren Werkstätten wurden die Häute der mühevollen Arbeit des Schabens und Gerbens in Schüsseln mit Alaun und Kalk unterzogen. Fünf Frauen verkauften Holz, das auf Flößen die Seine herunter zu den Lagern neben dem Châtelet gebracht wurde, für den Bau, zum Heizen der Häuser und für die Fertigung von Möbeln.

Nahe dem Pont au Change, zwischen lombardischen Geldwechslern und jüdischen Gebrauchtwarenhändlern, wo passierende Ausländer ihr Geld wechseln mußten, waren vermutlich auch die beiden Geldwechslerinnen und die fünf weiblichen Goldschmiede ansässig, die in den Steuerrollen von 1313 vorkommen. Neben ihnen existierten vier Fabrikantinnen von Wachskerzen (kostbare Luxusartikel) und zehn Kerzenzieherinnen, die in die Häuser kamen, um aus dem Fett, das jede Familie im Laufe des Jahres sammelte, Talgkerzen herzustellen.

Die Präsenz der Frauen in der Arbeitswelt war selbstverständlich. In der ersten Hälfte des 14. Jahrhunderts sind auf einem Relief an der Kathedrale von Amiens ein Händler und eine Händlerin von Färberwaid neben ihren Säcken mit Pflanzen dargestellt, die zur Gewinnung der Farbe Blau verwandt wurden und die wichtigste Handelsware der Stadt waren. Eine Illustration aus dem Stundenbuch von Etienne Chevalier zeigt sogar eine Schmiedin in weißer Schürze, die mit der Linken einen riesigen Nagel auf den Amboß drückt, während sie mit der Rechten den Hammer darauf niedersausen läßt. Niemand dachte daran, Frauen metallverarbeitende Berufe zu untersagen. Es gab unter den steuerpflichtigen Werkstattbesitzern auch Nadelfabrikantinnen, weibliche Scherenschmiede und Kesselschmiede.

Die seltsamste Beschäftigung, die im *Livre des Métiers* verzeichnet ist, war zweifellos die des Meister Jean d'Acri, der sich sein Geld damit verdiente, indem er auf Rechnung anderer und für deren Seelenheil Bußfahrten nach Jerusalem unternahm.

Die Blumenhutmacherinnen schafften es sogar, sich in der kurzen Zeit der entsprechenden Mode in einer eigenen Zunft zu vereinigen. In der *Verkündigung* von Simone Martini, einem Werk aus dem 14. Jahrhundert, trägt der Engel, der Maria die frohe Botschaft bringt, auf dem Kopf eine Blumenkrone. Auch die Damen und Herren, die an Banketten teilnahmen, waren mit Blumengirlanden geschmückt. Zu feierlichen Anlässen ließen wohlhabende Familien Künstler (oft Frauen) kommen, die aus Blumen und Reblingen, die sie für diesen Zweck in ihrem Garten züchteten, Kränze für die Gäste fertigten. Sie lieferten auch die Blütenblätter, die man auf dem Fußboden verstreute. Das war offensichtlich ein sehr einträglicher Handel, denn auch Holzböden oder Fliesen und der Wandel der Mode konnten diese Zunft im 14. Jahrhundert nicht gefährden.

In den Kolophonen der mit Miniaturen geschmückten Handschriften tauchen neben den Namen vieler Nonnen auch Unterschriften weltlicher Kopistinnen auf, die ihre Arbeit in Paris vermutlich im Umkreis der Sorbonne ausführten, ebenso wie die Buchbinderinnen und die acht Miniaturenmalerinnen, außerdem Agnes, die ihre Steuern als Buchhändlerin zahlte. Zweiundzwanzig Damen waren als Lehrerinnen in weltlichen Schulen eingetragen.

Pflichten und Rechte von Meisterinnen und Lehrmädchen

Unverheiratete Frauen waren für ihre Tätigkeit allein verantwortlich. Die Statuten der mittelalterlichen Städte schlossen die Haftung der Ehemänner für Geschäftsschulden der Gattin aus. »Wenn eine verheiratete Frau in der Stadt einen Beruf ausübt«, heißt es im Statut von Lincoln in England, »mit dem sich der Ehemann nicht beschäftigt, ist sie wie eine alleinstehende Frau für alles, was mit ihrem Beruf in Zusammenhang steht, verantwortlich. Wenn gegen eine solche Frau Anklage erhoben wird, muß sie sich wie eine alleinstehende Frau verteidigen... Wenn sie verurteilt wird, wird sie ins Gefängnis gebracht, bis sie dem Kläger Genugtuung gegeben hat. Der Besitz des Mannes darf nicht angetastet werden.«

Witwen, die an die Stelle ihrer verstorbenen Männer traten, wurden ähnlich behandelt, gleichwohl die Nachfolge von den Normen der jeweiligen Zünfte geregelt wurde. Die Witwen der Fisch- und Hühnerverkäufer oder der Kerzenmacher konnten das Werk fortsetzen, auch wenn sie einen Mann mit einem anderen Beruf heirateten. Die Witwen der Walkmüller hingegen waren gezwungen, die Lizenz zu verkaufen, ebenso die Witwen der Seidenweber, wenn sie die Arbeit nicht mit eigenen Händen verrichten konnten.

Im 12. Jahrhundert gehörten die Feudalrechte, die in vielen Stadtteilen von Paris auf den Verkauf der Lizenzen erhoben wurden, dem König. Er konnte sie nach Belieben neu vergeben. 1160 schenkte Ludwig VII. die Rechte für fünf Berufe der Frau von Yves Lacohc und seinen Erben, und noch 1287 erhielt eine andere Frau, Marion, das gleiche Privileg durch einen Brief des Königs und ein Dekret des Parlaments.

Selbständige Berufe brachten den Frauen Vorteile. Ob alleinstehend oder verheiratet, die Zukunft war gesichert. Einen Handwerker zu heiraten, das Ziel vieler Mädchen, war oft nicht so einfach: Die Kontrolle der Zünfte erstreckte sich auch auf das Privatleben der Mitglieder. »Niemand darf eine Frau zur Gattin nehmen, die der Zunft nicht würdig ist«, schrieben die Statuten der Gerber von Lüneburg ebenso wie die der Pelzverkäufer, Wirtsleute und Leinweber um 1400 vor, im Fall des Todes des Ehemannes aber konnte die Witwe das Geschäft fortsetzen.

Die Männer waren häufig wesentlich älter als ihre Frauen. Und wurden diese zu Witwen, bemühten sich die Gesellen um sie, die auf diese Weise Zugang zum eigenen Handwerk suchten.

Zog die Frau es vor, nicht wieder zu heiraten, verbanden sich damit keine Schwierigkeiten für sie. Die Zunftgesetze sicherten allen die Rohstoffe zu einem einheitlichen Preis und sorgten dafür, daß die Zahl ihrer Mitglieder beschränkt blieb. Auch wenn es Ungleichheit zwischen den Einkommen der verschiedenen Berufsgruppen gab, war die Unterstützung im Rahmen des eigenen Zweiges allen garantiert, während das Konkurrenzverbot übermäßigen Reichtum wie Bankrott ausschloß.

Die Frauen brauchten keine spezielle Ausbildung, um die Buchhaltung zu führen und den Veränderungen auf dem Markt zu folgen. Probleme gab es höchstens mit dem Wachdienst. Wie in fast allen Städten jener Zeit organisierten auch die Zünfte im Paris des 13. Jahrhunderts Streifendienste auf Märkten und in den Vierteln, die sich um die Sicherheit der Waren und die Nachtruhe der Bewohner kümmerten. Straßenlaternen gab es noch kaum. Alle drei Wochen, bei Einbruch der Dunkelheit, wenn nach dem Gesetz jede Arbeit zu ruhen hatte, mußten sich die Werkstattbesitzer am Châtelet einfinden, wo sie einer Nachtpatrouille zugeordnet wurden. Frauen und Kranke konnten sich von Lehrlingen oder anderen von ihnen benannten Personen vertreten lassen.

Zu Messen und Märkten fuhren die Frauen hingegen selbst, oft auch in Vertretung des Ehemannes. Am Samstag öffnete jede Werkstatt ihren Stand in den Markthallen. Auf dem Vorplatz strömten die Händler aus den Dörfern zusammen. Im Mai, wenn die Sonne in das Sternzeichen der Zwillinge trat, begann die große Messe von Saint-Denis, auf der Straße zwischen Paris und der berühmten Abtei. Es gab dort viele Herbergen und Wirtshäuser, Lager und Warenmagazine. Zu diesem Anlaß schloß man die Geschäfte und sogar die Markthallen, und die Handwerksmeister zogen mit ihren Sachen in den gemieteten Stand. In den Steuerrollen des Marktes von Saint-Ladre, der im November stattfand, erscheinen viele Frauennamen unter den Obst- und Käseverkäuferinnen. Fischverkäuferinnen mußten einen höheren Preis bezahlen, weil sie ein Becken für die Tiere brauchten, nur die Heringsverkäuferinnen erhielten einen Gratisplatz.

Im Frühling wurden viele Feste begangen. Eine Gelegenheit, das verdiente Geld für neue Kleider auszugeben. Beim Reigentanz oder in den Pfingstprozessionen der einzelnen Zünfte ließ man sich dann bewundern. An Ostern wurden auf den Kirchenvorplätzen die Passionsgeschichte und Mysterienspiele aufgeführt.

Paris im 13. Jahrhundert eröffnete den Frauen einige Möglichkeiten. Frauen und Töchter der Handwerker, die mit ihren Männern arbeiteten, waren zwar bevorzugt, weil sie den Beruf meist erbten. Aber auch ein Mädchen aus anderem Umfeld konnte eine Werkstatt besitzen, wenn es zuvor das nötige Geld hatte, um sich als Lehrmädchen zu verdingen.

Sieben Jahre Lehre als Seidenstickerin kosteten in London fünf Pfund Sterling. Für zehn Pfund konnte man eine Jungfrau fünf Jahre als Klosterzögling erziehen lassen. In den mittelalterlichen Zünften mußten die Lehrlinge die Meister bezahlen, um einen Beruf zu erlernen. Viele Testamente der Bürger von London enthalten Schenkungen, um Töchter einen Beruf erlernen zu lassen.

Jede Zunft hatte ihre Lehrzeiten, die zwischen einem und zwölf Jahren lagen. Die Pariser Seidenspinnerinnen lernten ebenfalls sieben Jahre, für die Bandwirkerinnen genügte ein einziges. Hersteller von Rosenkränzen aus Koralle, Bernstein, Perlmutt und Elfenbein verlangten eine Lehrzeit von zwölf Jahren. Damit wollte man den Zugang zu diesem Beruf erschweren.

Während der Lehrzeit lebte das Mädchen bei der Meisterin, die für seine Versorgung wie Bildung zuständig war: Abends, wenn die Werkstatt geschlossen wurde, übte man mit den Lehrmädchen und den Töchtern, die für den Beruf bestimmt waren, lesen, rechnen und zeichnen. Für die Frauen aus der Stadt gab es darüber hinaus Privatschulen: Die erste, von der man Kenntnis hat, befand sich 1292 in der Rue aux Ours. 1380 boten bereits zwanzig Schulen kostenlosen Unterricht in Lesen, Schreiben, Rechnen, Religion und Gesang an.

Einige Handwerkerinnen überzogen aber auch die ihnen zugeteilten Aufgaben. Aus einem Londoner Dokument von 1364 geht hervor, daß Agnes, die Frau eines Messerschmiedes, vor die Geschworenen geladen und verpflichtet wurde, das Lehrmädchen Jusema zu ernähren, zu kleiden und den Beruf zu lehren, ohne sie mit Stöcken oder Messern zu traktieren. Über die Einhaltung des mündlichen oder schriftlichen Vertrages, den man bei der Einstellung vor den Geschworenen schloß, wachte ansonsten die Zunft, die ihre Prozente bekam.

Am Ende der Ausbildung mußte das Lehrmädchen ein Gesellenstück fertigen und erhielt den Gesellentitel. Jetzt konnte es sich für Lohn in einer Werkstatt verdingen oder den Titel der Meisterin tragen, wenn es das Geld hatte, eine eigene Werkstatt zu eröffnen oder eine vorhandene zu übernehmen. Da jeder Handwerker bei der Übergabe seines Betriebes den eigenen Kindern den Vorzug gab, blieb der Zugang Fremder in die Zunft zwar möglich, wurde aber auf diese Weise reglementiert.

Handwerkerinnen und Lohnarbeiterinnen in Europa

Es ist nicht belegt, ob es in England vor 1400 Frauenzünfte gab und Frauen als Meisterinnen anerkannt wurden. In Dokumenten aus York, London oder Bristol werden Frauen als Sattler, Schmiede, Barbiere und Färber erwähnt, sogenannte »Berufsschwestern«, bei denen es sich vermutlich um Ehefrauen oder Witwen von Handwerkern handelte. Die englische Seidenindustrie zwischen 1300 und 1400 lag zwar in der Hand von Frauen, sie schlossen auch Verträge ab und bildeten Lehrlinge aus, in den Registern gibt es dennoch keinen Hinweis auf eine Zunft der Seidenarbeiterinnen.

Auch in Paris waren Frauen, die eigene Werkstätten unterhielten, meist in weniger einträglichen Berufen tätig. Viele Pariserinnen waren ambulante Händlerinnen oder verkauften gebrauchte Kleider und Schuhe. Sie arbeiteten ohne den Schutz einer Zunft. Die Lohnarbeiterinnen erhielten in ganz Europa ein geringeres Gehalt als ihre männlichen Kollegen: Den Steuerlisten von Treviri aus dem Jahre 1363 ist zu entnehmen, daß 82 % der arbeitenden Frauen den unteren Gesellschaftsschichten angehörten. Viele von ihnen waren Hausangestellte. In Deutschland und der Tschechoslowakei fuhren Frauen sogar in Bergwerke ein.

Bäuerinnen und Frauen aus dem einfachen Volk mußten zwei oder drei Berufe gleichzeitig ausüben, um existieren zu können. Zu Hause stellten sie Bier und Brot her oder sponnen für Händler, die ihnen das Rohmaterial lieferten. 1285 starb in Douai der reiche Wollhändler Jehan Boinebroke. Um ins Paradies zu kommen, hinterließ er seinen vier Kindern den Auftrag, seine Ungerechtigkeiten gutzumachen. Vierzig Klagen füllten fünfeinhalb Meter Papier. Darin wurden seine Hungerlöhne und hohen Preise für Wohnungen und Läden beklagt. Neunzehn Klagen stammten von Frauen.

Das vielschichtige Universum der mittelalterlichen Stadt gestaltete sich abhängig von Zeit und Land. Die Zünfte entwickelten sich nicht überall im gleichen zeitlichen Rahmen und standen auch nicht immer den Frauen offen. Die Gesetzgebung wurde von Ort zu Ort verschieden geregelt.

Die wirtschaftliche Lage in Frankfurt entfaltete sich maßgeblich mit der Eröffnung der internationalen Messe im 14. Jahrhundert. Von 1320 sind die ersten Berufsverzeichnisse datiert. Frauen finden sich in 65 Berufen: unter anderem als Handschuhmacherinnen, Lederwarenherstellerinnen, Bäckerinnen, Bierbrauerinnen und Kerzenmacherinnen. Ein Monopol haben sie im Einzelhandel mit Obst und Gemüse, Geflügel, Mehl, Federn, Saatgut und Gebrauchtwaren. Vierzig Frauen arbeiteten in öffentlichen Bädern, sechs hatten alle Rechte als Geldwechslerinnen und fünfzehn übten gegen Ende des Jahrhunderts den Beruf des Arztes aus, drei davon als Augenärztinnen, während vier ausschließlich Juden behandelten. Darüber hinaus gab es Kopistinnen. Zum Ende des 15. Jahrhunderts versah eine Jutta den Beruf der Puppenmalerin.

Frauen im Seehandel und auf dem Bau

Die bis heute erhaltenen Statuten von Marseille ermöglichen es, den wirtschaftlichen Aufschwung der Stadt nachzuzeichnen, der mit den Kreuzzügen begann. Von ihren Häfen schifften sich die französischen Edelleute ebenso wie der englische König Richard Löwenherz zum 3. Kreuzzug ein. 1248, zu Zeiten Ludwigs IX., brachen von hier sein Chronist Sire de Joinville und viele Adlige zu heiligen Orten auf.

Seitdem drehte sich das städtische Leben um den Hafen, von dem französische und flämische Stoffe, Pelze und Zinn aus England, Wein und Korallen aus der Provence verschifft wurden, im Austausch gegen Alaun, Zucker, sizilianisches Getreide und sarazenische Sklaven. Die Gemeinde wachte sorgfältig über den Hafen und erließ Vorschriften für die Befahrbarkeit und Sauberkeit der steilen Straßen, die zum Meer hinabführten. Im 14. Jahrhundert erfand man ein großes Schaufelrad, das auf riesigen Flößen stand und in regelmäßigen Abständen die Fahrrinnen zwischen den Landungsbrücken ausbaggerte.

Auch am Seehandel der Stadt waren Frauen beteiligt. Sybille, die Tochter eines verstorbenen Händlers, wurde vom Notar Amalric zur Erbin von 70 Byzantinern für den Wert einer Ladung mit Leder und Wachs erklärt, die ihr Vater nach Ceuta geschickt hatte. Madame Ferrière, Witwe von Pierre Limoges, erwarb von einem Reeder einen Anteil an den Rechten auf das Schiff Cygne. Die Finanzoperation, um in eines der Reederkonsortien einzutreten, die damals für Seefahrten gebildet wurden, war also ihre persönliche unternehmerische Initiative.

Die Cygne, die im April 1248 zu dem Kreuzzug ablegte, bei dem der König gefangengenommen wurde, war für ein kompliziertes, aber nicht ungewöhnliches Geschäft bestimmt. Sie sollte Kreuzfahrer mit ihren Pferden über Zypern nach Acre bringen, außerdem verschiedene Waren, die im Orient verkauft wurden. Bei der Rückfahrt lud sie dann exotische Produkte. Madame Ferrière mußte also gemeinsam mit anderen Reedern mit dem Kapitän Jacques Benoît das Anheuern und die Löhne für die Seeleute diskutieren und mit den Händlern die Transportpreise aushandeln: im Beisein eines Notars, der beim Einladen die versiegelten Ballen registrierte. Neben den Kreuzfahrern, die vom Bordschreiber mit Namen und Eigentum verzeichnet wurden, nahm die Cygne 200 Stück Leinen und 48 Doppelzentner Mandeln, außerdem Beilasten und Silberwaren an Bord. Vom Verdienst der Reeder durfte der Kapitän den Sold für die Mannschaft abziehen.

Während Madame Ferrière am Export der Kreuzfahrer verdiente, machte Marie de Valance ihr Geschäft mit deren Ausrüstung: Am 6. Juli 1248 ging sie eine Geschäftsverbindung mit Bernard Amoulet ein. Einen Monat später besuchte sie die Inseln vor der Hafeneinfahrt, von denen die bewaffneten Pilger aufbrachen, um ihnen Wein, Fisch, Fleisch und andere Waren zu verkaufen. Die Lebensmittelversorgung auf den Schiffen lag nicht in der Verantwortung der Reeder. Dafür war ein Versorgungsunternehmen zuständig, das von den städtischen Inspektoren kontrolliert wurde und Proviant vom besten Anbieter kaufen mußte.

Es erstaunt, daß es neben den üblichen weiblichen Arbeiten in den Städten Frauen im Baugewerbe gab. Sie arbeiteten auch dort in verschiedenen Aufgabenbereichen. Mitte des 14. Jahrhunderts wurden viele weibliche Arbeitskräfte beim Wiederaufbau der Festungen von Périgeux eingestellt, wo sie Sand und Wasser transportierten, Kalk mischten und halfen, die Saumtiere zu beladen. Stiche jener Zeit zeigen ebenfalls Frauen, die auf Baustellen Kalk in Holztrögen rühren, mit einer Kelle verstreichen oder die gerade ausgeführte Arbeit kontrollieren.

Aus den Steuerregistern von Paris geht hervor, daß von 15.200 Personen, die Steuern bezahlten, 92 Bauunternehmen betrieben. Es gab Gipsproduzentinnen und Mörtelherstellerinnen, auch Frauen, die als Maurer arbeiteten.

Auf den Baustellen war zuweilen ein Gebäude für Frauen vorgesehen, und es ist anzunehmen, daß einige mit ihren Männern zu jenen Arbeitsmannschaften gehörten, die durch Europa zogen, um unter Anleitung der Architekten Kathedralen und öffentliche Gebäude zu errichten.

Frauen und Kathedralen

Edeldamen und Königinnen finanzierten romanische Kirchen, ließen Familienkapellen bauen, schmückten Altare mit Vasen und Paramenten. Auch die gotischen Kathedralen, Ruhm und Stolz der Stadtgemeinden, Versammlungsort der Bevölkerung und Symbol der wirtschaftlichen Macht, sind zum Teil Frauen zu verdanken. Unter den Verkäufern des Bodens, auf dem Notre-Dame entstand, befanden sich ebenfalls viele Frauen. Der Bischof ermunterte die Gläubigen, als Gegenleistung für Sündenablaß Geschenke zu machen. Handwerker boten an, umsonst an dem Bauwerk mitzuwirken, Studenten brachten kleine Geschenke, um Beistand beim Ablegen ihrer Examen zu finden, Fieberkranke und Prostituierte spendeten ihr Geld als Gegenleistung für Gnade.

Zwischen dem 13. und 14. Jahrhundert erhoben sich die Kathedralen von Chartres, Reims, Amiens, Bourges und Beauvais. »In jenem Jahr sah man in Chartres«, schrieb 1144 Robert de Torigny, Abt von Mont Saint-Michel, »die Gläubigen sich an Karren hängen, die mit Steinen, Holz, Getreide und all dem beladen waren, was dem Bau der Kathedrale dienen konnte, deren Türme wie durch Zauber emporwuchsen. Die Begeisterung ergriff die Normandie und ganz Frankreich. Überall sah man Männer und Frauen, die schwere Lasten durch sumpfige Wiesen schleppten, überall tat man Buße, überall vergab man seinen Feinden.« Ein Brand machte diese Arbeit 1194 zunichte. Die beschriebenen Szenen wiederholten sich jedoch beim Bau der neuen, noch heute existierenden Kathedrale.

Die 173 Glasscheiben von Chartres bedecken zusammen eine Fläche von mehr als 2000 Quadratmeter. Auf den meisten Fenstern, die aus dem 13. Jahrhundert stammen, sind auch die Spender dargestellt: Zweiundvierzig Handwerker und Händler aus den Zünften finden sich darunter, die mit ihren Spenden hier wie anderswo einen beträchtlichen Anteil an der Verwirklichung der Meisterwerke gotischer Kunst hatten. Auf den Scheiben von Chartres sieht man Geldwechsler, die Münzen wiegen, Kürschner, die an einem Pelzmantel arbeiten, Schankwirte, Bäcker und Schmiede. Wegen der Stilisierung der Kleider, bedingt durch die Bearbeitung des Glases, kann man unter den Figuren keine Frauen ausmachen. Deutlich erkennt man jedoch die Wäscherin, die Hechlerin, die Wollspinnerin und die Wollkremplerin. Im damaligen Frankreich ist im übrigen die Präsenz von Frauen in allen Zünften, die in den Städten Steuern erhoben, um ihre eigene Kathedrale zu haben, hinreichend belegt.

Zum Geld der Handwerkerinnen und Händlerinnen kam das der Edeldamen: Auf einer Scheibe erscheint die Gräfin Mahaut gemeinsam mit ihrem Gemahl. Madame Margherita de Lèves spendete die Scheibe ihrer Namenspatronin, der heiligen Margarete.

Am 18. Juni 1386 wurden die Arbeiten am Mailänder Dom begonnen. Ein Jahrhundert war seit der ersten Bauwut vergangen. Die Bauwerke des späteren Mittelalters sollten aus wirtschaftlichen Gründen größtenteils unvollendet bleiben. Zwanzig Jahre lang wetteiferten Gian Galeazzo Visconti, der Bischof, und die Einwohner darin, ihre Kirche zu finanzieren. Auch hier sah man Notabeln und Amtspersonen, Patrizier und Männer wie Frauen aus dem Volk Sand herbeischleppen, Kalk mischen oder Lebensmittel für die Arbeitskräfte zubereiten. Sängerinnen, weißgekleidete Mädchen aus vornehmen Familien, sammelten auf den Straßen Geld. Die Visconti spendeten ihren Marmorsteinbruch in Candoglia, und die Frauen der Familie, wie auch andere Mailänder Edeldamen, stifteten Juwelen. Eine Witwe schenkte 240 Kaiserlire, weitere 3.000 kamen von einer Dame, die anonym bleiben wollte. Die Prostituierten, kenntlich durch die Pflicht, einen gelben Schleier zu tragen, gaben gemeinsam eine Kaiserlire, neun Soldi und acht Dinare.

Auch in Mailand engagierten sich besonders die Zünfte: Schmiede, Käseverkäufer, Pelzhändler, Gießer, Weber, Einzelhändler, Müller, Schneider, Packer beteiligten sich mit unbezahlten Arbeitstagen und ständigen Spenden am Bau.

Dabei gab es in den italienischen Städten Anfang des 15. Jahrhunderts nur wenige Handwerksmeisterinnen und Werkstattbesitzerinnen. Die Frauen schafften an der Seite ihrer Männer, als Lohnarbeiterinnen oder als ambulante Verkäuferinnen, und leisteten dennoch einen großen Anteil bei der Finanzierung und Errichtung des Doms.

Offiziell wurde der weibliche Beitrag in der Arbeitswelt Italiens in den Hintergrund gedrängt. Seit dem Hochmittelalter mußten sich die Frauen zwischen einer widersprüchlichen Gesetzgebung und Gewohnheitsrechten hindurchlavieren. Das Kommunalrecht und der »gute Ton« des entstehenden Bürgertums legten ihnen jedoch zunehmend Beschränkungen auf. Vorläufer gab es bereits in Frankreich.

Die ersten Bürgersfrauen

Am Hofe Ludwigs IX. formierte sich eine Feindseligkeit Frauen gegenüber, als der einflußreiche Ritter Philipp von Navarra begann, sich über weibliches Betragen Gedanken zu machen. Er schrieb, sie müßten vor allem gehorsam sein, außerdem sparsam, ohne Eitelkeit, nicht schwatzhaft und geschickt im Spinnen und Nähen. Besser sei es, wenn sie nicht lesen und schreiben könnten, um der Versuchung zu entgehen, in Briefwechsel mit ihren Bewunderern zu treten. In einer Mahnschrift, die er Isabelle, der Tochter des Königs, widmete, riet er ihr, Gott zu lieben und die Sünde zu fliehen, religiöse Pflichten zu erfüllen und Krankheiten zu ertragen, den Armen zu helfen und nicht Luxus noch Juwelen zu begehren.

Der König unterstützte diese Tendenz. Wie alle männlichen Schriftsteller, die sich auf die sogenannten Mängel der weiblichen Natur konzentrierten, war Navarra davon überzeugt, daß Güte durch Nachdenken und Wiederholungen eingeschärft werden müsse. Er forderte Mädchen auf, ihre Stunden in Arbeit und Gebet zu verbringen, um der Versuchung zu entgehen. Eine Tochter erinnerte er nach der Hochzeit an die Pflicht, barmherzig zu sein und dem Ehemann zu gehorchen. »An diesen Eigenschaften«, fügte er hinzu, »wird man erkennen, daß du eine junge Herrin bist, die weise und gut erzogen ist.« 1270 veröffentlichte er einen Erlaß, nach dem man den Frauen nur mit Zustimmung des Mannes zu arbeiten erlaubte. Er hatte sie auch bei Rechtsstreitigkeiten zu vertreten. Die aktiven Pariserinnen folgten den Neuerungen nicht. Bald darauf ließ Ludwig IX. im zweiten Kreuzzug sein Leben. Nicht einmal in der eigenen Familie hatte man auf ihn gehört. Seine Tochter Elisabeth bescherte ihm Ausgaben von 1.962 Goldlire für Wolle, Decken, Juwelen, Truhen und Leinen für ihre Hochzeit mit dem König von Navarra.

Aber der Same war gesät und fiel vor allem in der Klasse der Hofbeamten auf fruchtbaren Boden. Ihre Frauen besaßen weder den Stolz der Schloßherrinnen noch die wirtschaftliche Selbständigkeit, die den Frauen aus dem Volk wie den Bäuerinnen zueigen war.

Im letzten Jahrzehnt des 14. Jahrhunderts widmete der Ehemann eines fünfzehnjährigen Waisenmädchens aus einer verarmten Adelsfamilie, ein sechzigjähriger reicher Höfling, dessen Name unbekannt geblieben ist, da er nur als »Ménagier de Paris« unterzeichnete, seiner Frau eine einzigartige Schrift über gute Haushaltsführung. In der mittelalterlichen Literatur über das Verhalten der Frauen sticht das Manuskript *Ménagier de Paris*, das

450 Jahre unentdeckt blieb und erst 1847 veröffentlicht wurde, durch Konkretheit und den Reichtum an Einzelheiten aus dem Alltagsleben hervor.

Der Autor benennt die Aufgaben einer Frau aus dem Großbürgertum und den Anteil, der ihr bei der Verwaltung des Familienbesitzes zukommt. Auf den ersten zweihundert Seiten instruiert der *Ménagier* seine kindliche Gattin unter dem Vorwand, sie für den Mann, den sie nach seinem Tode heiraten wird, zu erziehen. Er beschreibt, wie man sich für den Gatten aufopfert, ihm stets frische Wäsche bereitlegt und die Füße wäscht, wenn er abends von der Arbeit heimkehrt. »Sorget dafür, daß im Winter ein gutes Feuer ohne Rauch brennt«, mahnt er, »und daß er wohl empfangen werde und sanft zwischen euren Brüsten ruhe.« Zum Ehemann darf man nie arrogant oder aufsässig sein, Gehorsam ist die erste Pflicht. »Wenn es euch danach verlangt, eine Sache auf eine Weise zu erledigen«, fordert er, »und ihr spürt, daß euer Gemahl Gefallen daran findet, es auf andere Art zu tun, setzt seine Freude über eure, denn seine Freude muß eurer vorangestellt sein.« Es folgen zehn Seiten mit Instruktionen, wie man sich in Bescheidenheit übt und nur bei einem Geistlichen beichtet, ohne der Versuchung zu erliegen, die Sünden auf verschiedene Beichtväter aufzuteilen, wie es wohl damals nicht unüblich war. Die beeindruckende Aufzählung der zu beichtenden Sünden wiederum ist eines eigenen Buches würdig.

Die junge Dame, deren Namen wir nicht wissen – ihr Ehemann nennt sie »liebe Schwester«, obwohl er auf die sogenannten Ehefreuden nicht verzichtet –, hat aber nicht nur eine Seele, sondern auch ein Haus zu hüten. Endlich erfahren wir, daß sie hier »Herrin« ist, auch wenn sie ständig die drohenden Schatten der Hausdame Agnes und den Verwalter Jehan im Rücken spürt. Symbol ihrer Macht sind die Schlüssel, jedoch empfiehlt ihr der Ehemann, sie ihren beiden »Schutzengeln« anzuvertrauen, damit sie jeden Abend bei Kerzenschein einen Rundgang im Hause machen, »so niemand hinein- oder hinausgehe«.

Das Haus des Ménagier ist also ein Herrenhaus mit Ställen, Lagerräumen und Gesindezimmern, vielleicht lag es nahe der königlichen Gärten, wo die Höflinge von hohem Rang lebten. Der Ménagier beschreibt sein Heim nicht, man kann aber annehmen, daß sich ein oder zwei große Räume in der Herrschaftsetage befanden, die von großen Kaminen beheizt und von den ersten Bleiglasfenstern, die sich am Ausgang des 14. Jahrhunderts nur die Reichen leisten konnten, geschützt wurden. Die Wände waren mit bunten Teppichen bekleidet. An den Empfangstagen legte man eine Fransendecke auf den Tisch und putzte die Salznäpfe und das silberne Geschirr, damit sie auf den Tabletten funkelten. Im Schlafzimmer mit einem Baldachinbett oder im benachbarten Arbeitszimmer bewahrte der Hausherr die Familienjuwelen und wichtige Dokumente auf. Hier händigte er auch der Frau das Haushaltsgeld aus.

Das Geld, das – wenn auch streng kontrolliert – durch die Hände der Ehefrau des Ménagiers ging, war gewiß nicht wenig: Zunächst mußten davon die Angestellten bezahlt werden, die allerdings von der Hausdame Agnes ausgewählt wurden. Der Ménagier gibt seiner Frau zahlreiche Anweisungen, wie man sich über deren Moral informiert, indem man zum Beispiel Referenzen aus dem Heimatort verlangt. Er rät ihr sogar: »Messer Jehan in seinem Rechnungsbuch am Tage der Einstellung den Namen des Angestellten, wie auch den des Vaters, seiner Mutter und einiger Verwandter registrieren zu lassen... damit die Dienstboten größere Scheu verspüren, Fehler zu begehen, wenn sie wissen, daß alles notiert ist.« Einmal eingestellt, muß die Hausherrin darüber wachen, daß die Dienstboten zwei ausreichende Mahlzeiten am Tag erhalten, und sich im Krankheitsfall um sie kümmern.

Auf die Mahlzeiten legt der Ménagier großen Wert. Seine Frau muß sich mit Wein auskennen und die Küchenarbeit anweisen können. Sie legt das Menü für den Tag fest und schickt die Köche und Gehilfen zum Einkaufen. Der Ménagier kennt jeden Einzelhändler und kann überdies die Preise für Eier, Tauben, Gebäck und Kerzen angeben. Für einen reifen Edelmann hängt das gesellschaftliche Ansehen vom Glanz und der Perfektion seiner Empfänge ab. Deshalb notiert er für seine junge Ehefrau ein interessantes Rezeptverzeichnis der Küche des 14. Jahrhunderts, mit Hinweisen zur Zubereitung von Suppen, Braten, Torten, Soßen, mit Kräutern gewürzt oder gesüßt. Er überliefert ihr Rezepte exklusiver Traubenmarmeladen und Rezepturen für Tinte und Rosenwasser. Auch lehrt er sie, wie man Kranke nährt, ein Fastenmahl oder ein Hochzeitsessen zusammenstellt.

Die Dame des 15. Jahrhunderts ist für die täglichen Ausgaben ebenso verantwortlich wie für den Erhalt des Familienbesitzes. Deshalb muß sie früh am Morgen Agnes und Jehan anweisen, die Dienerschaft zu kontrollieren, die das Haus lüftet, Teppiche und Pelze klopft, die Kleidung nach den Rezepten des Gemahls von Flecken, Fliegen, Mücken und Flöhen befreit. Persönlich sorgt die Dame für ihre Hündchen und Vögelchen, »denn«, schreibt der Gatte, »sie können nicht sprechen, und Ihr müßt für sie denken und sprechen, wenn Ihr denn welche besitzet«.

Der Ménagier besitzt außerdem einen Gutshof auf dem Land. Dort muß sich seine Frau als Gärtnerin beweisen, wenn sie Salat oder Saubohnen aussät, Veilchen umsetzt und Spinat oder Rüben schneidet. Sie muß über die Haustiere Buch führen und Robin, dem Schäfer, Arnoul, dem Kuhhirten, und Jeanneton, der Melkerin, Anweisungen geben. Wenn Mäuse im Getreide oder im Käse entdeckt werden, schlägt der Ménagier vor, Arsen oder Eisenhut auszustreuen. Auch hier liefert er die genaue Zubereitung, gibt aber zu, daß man diese Plage auch »mit guten Katzen« bekämpfen könne.

Am Ende kann der Ménagier der Versuchung nicht widerstehen, der Gattin zu erklären, wie sie ihre freie Zeit verbringen soll. Das gerät ihm fast zu einer Dissertation über Falknerei, eine angemessene Beschäftigung für eine wohlhabende Dame. Über die Gesellschaftsspiele der guten Gesellschaft hat er leider nichts hinterlassen. Wahrscheinlich starb er, ohne sein Werk vollenden zu können.

Aber wir werden auch nie erfahren, wieweit die Ehefrau seine Anweisungen befolgte, um damit dem heranbrechenden 15. Jahrhundert zu begegnen.

Kapitel VI

Die Ehe im 15. Jahrhundert

Margherita Datini, ein Beispiel

»Morgen schickst du die Schale mit Rosinen und Brot... und denk an den Essig«, schrieb zur Zeit des *Ménagier* der Händler Francesco Datini aus seinem Büro in Florenz an die daheim in Prato gebliebene Ehefrau Margherita. »Vergiß nicht, dem Maultier die Hufe und Fesseln mit warmem Wasser waschen zu lassen. Laß mir außerdem Strümpfe machen und sie von Meo besohlen. Er soll dir auch Futter für den Gaul geben, aber gut zerkleinert... Sorg dafür, daß man die beiden Weinfässer verkauft, die im Haus von Bettino stehen. Alle anderen Bottiche aus dem Keller läßt du mit angezapftem Weißwein füllen.« Ein anderer Brief enthält ein Verzeichnis der Wäsche, die zum Waschen nach Prato gebracht wurde, zusammen mit 30 Heringen, einem Sack Kapern, 20 Pfund Mehl und Erbsen. In diesem Brief verlangt er 50 Orangen, 24 Brote, 2 Fäßchen Öl und einen Scheffel Getreide. »Vergiß nicht, deine Pflichten zu erfüllen. Kümmere dich um die Fässer und sorg dich um die Tiere. Verschließ die Haustür am Abend, und paß auf die Lampe auf. Verrichte alles so, daß ich keinen Grund zum Schimpfen habe.«

Fünfzehn Jahre gingen Francescos Briefe dreimal in der Woche von Florenz nach Prato. Aus Prato schickte man geröstete Tauben und Gänse, Feldsalat und frischen Büffelkäse, außerdem Aspik von Schwein und Kalb, Margheritas Spezialität. Francesco aß nichts, was nicht aus der Küche seiner Frau kam.

Dieser Briefwechsel rekapituliert die alltäglichen Pflichten, denen eine Frau aus der Toskana Anfang des 15. Jahrhunderts nachzukommen hatte. In einer Kammer unter der Treppe des Hauses Datini, das noch immer in Prato steht, wurden 1870 zufällig die 153.000 Briefe des Händlers gefunden, außerdem seine 500 Register und Rechnungsbücher, mit 300 Gesellschaftsverträgen und 400 Versicherungsabschlüssen, tausenden Policen und Schecks. Francesco, der sich über den Verlust eines Kopfkissenbezuges ebenso ärgerte wie über sauer gewordenen Saft, war kein kleiner Ladenbesitzer: 1382 kehrte er aus Avignon in seine Heimatstadt zurück, wo er es durch den Handel mit kirchlichen Paramenten, Edelsteinen und aus der Toskana importierten, bemalten Truhen am Hof des Papstes zu einem Vermögen gebracht hatte. Er hatte soviel Geld verdient, daß er es sich leisten konnte, eine Wechselbank zu eröffnen.

Das Schicksal der Stadt Prato war seit langem mit der Herstellung von Stoffen verbunden. Über den schnellen Wassern des Bisenzio errichtete man schon 1108, achtzig Jahre vor Florenz, die erste Walkmühle, eine vom Wasser angetriebene Mühle, die große Holzhämmer bewegte, mit denen die nassen Stoffe geschlagen wurden, um sie dichter zu machen. Zu Francescos Zeiten befand sich das Städtchen im Umbruch: An Straßen, zwischen Hütten aus Holz und Lehmziegeln, mit Außentreppen und der Werkstatt unter einem Bogen, flossen die grünen Kanäle, die aus dem Bisanzio abgeleitet wurden. Die zwölftausend Einwohner waren in der Mehrheit Weber, Zieher, Färber, aber auch Flickschuster, Sattler und Goldschmiede.

Mit der Ankunft von Francesco Datini und seiner Frau trat eine Wende im Leben des ruhigen Städtchens ein. Alle sprachen von seinem Haus und dem Garten mit Orangen und Granatäpfeln, der es vom Lagergebäude trennte. Maler dekorierten die Bögen der Säle mit goldenen Sternen auf blauem Untergrund. Das Haus hatte zwei Kamine zum Heizen, und im oberen Geschoß öffnete sich eine Loggia über dem Garten. Dort hängte man Kleider und Pelze auf oder richtete Bankette und Empfänge aus. Die von Margherita bemalten Truhen waren gefüllt mit Damast, Wäsche und Steppdecken aus goldenem Tuch. Frau Datini besaß zwölf Gabeln und sieben Silberlöffel.

Francesco konzentrierte sich auf die Stoffherstellung, dem Hauptgeschäft in Oberitalien, das er nach industriellen Maßstäben organisierte: Er beschäftigte bis zu 770 Spinnerinnen in 25 Orten der Umgebung, importierte Wolle aus England und verkaufte die Endprodukte in alle Welt.

Der Gewinn betrug jedoch kaum 5 bis 7 %, mit Verkaufszeiten bis zu einem Jahr. Da am Ausgang des 14. Jahrhunderts die Florentiner Oligarchie auch über Prato herrschte, beschloß Francesco, sein Büro nach Florenz zu verlegen und seine Geschäfte auszudehnen. Er ließ Färberwaid kommen und schickte seine Waren auf Galeeren an die Stoffmacher in Flandern und Spanien, von wo er wiederum Leder und marokkanischen Gummilack einführte. Aus Valencia kamen Reis, Mandeln und Datteln, Salz aus Ibiza, Straußeneier aus Nordafrika, Weltkarten aus Barcelona.

Mit Hilfe von Angestellten, Schreibern, Boten und Kassierern verteilte Francesco die Waren auf seine Geschäfte in Florenz, Pisa und Prato. Er eröffnete Filialen in Barcelona, Valencia und Mallorca, die Festungen glichen, mit Lagerhäusern, welche die Koppel für die Reittiere umgaben. Mitglied der Seidenzunft war er bereits, 1399 trat er außerdem in die Zunft der Wechsler ein und beschäftigte sich mit Versicherungen, Krediten und dem Handel mit Wechseln.

Die eigenen Briefe (dreifach gefaltet und mit einer versiegelten Kordel verschlossen) bewahrte er ebenso sorgfältig auf wie die Antworten. Margherita hatte, um mit ihrem Mann korrespondieren zu können, schreiben gelernt. Ihre 101 fehlerreichen Briefe zeugen von ihrer unermüdlichen Tätigkeit zur Bewahrung des Hauses und des Landbesitzes. Mit den Geschäften ihres Mannes hatte sie nichts zu tun. Sie hatte noch nicht einmal ein Budget, über das sie verfügen konnte, sondern mußte sich für jede Ausgabe an den Kassierer von Prato wenden.

Haus, Keller, Garten, Stall und Mühle lagen in ihrer Verantwortung, ebenso die Verwendung und der Verkauf der Produkte ihrer Landgüter. Zu jener Zeit kauften die Bürger der Umgebung Land, das die Adligen nach der Befreiung der Leibeigenen abstoßen wollten. Die neue besitzende Klasse kultivierte es intensiv, verpachtete es oder gab es in Halbpacht. Das Bild der Toskana veränderte sich. Die Hügel wurden in Parzellen unterteilt, die man in Reihen bestellte und mit Zäunen gegen Tiere schützte.

1393 gestaltete Margherita das Landhaus um. Sie erneuerte die Küche und ließ den Weinberg bestellen. In Palco besorgte sie alles, was sie ihrem Mann schickte: »... ich schicke dir alle Früchte, die ich habe, und 33 Eier. Die gezeichneten sind von unseren Hühnern...; ich schicke dir keine Hühner, weil sie alle mager sind.« Und weiter: »Ich schicke dir, durch Nanni aus Santa Chiara, 12 Brote und 56 Äpfel und Birnen, außerdem ein paar Nüsse, ein halbes Viertel gebrochene Saubohnen und ein paar Erbsen.« Im November 1398 berichtete sie aus Palco, daß sie die Fässer abgedichtet hat und das Mehl von der Mühle erwartet, um es in Säcken abzufüllen.

Margherita war für Pächter und Halbpächter verantwortlich, für ein ganzes Heer von Leibeigenen, Gouvernanten und Tagelöhnerinnen, das mit den Jahren größer wurde. Nach der schwarzen Pest von 1348 wurden mit Billigung der Kommunen und Zustimmung der Kirche, die allerdings darauf achtete, daß es sich dabei nicht um Christen handelte, Sklaven nach Italien gebracht, um die dezimierten Reihen der Arbeitskräfte aufzufüllen.

Fremde Geschöpfe, »heimische Feinde« nannte sie Petrarca, die Tartarinnen, Griechinnen, Russinnen, Tscherkessinnen. Sie kamen nach Genua, Venedig, Sardinien. Francesco Datini handelte mit ihnen: Er kaufte sie für einen Preis von etwa 50 Gulden von den Eltern oder von Korsaren. Einige behielt er für sich. In den Familien wurden die Sklavinnen nicht schlechter als die anderen Dienstmägde behandelt. Ihr Geldwert schützte sie eher vor schlechter Behandlung. Der Herr hatte alle Rechte, sie zu besitzen, zu veräußern oder testamentarisch über sie zu verfügen. Die italienischen Häuser füllten sich bald mit Bastarden, die oft mit den anderen Kindern zusammen aufwuchsen.

Die zwanzigjährige Sklavin Lucia bekam 1392 von Francesco ein Kind. Margherita konnte keine Kinder bekommen. Die kleine Ginevra, von Margherita ins Herz geschlossen, wuchs auf wie die eigene Tochter. Als sie heiratete, erhielt sie die erstaunliche Mitgift von 1.000 Gulden. Fast alles wurde in die Aussteuer, in hermelingefütterte Seidenkleider, Gürtel aus Zinn und Silber, Kopfputz aus Gold und Perlen, gesteckt. Bei diesem Anlaß durfte Margherita über gewaltige Summen verfügen. Allein der Koch, der für das Bankett eingestellt wurde, kostete vier Gulden und zehn Soldi, während das normale Jahreseinkommen eines Zimmermädchens zehn Gulden betrug. Ginevras Mutter lebte als Frau eines Dieners weiter im Haus. Margherita schien nicht unter ihrer Nähe zu leiden. In ihren Briefen bestellte sie Stoffe für Lucias Kleidung.

Eine andere Aufgabe Margheritas war es, Ammen aus der Umgebung für reiche Florentiner Damen zu suchen. Diese sollten kräftig und von gesunder Hautfarbe sein und durften keine Kleinkinder haben, die ihre Milch verknappen könnten. Am geeignetsten waren Mütter, deren Kind gerade gestorben war. »Ich habe eine auf dem Pfarrplatz getroffen, die seit zwei Monaten frische Milch hat... und sie hat gesagt, daß ihr Mädchen im Sterben liegt. Wenn es in dieser Nacht stirbt, wird sie kommen, sobald es begraben ist«, informierte Margherita ihren Mann am 21. August 1398.

Diese Einstellung mag heute befremden. Bürgersfrauen wie Margherita und die Frau des Ménagier wurden sehr jung an ältere Männer verheiratet, die sie meist vor der Hochzeit nicht einmal gesehen hatten. Sie fügten sich darin, die Ehe als Geschäftsform anzunehmen. In einer Welt, in der zudem der Tod viel präsenter war als heute, war auch der Gefühlsausdruck ein anderer. Mütter fanden sich von vornherein damit ab, daß von den vielen Kindern, die sie in die Welt setzten, nur wenige überleben würden. Was allein zählte und in dem auf Gemeinschaft statt auf Individualität ausgerichteten Leben von Dauer sein mußte, war das Ansehen und die Respektabilität der Familie. Die erste Pflicht war deshalb, eine gute Ehefrau zu sein, das Eigentum zu verwalten und dem Mann, der sie beschützte, ihre Dankbarkeit zu bezeugen. Eine kluge Hausverwalterin ermöglichte es dem Gatten, sich ganz den Geschäften und vielleicht noch der Politik zu widmen, ohne von tausend Kleinigkeiten abgelenkt zu werden. In der Bewältigung eben dieser Kleinigkeiten fand die Bürgersfrau des 15. Jahrhunderts ihre Daseinsberechtigung.

Margherita bewältigte aber nicht nur, gelegentlich beschwerte sie sich auch. In ihren Briefen schimpfte sie oft mit ihrem Mann. Manchmal weil sie eifersüchtig war, oder sie beklagte sich, wie eine Herbergswirtin und nicht wie eine Ehefrau behandelt zu werden.

Als 1397 Gian Galeazzo Visconti die Gegend zwischen Siena und Florenz verwüstete und Francesco sich auf den unsicheren Straßen nicht bewegen konnte, war es Margherita, die in Prato alle Lebensmittel und Ölkrüge von ihren Landgütern zusammenholte und ihre Bauern versammelte. Sie verteilte Brot und Getreide an jeden, der darum bat. Ihrem Mann schrieb sie: »Das sind Zeiten, in denen man sich den Platz im Paradies verdient.« Als die Gefahr überstanden war, erhielt sie von Francesco das angenehmste Lob, das einer Frau ihrer Zeit zuteil werden konnte: »Es gefällt mir, daß du das Haus auf ehrenhafte Weise führst. In der Not erkennt man die Weisen.«

Die Arbeit der Frauen am Rand italienischer Städte

In den Staatsarchiven von Florenz und Pisa werden mehr als tausend Bände des Grundbuches der Toskana von 1427 aufbewahrt. Die steuerlichen Bestandsaufnahmen zählen zu den umfangreichsten, die je in Europa aufgestellt wurden. Die Einkommenserklärungen von Geschäftsleuten und Adligen, aber auch von Handwerkern, Arbeitern und Bauern, wurden von französischen Wissenschaftlern analysiert.

Am erstaunlichsten dabei ist, daß es 1427 in Florenz kaum ledige Frauen gab: Nonnen ausgenommen, machten sie nur 2 % der Bevölkerung aus. Fast keine von ihnen arbeitete, um sich ihren Lebensunterhalt zu verdienen. Dafür waren 43 % aller Frauen Witwen, und 1.536 von ihnen (also 15,7 % der Gesamtbevölkerung) Familienoberhäupter, hauptsächlich im Alter zwischen 50 und 67 Jahren.

Viele Witwen wohnten bei ihren Kindern. Einige gaben keinen Wohnsitz an, um in die Kategorie der »Elenden« zu kommen. 72 % der weiblichen Familienvorstände bezeichneten sich als »ohne Beruf«, obwohl ihr steuerpflichtiges Einkommen sich auf 10 bis 100 Gulden pro Jahr belief, was sie in die mittlere Einkommensschicht hob. Dabei handelte es sich wahrscheinlich um Grundbesitzerinnen, die von den Erträgen ihres Landes lebten und nach dem Tod des Mannes in die Stadt gezogen waren. Die

Zahl der Witwen als Familienoberhäupter im Umland war gering. Eine alleinstehende Frau hatte bei der Führung eines Landgutes zahlreiche rechtliche und bürokratische Unannehmlichkeiten zu überwinden. Ihre wirtschaftlichen Entscheidungen unterlagen einem Vormund. Deshalb war es günstiger, sich zur Ruhe zu setzen oder das Land zu verpachten, um in der Stadt von den Einnahmen zu leben. Das Kapital von Frauen war zu großen Teilen in Grundbesitz angelegt. Im Grundbuch tauchen kaum Frauen auf, die in selbständige Arbeit investierten.

In den vorangegangenen Jahrhunderten hatte es anders ausgesehen: Auch wenn in Italien die weibliche Unternehmerschaft nie das Ausmaß anderer Länder erreichte, wurden in den Notariatsregistern des 13. Jahrhunderts zahlreiche Frauen erwähnt, die von ihren kleinen Betrieben lebten. So Donata, Witwe aus Florenz, die in ihrem Testament von 1288 verfügte, die Erlöse aus dem Verkauf der Webstühle und der Handwerkslizenz den Armen zu spenden. 1290 stellte die mit einem Schuster verheiratete Weberin Donna Tessa zwei Burschen für sechs Jahre als Lehrlinge ein. Der Chronist Donato Velluti erwähnt die Schwestern Cilia und Gherardina, die ledig blieben und »gut verdienten, ihren Lebensunterhalt und mehr, indem sie Wolle wickelten«. Sie starben an der Pest von 1348.

»Seit der gnadenvollen Menschwerdung des Gottessohnes waren bereits Tausenddreihundertachtundvierzig Jahre vergangen, als über das ehrwürdige Florenz, die erhabenste aller Städte Italiens, die todbringende Pest hereinbrach.« So beginnt Boccaccios Beschreibung des Ausbruchs der Pest, die aus dem Orient kommend ganz Europa verwüstete und die Bevölkerung um ein Drittel dezimierte.

Über die genauen Sterberaten diskutieren die Historiker noch heute. Es scheint jedoch gewiß, daß Norditalien am schlimmsten betroffen war. Dort konzentrierte das frühe Entstehen städtischer Zentren eine hohe Zahl von Einwohnern, die oft unter schwierigen hygienischen Bedingungen lebten. Die krankheitserregende Bakterie wurde von Mäuseflöhen verbreitet, begünstigt durch Hungersnöte, eine Folge klimatischer Veränderungen seit Beginn des Jahrhunderts.

Den Chronisten zufolge lebten in Florenz vor der Epidemie etwa 120.000 Personen, von denen die Pest 80.000 tötete. Es blieben 42.000 Einwohner übrig, die durch spätere Ausbrüche der Krankheit weiter reduziert wurden, bis ihre Zahl 1405 den absoluten Tiefstand erreichte. In Westeuropa lebten 1420 noch 40 Millionen Menschen, um 1300 waren es 60 bis 70 Millionen gewesen.

Die »Cronaca di Pistoia« von Luca Domenici beschreibt, wie vor der Pest die Familien der Lohnarbeiter und Handwerker aus wirtschaftlichen Gründen versuchten, die Zahl der Kinder gering zu halten. Die Epidemie konzentrierte dann den Besitz in den Händen der Überlebenden. Die Löhne der wenigen Arbeiter stiegen beträchtlich. Der Beitrag der Frauen zum Familieneinkommen war nicht mehr überlebensnotwendig. Dafür stand nun die Fortpflanzung im Vordergrund. Alle heirateten, so jung sie auch waren, selbst Männer aus niedrigeren Gesellschaftsschichten. »Nach dem Ende der Epidemie«, schrieb der französische Chronist Jean de la Verrette, »wetteiferten die übriggebliebenen Männer und Frauen im Heiraten. Die überlebenden Frauen wurden häufiger schwanger als es zuvor der Fall war. Keine schien unfruchtbar, alle waren stets schwanger, brachten sogar Zwillinge und Drillinge zur Welt.«

Die wiederholte Mutterschaft trug über einige Generationen dazu bei, die italienischen Frauen endgültig vom Geschäftsleben zu entfernen. Die Struktur der Städte, die in Italien, früher als anderswo, den Erfordernissen blühender Wirtschaftsorganismen geschuldet war, hatte die Frauen vorher bereits an den Rand des Produktionsprozesses verbannt.

Die Handwerkerinnen in Paris arbeiteten nach den örtlichen Gegebenheiten an der Seite der Männer. Die italienische Produktion hingegen (toskanische Wolle, Leder aus Pisa, Waffen aus Mailand, Leinen und Baumwolle aus Piacenza) war von Anfang an für den internationalen Umschlag bestimmt. Der italienische Markt, in England und Nordeuropa als lombardischer bekannt, wurde der Motor für frühkapitalistische Unternehmen.

Die blutigen Kämpfe der italienischen Städte gegen Friedrich Barbarossa und später gegen Friedrich II., die wiederholt auf der Halbinsel einfielen, um die Städte in das Feudalsystem zurückzuzwingen, wie auch die unselige Spaltung der Stadtbevölkerung in Gwelfen und Ghibellinen führten frühzeitig zur Herausbildung eines Klassenbewußtseins. Händler, Bankiers, Richter und Notare schlossen Allianzen, die darauf abzielten, den städtischen Magnaten in ihren stolzen Turmhäusern die politische Macht zu entreißen. Die Zünfte, vor allem in der Toskana, in Umbrien und der Emilia, entsprachen mehr einem Regierungsorgan als einer Institution zur Arbeitsregulierung.

Die Logik des Kapitals in der Toskana

Florenz besaß als erste Stadt eine Regierung, die aus den Zünften gebildet wurde, nachdem man sich in den Jahren zwischen 1282 und 1293 von den Magnaten befreit hatte. Von den 21 per Statut anerkannten Zünften hatten allerdings nur die Vertreter der ersten sieben (10 % der Florentiner) Zugang zum Staat: Woll- und Seidenhändler, Richter und Notare, Ärzte, Pelzhändler und Wechsler. Bis zum Machtantritt der Medici 1434 lenkten sie die Geschicke der Stadt. Den Mitgliedern der unteren Zünfte, den Metzgern, Bäckern, Trödlern standen kaum politische Rechte zu. Lohnarbeiter und die große Masse der ambulanten Händler und Heimarbeiter besaßen keine Vertretung.

Die Herstellung von Wolle und Seide wurde von Großhändlern kontrolliert, die einer differenzierten Arbeitsorganisation Vorschub leisteten und damit den kleinen häuslichen Unternehmen die Wettbewerbsfähigkeit nahmen.

In den hochmittelalterlichen Werkstätten und Geschäften zu Paris waren viele Frauen mit Spinnen und Weben beschäftigt. Auch in der Toskana wurden bestimmte Handgriffe in der Wollverarbeitung hauptsächlich von Frauen ausgeführt. In der Stadt wurden die Wollflocken, die in Ballen aus England kamen, von den Arbeiterinnen nach Qualität sortiert. Dann kamen sie zu den Schlägern, die durch Stockschläge Unreinheiten entfernten, und zu den Kämmerinnen, die mit einem glühenden Eisenkamm die langen Strähnen in einzelne Fasern teilten. Auf dem Land wurden diese Fasern in Zubern zum Kochen gebracht – der Schmutz sank dabei auf den Boden – und anschließend auf dem Kiesbett des Arnos zum Trocknen ausgebreitet. Gleichfalls auf dem Land sponnen Legionen von Frauen die Wollflocken. Nun wurden ihnen zum Ende des 14. Jahrhunderts ein Teil dieser Arbeiten von kleinen mechanischen Mühlen abgenommen.

Das Weben war Männersache. Bei der Anzettelung hingegen waren vorwiegend Arbeiterinnen und Lehrlinge beschäftigt. Frauen entfernten ferner mit kleinen Gabeln Knoten und Unreinheiten aus dem Stoff. In den Walkmühlen des Umlandes wurde der so gefertigte Stoff ein letztes Mal gewaschen und geschlagen. Danach gelangte er zu den Färbern. Zum Falten und Verpacken brachte man ihn in die Stadt zurück.

Nachdem Handelsgesellschaften Mitte des 14. Jahrhunderts eine Monopolstellung in der städtischen Ökonomie eingenommen hatten, wurden die kleinen Handwerker und Heimarbeiter zu Lohnarbeitern, abhängig vom

Händler, dem die Arbeitsmittel gehörten. Die Bischöfe drohten gelegentlich von der Kanzel, jene Spinnerinnen zu exkommunizieren, die sich nicht den Anordnungen der Zunft unterwarfen. Die Händler einigten sich, diese von der Liste der Arbeitskräfte zu streichen. Gegen die Inhaber der Produktionsmittel konnten auch Arbeiter, die sich in Bologna, London, Gent und Brügge auflehnten, nichts ausrichten.

Bei den Florentiner Unternehmen waren Frauen nur in untergeordneten Stellungen anzutreffen. In den Statuten der minderen Zünfte, die kein politisches Gewicht besaßen, war allerdings vorgesehen, daß beispielsweise die Witwe eines Ölhändlers oder Bäckers, sofern sie nicht wiederheiratete oder ein moralisch zweifelhaftes Leben führte, das Geschäft des Mannes fortführen durfte. Den Zünften der Flachskämmer, Herbergswirte, Metzger und Trödler konnte man ohne Gebühren beitreten, wenn man die Witwe eines Meisters heiratete. Herbergswirte und Trödler waren Berufe, die auch von Frauen ausgeübt werden konnten. 1354 sahen die Statuten jedoch vor, daß eine ambulante Händlerin eine Kaution von 25 Lire zu zahlen hatte, denn es kam vor, daß »einige täglich in die Stadt Florenz gehen, sich in die Häuser einschleichen und sich zuweilen mit fremdem Geld davonmachen«. 1371 wurde zudem ein Verbot für Frauen erlassen, Haustürgeschäfte zu betreiben, da viele Verkäuferinnen gebrauchter Stoffe »die Frauen... zum Schaden der Männer verführen«.

Von diesen Ausnahmen abgesehen war die Zugehörigkeit zu den Zünften Männern vorbehalten, und wenn sie zufällig doch eine Frau betraf, war sie nur vorübergehend. Höhere Zünfte wurden nie an Frauen vererbt: Sie wurden übersprungen und die Rechte blieben bei den männlichen Nachfahren bis zur dritten Generation. Eine Ausnahme bildete die Zunft der Ärzte und Fachärzte, in der nach dem Statut von 1349 »Töchter und Frauen der Meister, wenn sie Witwen bleiben«, den Beruf ausüben durften, sofern sie eine Kaution von 100 Lire hinterlegten und sich den Bedingungen unterwarfen, weder Schüler zu nehmen noch »die Arbeit zum Verkauf zu betreiben«.

Darin lag kein Widerspruch, da die Medizin, losgelöst vom Geschäft der Apotheker, keine Anhäufung von Vermögen erlaubte. Die größte Angst der Oligarchie bestand darin, Kapital in Frauenhand geraten zu lassen, das im Falle einer Heirat zu einem Machtverlust des Familienclans geführt hätte. Dies war so tief verwurzelt, daß auch Francesco Datini sein beachtliches Vermögen, etwa 70.000 Goldgulden, lieber den Armen von Prato hinterließ. Seine Frau Margherita erhielt eine Rente von 100 Gulden pro Jahr.

Rechtsgelehrte, die im 13. Jahrhundert an der Universität von Bologna das Römische Recht reformierten, um es der Gesetzgebung der entstehenden Gemeinden anzupassen, stießen sich insbesondere an der Novella CLXVIII des Codex Iustinianus, die die Gleichheit zwischen Mann und Frau im Erbrecht festlegte. Die Gesetze der einzelnen Städte setzten diese Novella unwiderruflich außer Kraft, indem fast überall festgelegt wurde, daß Immobilien und Familienbesitz an männliche Erben fallen sollte, auch die Mitgift der Mutter, über die der Ehemann frei verfügte. Töchter, die ihr Eigentum bei einer Heirat womöglich aus der Heimatstadt forttragen würden, hatten lediglich Anrecht auf Mitgift, die sie automatisch von der Erbfolge ausschloß und nach der Bedeutung der neuen Verwandtschaft bemessen wurde. Auch die »Morgengabe« wurde deutlich eingeschränkt.

Die Mitgift einer Tochter im 15. Jahrhundert war in der Regel keine Kleinigkeit, denn die Mädchen, die dazu bestimmt waren, im Leben niemals über eigenes Geld zu verfügen, wurden als wertvolle Tauschobjekte zwischen den Clans betrachtet. Sie dienten der Festigung des Familienbesitzes. Beispielhaft ist der Fall von Lapo, einem Florentiner Händler und Zeitgenosse Datinis, dessen *Buch der eigenen Geschäfte* aus den Jahren zwischen 1379 und 1421 erhalten geblieben ist. Für Lapo sind Ehefrauen hauptsächlich dazu da, dem Clan männliche Nachfahren zu bescheren. Er hatte sieben Kinder von seiner ersten Frau Ermellina und sechs von der zweiten, Caterina.

Lapos Politik der Allianzen durch Eheschließung fußte auf einem Interessenausgleich, der verwandtschaftliche Verflechtungen den vornehmen Familien garantierte. Seine Enkelin Agnoletta brachte einem Rucellai 950 Gulden als Mitgift in die Ehe. Eine Rucellai, die einen Bruder Lapos heiratete, wurde auch mit 500 Gulden gern genommen. Als Lapo zum Witwer wurde und bereits ein anerkannter Händler war, also als Schwiegersohn begehrt, einigte er sich mit der Familie von Caterina Milanesi, die zur Wollzunft gehörte, auf die beachtliche Mitgift von 1.000 Gulden.

Der Mitgifthandel wurde zu einem allgemeinen Finanzierungsproblem, so daß Florenz 1425 eine Mitgiftversicherung einrichtete, bei der eine Einzahlung von 100 Goldgulden auf den Namen eines Mädchens das Recht auf die Auszahlung einer Mitgift von 250 Gulden nach sieben Jahren und 500 Gulden nach zwölf Jahren gewährte. Im Todesfall kam das Geld der jüngeren Schwester zugute oder verblieb im Fond. Viele Städte folgten mit ähnlichen Einrichtungen.

Politische Macht hing allein von den ökonomischen Möglichkeiten einer Familie ab. Um diese nicht zu beschneiden, erhielten Frauen kein Stimmrecht in jenen Zünften, welche die Regierung bildeten.

In anderen Ländern verhielt es sich zum Teil anders: Die Statuten der französischen Städte sahen vor, daß das Stimmrecht der Einwohnerversammlung, befreit vom Zunftsystem (das in einem monarchistischen Regime begrenzte Macht hatte) nach »Herden« oder an die Familienoberhäupter verteilt wurde, ohne festzulegen, ob es sich dabei um Männer oder Frauen handelte. In einigen Dokumenten sind die Bürger namentlich aufgeführt. Dort finden sich unter den Stimmberechtigten des Béarn und der Champagne weibliche Namen. Einige Frauen stimmten auch in der Touraine bei den Generalständen von 1308 ab, auch wenn man nie auf Frauen gestoßen ist, die öffentliche Funktionen als Magistrat, Schöffen oder Zunftmeister wahrnahmen.

Frauenarbeit auf dem Land

Nachdem sie die Macht in den Städten übernommen hatten, wendeten sich die reichen Bürger der Urbarmachung des Umlandes zu, die seit dem Jahr Tausend sporadisch angegangen worden war. Die Stadtstaaten, die sich in Italien schnell ausbreiteten, organisierten während des 15. und 16. Jahrhunderts den Anbau von Weinbergen. Die unüberlegte Entwaldung wurde gestoppt, und auf den Hügeln wuchsen Oliven- und Obstbäume. Die bessergelegenen Hänge wurden mit importierten Qualitätsweinreben wie Muskateller, Vernaccia oder Malvasia bepflanzt.

Ende des 15. Jahrhunderts schlossen sich die Gemeinden an die von den frühen Abteien gegrabenen Bewässerungskanäle an. In der Toskana entstanden Sammelbecken zur Trockenlegung der Sümpfe. Die Lombardei wurde von Schiffahrtskanälen durchzogen. Von ihnen zweigten Rinnen ab, die auch im Winter die Weiden befeuchteten, das Vereisen verhinderten und so mehrere Heuernten im Jahr ermöglichten. Regelmäßige Düngung der Wiesen und die Einführung von Klee und Luzerne sorgten für die Ernährung des Viehs, das in expandierenden Landwirtschaftsbetrieben gezüchtet wurde.

Ligurien wurde mit Trockenmauern eingeschlossen. Oliven- und Zitrusbäume gediehen auf Terrassen. Entsprechende Bepflanzungen und quer zum Hang verlaufende Tröpfelkanäle für Regenwasser verhinderten Erdrutsche und das Abschwemmen des Bodens.

Diese umfassenden Arbeiten verlangten die Aufsicht der Regierungen, aber ebenso die stete Kontrolle der Privatbesitzer. Es gehörte zu den Aufgaben der Ehefrauen von Bankiers und Politikern der Renaissance, sich um die Felder zu kümmern.

Im Florentiner Staatsarchiv werden auch jene Briefe aufbewahrt, die Isabella Guicciardini, Schwägerin des Historikers Francesco, zwischen 1535 und 1543 aus der Gegend von Poppiano im Val di Pesa an ihren Mann schrieb, der in öffentlichen Angelegenheiten unterwegs war.

Wie Margherita Datini ein Jahrhundert zuvor versorgte auch Isabella mit den Produkten des Gutshofes Haus und Mann. Sie fütterte ebenfalls die Schweine, ließ schlachten, salzte das Fleisch und stellte selbst Käse her. Ihre Kenntnisse der Landwirtschaft reichten jedoch weiter. Sie kümmerte sich um den Fischteich. Aufgrund der großen Hitze im Sommer 1535 kamen die Fische an die Wasseroberfläche, um nach Luft zu schnappen. Unterstützt von einer Dienerin fing sie zwei Pfund. Besorgt um das Getreide, das sich zu erhitzen begann, legte sie es in Gruben, die an den Seiten mit Stroh ausgelegt waren. Eine Pinie und ein Pistazienbaum starben ab, aber Feigen, Pfirsiche und Apfelsinen gediehen gut. Die Weinlese stand bevor, und ein Kirschbaum mußte beschnitten werden. Ihr Mann erwartete sie in Arezzo, aber sie zögerte: Sie wußte, daß dann niemand ihren Anweisungen folgen würde, »denn wenn man nicht da ist, kommt keine Ordnung zustande«.

Herbst und Winter 1542/43 waren mit Arbeit gefüllt: Der griechische Wein war gut geworden, nicht aber der Vernaccia. Zudem waren die Reifen eines Fasses mit altem Wein geborsten. Probleme machten die kleinen Kanäle, die vom Gora genannten Hauptkanal abflossen. Sie mußten Wasser des Stroms aufnehmen, damit dieser nicht über die Ufer trat und die Böschung einriß. Isabella ließ die Kanäle reinigen.

Die Äpfel waren so schlecht, daß man sie nicht verkaufen konnte, ebenso die Birnen. Glücklicherweise reichten die gesammelten Eichenzweige zum Heizen, so daß kein Holz extra geschlagen werden mußte. Das ökologische Gleichgewicht blieb also ungestört.

Für Gläubiger, die ihr Geld verlangten, forderte Isabella eine Bestätigung von ihrem Mann, obwohl sie selbständig entschied, wenn es darum ging, Arbeitsmittel und Arbeiter zu bezahlen. Bei ihrem Gatten beklagte sie sich dennoch: »Denkt ihr vielleicht, daß ich großes Vergnügen und Freude empfinde, hier mit den beiden Mägden zu sitzen und Arbeiter zu bezahlen, zu verkaufen und Rechnungsbücher zu führen?« Die Geschichtsschreibung hat stets die Tätigkeit der Männer in den Vordergrund gestellt und kaum die Arbeit der Frauen erwähnt, die diese erst möglich machte. Der Fall Isabella Guicciardinis dient in dieser Hinsicht als Beispiel für ihre Zeit und ihre Klasse.

Der Einfluß der Rechtsgelehrten

Bologna erlebte im 13. Jahrhundert eine glanzvolle Epoche. Zwischen bescheidenen Häusern mit niedrigen, von Holzsäulen gestützten Laubengängen erhoben sich die Türme der Adligen und der reichen Bürger: Die Garisenda wurde von Dante im XXXI. Gesang des »Inferno« erwähnt, und die Verse sind noch heute eingeritzt in ihrem Fundament zu lesen.

1249, während diverser Auseinandersetzungen, traf die Stadt das Schicksal, den Sohn Kaiser Friedrichs II. gefangenzunehmen, König Enzio, den die Bologneser bis zu seinem Tod in dem Palast hüteten, der noch heute seinen Namen trägt. Sieben Jahre später, 1256, verkündete Bologna als erste Gemeinde in Italien die Befreiung der Leibeigenen. In diesen Jahren gaben sich die Zünfte, die bereits Zugang zur politischen Macht gewonnen hatten, schriftliche Statuten.

Wie in Florenz war auch in Bologna der Zutritt für Frauen begrenzt: Die wichtigsten Zünfte der Stadt, die der Notare, Wechsler, Richter und Händler, dachten nicht an eine Aufnahme von Frauen. Nicht einmal bei Töpfern, Köhlern, Ölhändlern, Goldschmieden und Tischlern, die eigene Straßen hatten, war eine Werkstattmeisterin vorgesehen. Frauen gab es beispielsweise bei Gebrauchtwarenhändlern, die von den Stoffhändlern abhingen und Arbeiter mit minderen Rechten vereinten.

Die Gemeindestatuten von 1288 verboten im Kapitel XXIII ausdrücklich, daß sich Bäcker, Wirte, Müller, Gemüsehändler, Barbiere, Käseverkäufer, Färber und Weber, Tuchschläger und Verkäufer von Kräutern, Früchten und Hühnern in Zünften zusammenschlossen. Die Vertreter dieser typisch weiblichen Berufe waren damit zu einem mühseligen Leben ohne Schutz gezwungen. Wie in Florenz gab es auch in Bologna Lohnarbeiterinnen: Sie waren Spinnerinnen und Kämmerinnen, bearbeiteten Baumwolle und Wolle. Ihnen drohte eine Strafe von 5 Bologneser Soldi und Streichung aus dem Verzeichnis der Arbeitskräfte, wenn sie den Anweisungen des Verwalters nicht folgten. Das Erbrecht für Werkstätten hielt sich beispielsweise bei den Schneidern strikt an die männliche Nachkommenschaft. Solche Sitten verwundern nicht, da gerade in Bologna jene Gemeindestatuten ausgearbeitet wurden, die sich dann in vielen Städten verbreiteten und Frauen von jeder Form selbständigen Unternehmertums ausschlossen.

In der Lombardei gestaltete sich die Situation ähnlich. In den Akten der Gemeinde Mailand aus dem 13. Jahrhundert, die das Kreditwesen von Privatpersonen und kirchlichen Einrichtungen, die Regierungsbeschlüsse und die Zunftresolution enthalten, finden sich nicht mehr als 6 bis 7 % Frauennamen. Die Vormundschaft, der die Frauen in der Hochzeit der Städte bei allen rechtlichen und ökonomischen Transaktionen unterworfen waren, fand offensichtlich in aller Strenge Anwendung. Das *Liber consuetudinum Mediolani*, in dem zu Beginn des 13. Jahrhunderts die Gewohnheitsrechte der Region beschrieben werden, sieht vor, daß die Witwe nur über jenen Besitz juristisch verfügen kann, den der Mann zum Zeitpunkt des Todes besaß, hat er doch möglicherweise zuvor ohne ihr Wissen Eigentum veräußert.

Der Vormachtstellung der Händler widersetzte sich nur die religiöse Vereinigung der Humiliaten. Wie die Beginen in Flandern und Deutschland bildeten die Humiliaten Gemeinschaften von Arbeitern, Männern und Frauen, die sich in völliger Gleichheit zusammentaten, um von der eigenen Hände Arbeit zu leben und den Worten des Herrn zu folgen. Bereits im 13. Jahrhundert hatten sie die ersten Manufakturen geschaffen, in denen Wolle verarbeitet wurde. Als religiöse Vereinigung vor den Zünften geschützt, entzogen sie sich mit ihrer technischen und verwalterischen Unabhängigkeit der Ausbeutung durch die Händler. Als Giacomo de Vitry sie 1216 besuchte, betrieben sie in Mailand bereits 150 Einrichtungen. Sie saßen auch in Florenz, Bologna, Siena und Arezzo und galten als Häretiker.

Im *Liber consuetudinum Mediolani* ist einzig bei den Überresten des Feudalrechts eine gewisse Berücksichtigung von Frauen zu finden: In der Vererbung der Lehen gilt noch die Norm, daß der Besitz, wenn es keine männlichen Nachkommen gibt, auch an eine Frau übertragen werden kann. In Anlehnung an diesen Brauch ließ Gian Galeazzo Visconti, Herr von Mailand, um 1390 seine Frau, genannt die »Gräfin der Tugend«, oft an seiner Stelle mit allen Rechten die Beschlüsse des Versorgungsbüros zu Ernährungsfragen und Verwaltungsangelegenheiten unterschreiben.

Weltliche und kirchliche Abhandlungen über Frauen

Die Kirche pflegte seit jeher ein ambivalentes Verhalten Frauen gegenüber: Der heilige Paulus verbarg seine Auffassung nicht, für ihn waren sie minderwertige Wesen. Kirchenväter wie der heilige Augustus und der heilige Thomas bezeichneten sie als »etwas Zufälliges und Unvollkommenes«, das allein für die Fortpflanzung nötig sei. Die Kirche versuchte dennoch, zumindest bis ins 12. Jahrhundert, Frauen zu schützen, indem ihnen Mitgiften garantiert und das Recht zugesprochen wurde, Testamente zu verfassen und ihre Zustimmung zur Ehe zu geben.

Um 1140 begann jedoch Gratian seine Sammlung kanonischer Texte: Bibel, Doktrinen der heiligen Väter, Dekrete, Bullen, Konzilien. An der Universität von Bologna faßte er all das in dem berühmten *Decretum* zusammen, das die Grundlage des kanonischen Rechts bildete. Von da an verbreitete sich die Überzeugung, daß die Minderwertigkeit der Frau nicht einmal bewiesen werden müsse. Den Frauen wurde es verboten, liturgische Geräte zu berühren. Man verweigerte ihnen in aller Form den Zugang zu den niederen Weihen.

Die weltlichen Traktate hielten mit dieser Entwicklung Schritt. Unter Dutzenden Schreibern, die das Verhalten der Frauen zu beeinflussen suchten, tat sich besonders der toskanische Notar Francesco da Barberino hervor. Um 1320 verfaßte er sein *Betragen und Sitten der Frauen*. Auf zwanzig Seiten, in einer Mischung aus Prosa und Versen, beschreibt der Autor, wie sich eine Dame, eine Witwe oder ein Mädchen zu verhalten habe. Der Witwe empfiehlt er, sich nicht zu schmücken, sich Männern nicht zu nähern, ausgenommen ihrem Verwalter oder ihrem Beichtvater, und sich immer »schmerzerfüllt« ob des verstorbenen Gatten zu zeigen. Der verheirateten Frau, die, was selbst in den besten Familien vorkam, von ihrem Mann geschlagen wurde, rät er: um ihn zum Aufhören zu bringen, müsse sie nur »leiden und angstvoll schweigen«. Eine gute Ehefrau beweise sich darin, daß sie »danach nicht gekränkt sei«. Sie habe ferner dem Ehemann stets eifrig ergeben zu sein und seine Bastarde aufzuziehen, als wären es ihre Kinder.

Arbeitenden Frauen bezeigt Francesco da Barberino unverhohlen Mißtrauen: Weibliche Barbiere mögen sich mit dem Rasiermesser und dem Wasser beschäftigen und nicht mit dem Mann, der zum Rasieren kommt. Bäckerinnen sollen an das Brot denken, anstatt die Dienstmädchen über ihre Herrschaft auszufragen. Eine Obstverkäuferin soll nicht grüne Blätter über faule Früchte legen, noch Wein, Brot oder Fleisch von einem Kammermädchen kaufen, das diese Dinge zu Hause gestohlen hat. Es ist nicht gut, wenn die Spinnerin die Spindel austauscht oder die Weberin sich die Taschen füllt. Die Geflügelverkäuferin soll die Kehlen der Kapaune und Rebhühner nicht stopfen, damit sie mehr wiegen. Selbst die Bettlerinnen erhalten eine Ermahnung: Es sei unschicklich, Krankheiten vorzutäuschen, Flüche oder Verzauberungen auszusprechen und sich auf den Treppen herumzutreiben, um den Damen galante Botschaften zu überbringen. Die Wirtin soll keine aufgewärmten Gerichte als frisch verkaufen und die Pferde nicht mit Kräutern füttern, nach denen sie ihren Weg nicht mehr aufnehmen können. »Verkaufe die Dinge, aber nicht deine Person«, rät der Autor weiter, »und wenn du etwas Schönheit hast, versuche nicht, sie zu Geld zu machen.«

Venedig und das byzantinische Recht

Die Dokumente der mit dem Seehandel verbundenen Städte lassen den Eindruck entstehen, daß dort Vorurteile Frauen gegenüber weniger ausgeprägt waren. In Genua spielte das Kapital der Frauen eine entscheidende Rolle für die Wirtschaft der Stadt. In Sardinien, wo das byzantinische Erbrecht gültig blieb, waren die Frauen, obwohl sie unter Aufsicht der Väter, Söhne, Ehemänner lebten, mit den Brüdern am väterlichen Erbe beteiligt. Nach den Statuten von Sassari aus dem Jahr 1316 behielten Witwen das Recht auf einen beträchtlichen Anteil am Vermögen ihres Gatten. Sie genossen auch eine gewisse Autonomie, da sie den Akten der Staatsarchive zufolge in völliger Freiheit kostbare Stoffe, Juwelen oder Kosmetika kauften und die eigene Mitgift ohne fremde Einmischung vererbten.

In Venedig, unter der paternalistischen Herrschaft der Dogen und später einer aristokratischen, streng abgegrenzten Oligarchie, konnten die Frauen ihre unternehmerischen Talente am besten entfalten.

Zwischen 1278 und 1330 verfaßten die venezianischen Zünfte ihre Statuten. Anfang des 14. Jahrhunderts hatte die herrschende Aristokratie noch nicht die märchenhaften gotischen Paläste am Canale Grande errichtet, aber der vielfarbige Herzogspalast erhob sich bereits über dem Platz. Daneben entstand das riesige Bauwerk des Marcusdoms. Überall, zwischen den byzantinischen Häusern, in den Logen und den Büros des Palazzo Publicco, stellten die venezianischen Unternehmen ihre Waren aus, während in Rialto, in der Umgebung der Holzbrücke, die man damals wegen des Obolus, der vor dem Überqueren fällig wurde, die »Geldbrücke« nannte, ein lebhafter Markt Neugierige und Käufer anzog.

Hinter den Ständen in Rialto, wo Fisch oder Altkleider verkauft wurden, aber ebenso in den Werkstätten der Glasbläser in Murano, unter den Schneidern des Bezirkes San Giacomo, den Handwerkern, die Baumwollflocken für Kleider und Decken herstellten, und bei den Kammachern, die für den Export arbeiteten, gab es Frauen als Meisterinnen oder Unternehmerinnen, die ihren männlichen Kollegen gleichgestellt waren.

Die Statuten lassen keine Zweifel: Hanfspinnerinnen und Weberinnen, die für eine schlecht ausgeführte Arbeit Strafen zahlen mußten, waren Arbeiterinnen, die Mützenmacherinnen jedoch, zum Schwur verpflichtet, den Arbeitern und Arbeiterinnen der Zunft nur nach dem Gesetz abgewogene Wolle zu geben, waren Meisterinnen. Die Verkäuferinnen gebrauchter Kleidung, damals änderte die Mode sich nur einmal im Jahrhundert, wurden aufgefordert, ihre Stände an Festtagen offenzuhalten oder die Kleider zum Verkauf im eigenen Haus anzubieten. Jackenschneider, Männer wie Frauen, durften in ihren Läden alte und neue Sachen nicht vermischen und ihrer Tätigkeit nicht bis in die Nachtstunden nachgehen.

Frauen tauchten auch in wichtigeren Zünften wie die der Färber auf, der Hüterin des Geheimnisses des venezianischen Rots, das in den wenigen bis heute erhaltenen Stoffen immer noch nicht verblaßt ist. In einer Familie dieser Zunft wurde 1518 Jacopo Robusti, genannt Tintoretto, geboren, der die leuchtenden Farben der venezianischen Seide in seine Malerei aufnahm.

1323 verboten die Statuten den Apothekern, Männern und Frauen, Realgar zu verkaufen, das als rotes Arsen bezeichnet wurde. Sie mußten außerdem schwören, keine giftigen oder zu Abtreibungen führenden Medizinen zu verabreichen, und Theriak, das teure Medikament gegen jede Krankheit, nur in Anwesenheit der drei besten Ärzte der Stadt herzustellen. Auch unter diesen Ärzten konnten Frauen sein: Am 13. November 1320 begnadigte der Oberste Rat, das heißt der venezianische Senat, Beatrice, Witwe eines Arztes. Sie war zu einer Strafe von 10 Lire verurteilt worden, weil sie von einem Kranken einen Vorschuß empfangen hatte, ohne daß dieser geheilt war. Am 8. Februar 1330 erlaubte dasselbe Gericht Margherita, Witwe des Meisters und Chirurgen Meneghello, dem Beruf des Gatten nachzugehen, dessen mißbräuchliche Ausübung ihr die Androhung einer Strafe von 25 Lire eingebracht hatte.

Die Glaszunft, deren Statuten die Form der Öfen, die Art des zu verbrennenden Holzes und die zu mischenden Materialien genauestens vorschrieben, war in Venedig so privilegiert, daß die Töchter der Glasbläsermeister einen Patrizier heiraten konnten und ihre Nachkommen das Recht erhielten, im Obersten Rat zu sitzen. Diese Frauen durften auch das Familienunternehmen leiten: Das Statut der Kristallmacher verbot im März 1320 Meistern und *Meisterinnen*, die Lehrlinge für gefährliche Arbeiten wie das Schleifen einzusetzen und Bleifarben zu verwenden. Frauen arbeiteten auch, zumindest im Verkauf, in den Läden der Phiolenbläser, jenen Glaszauberern, die im Licht der Öllampen die glühende Glaspaste zu Perlen modellierten und mit Zangen und Spachteln Kugeln formten, die sie aus den Kanülen bliesen, um filigrane Kelche, Gläser und Vasen herzustellen, für die Venedig noch heute berühmt ist.

In Venedig und in Genua kam das Kapital der Frauen den Handelsunternehmen zugute. Um sie zu fördern, blieb auf der Lagune das byzantinische Recht bestehen. Die venezianischen Zünfte, von der Regierung mit Privilegien begünstigt, wurden außerdem 1297 von der Mitbestimmung bei öffentlichen Angelegenheiten ausgeschlossen.

In Venedig herrschte eine beachtliche unternehmerische und wirtschaftliche Freiheit. Ausländer profitierten davon anscheinend in großem Umfang, denn 1361 beklagte ein Schreiben des Senats, daß sich für die Einheimischen die Marktbedingungen durch Fremde, die eingebürgert wurden, täglich verschlechterten. Es findet sich keine Beschwerde über die Arbeit der Frauen. Die unerschütterliche Einrichtung der Vormundschaft wurde auf der Lagune selten angewandt. An ihrer Stelle galt das Gewohnheitsrecht der Gütergemeinschaft, die das gemeinsame Verfügen über die Mitgift beinhaltete. Die Frau konnte per Testament über ihren Besitz bestimmen, wurde oft zur Testamentsvollstreckerin berufen und mußte ihre Zustimmung zur Teilung des Erbes geben. Bis zum Ende des 18. Jahrhunderts waren beide Ehegatten gegenüber Dritten gleichgestellt. Die Annullierung der Ehe konnte auch von Frauen verlangt werden.

Die tolerante venezianische Regierung erfreute sich allgemeiner Beliebtheit. Am Tag des heiligen Markus veranstalteten die Brüderschaften einen Festumzug. In goldenen und kristallenen Behältern boten sie dem Dogen die Reliquien ihres Schutzheiligen dar. 1268 defilierten anläßlich der Wahl Lorenzo Tiepolos zum Dogen Glasmacher und Schmiede mit

Girlanden auf dem Kopf, Pelzmacher mit Mützen aus Eichhörnchen und Hermelin, Weber in Silber gekleidet, Schneider in weißen, mit Sternen übersäten Gewändern, Kurzwarenhändler in Seidenkleidern und Wollweber mit Ölbaumzweigen zum Gruß an dem Gewählten vorbei. Vermutlich befanden sich auch Werkstattbesitzerinnen unter ihnen. In Venedig nahmen Frauen sogar an Bootswettfahrten teil: Ein Druck von Giacomo Franco aus dem Jahre 1610 zeigt einen leidenschaftlichen Kampf auf dem Canale Grande zwischen Gondeln und Galeeren, die von barfüßigen Mädchen gelenkt werden.

Kapitel VII

Das Kapital der Frauen

Christine de Pizan: Eine Frau schreibt für Frauen

Im reichen Venedig kam 1365 Christine de Pizan zur Welt, eine Schriftstellerin, die Frauenleben zum Thema hatte. Sie war vielleicht die erste Autorin, die versuchte, die Öffentlichkeit für die Belange der Frauen zu sensibilisieren. Die Tochter des Astrologen Tommaso verbrachte ihre frühe Kindheit in Bologna und kam dann nach Paris, wo ihr Vater zum Berater und Privatarzt von Karl V. aufstieg.

Das Mädchen verbrachte viele Stunden an der Seite ihres Vaters in der berühmten Bibliothek der kostbaren, mit Miniaturen geschmückten Handschriften, die Karl V. in einem der runden Türme des Schlosses eingerichtet hatte. Das Studium der Wissenschaften und der Philosophie zog sie an, mehr als das Spinnen und Sticken, worauf die mütterliche Erziehung ausgerichtet war. Mit fünfzehn Jahren wurde die wohlbehütete Tochter mit Etienne Castel verheiratet, dem Notar und Sekretär des Königs, dem sie von Anfang an zugetan war.

Vom hundertjährigen Krieg, der die Länder verwüstete, gelangte nur ein fernes Echo an den Hof. Seit dem Tod König Karls jedoch (am 16. September 1380) begann sich Christines Schicksal zu wenden. Während der Unruhen, die in der Stadt und im Palast um den zwölfjährigen Dauphin entbrannten, wurde Tommaso de Pizan seiner Ämter enthoben. Er starb einsam und vergessen. 1390 verschied plötzlich auch der geliebte Gemahl Etienne mit nur vierunddreißig Jahren.

Christine hatte drei Kinder. Sie wußte nichts von den Geschäften ihres Mannes. Ein harter Weg nahm hier seinen Anfang. Der Vormund der Kinder riet ihr, das wenige Bargeld in die Geschäfte eines Händlers zu investieren, der es unter dem Vorwand, ausgeraubt worden zu sein, verschwinden ließ. Christine strengte einen Prozeß gegen ihn an. Ein weiterer Prozeß, der ihr den ausstehenden Verdienst ihres Mannes verschaffen sollte, dauerte einundzwanzig Jahre. Richter, Notare und Advokaten spotteten über die junge Frau, die immer dünner wurde, während die wohlgenährten Justizbeamten mit ihren Dokumenten achtlos umgingen. Die Gläubiger ließen ihr keine Ruhe, und nachdem der vom Vater geerbte Grundbesitz verkauft war, mußte Christine mit ansehen, wie Möbel, Edelsteine und andere Kostbarkeiten allmählich aus ihrem Haus verschwanden.

Christine entwickelte in dieser Situation eine Kraft, die für Bürgersfrauen jener Zeit ungewöhnlich war. Sie besaß Intelligenz und pflegte im geheimen ihr poetisches Talent, das ihr half, die täglichen Enttäuschungen zu ertragen.

»Am Anfang also begann ich, elegante Texte und vor allem leichtere zu schreiben«, gestand Christine, »und wie der Arbeiter in seinem Werk geschickter wird, je länger er sich damit beschäftigt, so füllten sich meine Sinne, während ich andere Bereiche studierte, mit neuen Dingen, die meinen Stil bereicherten.«

Ihr Ruhm begann sich in den französischen Schlössern zu verbreiten. Zwischen 1399 und 1405 schrieb Christine fünfzehn Bücher, mit denen sie siebzig dicke Hefte füllte. Dann wurde sie, von der Not getrieben, zu ihrer eigenen Herausgeberin: Sie ließ die Werke abschreiben, schmückte sie mit schönen Miniaturen und verkaufte sie in vielen Exemplaren an Fürsten und Edelleute. Zu ihren Kunden gehörten Königin Isabelle und Herzog Jean de Berry. Er besaß eine Ausgabe ihrer gesamten Werke. Sie stehen heute in der Pariser Nationalbibliothek. Für die kostbarste Handschrift zahlte der Herzog Christine 200 Scudi. So wurde sie die erste Frau der Geschichte, die sich als Schriftstellerin ihren Lebensunterhalt verdiente.

Christine beschränkte sich nicht auf unterhaltsame Literatur. Es trieb sie, sich vor allem dem Schicksal anderer Frauen zuzuwenden, und – ihrer Zeit voraus – die Signale wahrzunehmen, daß sich für sie vieles zum Schlechteren wandeln würde.

Ihre besten Werke, die Christine mit dem Namen des Vaters unterzeichnete, entstanden, da das Gesetz die Annahme des Namens des Ehegatten nicht vorschrieb.

In *Das Buch von der Stadt der Frauen* beschreibt die Schriftstellerin aus eigener Erfahrung die elenden Bedingungen, unter denen Witwen leben müssen. Sie ging entschlossen zum Angriff über. Sozusagen als Gegengesang zum *Reggimento* des Francesco da Barberino verfaßte sie in Versen ein Erziehungstraktat für Frauen, aber von einem weiblichen Standpunkt aus. Welcher Gesellschaftsschicht sie auch angehörten, Adlige oder Frauen aus dem Volk, ihre wichtigste Tugend sei die Vorsicht. Die Fürstin solle wachsam in der Verhandlung mit Beamten, Verwaltern, Edeldamen und Edelfräulein sein, aber jeden mit Wohlwollen empfangen und auch die kleinen Geschenke der einfachen Frauen mit Anmut entgegennehmen. Die Bürgerdame solle vorsichtig in der Erziehung der Kinder und Jugendlichen sein und die Worte auch gegenüber dem Ehemann weise zu gebrauchen wissen. Sie solle aber auch die Rechnungsführung beherrschen und die Geschäfte des Mannes in seiner Abwesenheit führen können. Für die Pflege des Grundbesitzes müsse sie wissen, welche Arbeit in welcher Saison ausgeführt wird. Sie müsse die besten Märkte kennen, das Personal auswählen und am Morgen alle beizeiten zur Arbeit schicken. Sie dürfe auch nicht versäumen, von Zeit zu Zeit, in grobes Tuch gekleidet, persönlich Felder, Weiden und Vieh zu inspizieren.

Vorsichtiger als alle anderen sei die Witwe: Sie solle nicht weinen und klagen, sondern sich gegen Profitsüchtige, Anwälte und all jene verteidigen, die sich an ihrem Besitz zu bereichern suchen. Sie müsse, entgegen der bürgerlichen Gewohnheit, die die Frau über die Geschäfte des Mannes im dunkeln läßt, lernen, das Budget in fünf Teile zu teilen: zuerst die Almosen, dann die Ausgaben für den Haushalt, die Bezahlung von Dienern und Angestellten, Geschenke und als letztes, auch wenn die Autorin sie vernachlässigt, Juwelen und Kleider.

Anfang des 15. Jahrhunderts hatten sich die zu Zeiten Ludwigs des Heiligen formulierten frauenfeindlichen Tendenzen weiter verfestigt. 1245 wurde der *Rosenroman* von Guillaume de Lorris veröffentlicht, der der idealen Frau gewidmet war, die darin mit einer durftenden, unzugänglichen Rose verglichen wird. Später setzte Jean de Meung das Werk fort. In 18.000 Versen, voll von Abstraktionen und bemühten Allegorien, wird die Frau als von Natur aus heimtückisches Geschöpf beschrieben.

Frauenfeindlichkeit fand nicht nur in der Kirche und in volkstümlichen Satiren statt. Jean de Meung vertrat die Position der Universitäten. Am Ende des 14. Jahrhunderts war der *Rosenroman* weithin bekannt. Die wenigen Frauen, die ihre Bildung zu vertiefen suchten, sahen sich indes in Deutschland, Polen, Frankreich und Italien von den Universitäten vertrieben, die nun anstelle der alten Abteien über das Studienmonopol verfügten.

An eben diese geschlossene Universitätswelt in Paris, dem Zentrum des theologischen Wissens, richtet Christine das *Epistre au dieu d'Amours*, in der sie das Gute im Wesen der Frau verteidigte: Frauen dürften nicht nach den Fehlern einzelner oder nach dem Geschwätz der Männer beurteilt werden, die bei Hofe oder im Wirtshaus mit ihren Eroberungen prahlten.

In Paris begann eine wüste Polemik. Die Akademiker erregte es, daß eine Frau es wagte, ihre Ideen schriftlich niederzulegen, ja überhaupt welche zu haben.

1404 bestellte sie der Onkel des Königs, Philipp der Kühne, in den Louvre. Er öffnete ihr die bekannte Bibliothek mit dem offiziellen Auftrag, die Biographie jenes Herrschers zu schreiben, der sie einst als Kind in Paris empfangen hatte, Karl V. Für Christine erfüllte sich damit ein Traum. Nach vier Monaten vollendete sie den ersten Band. Am Morgen, als sie ihn überbringen und den vereinbarten Lohn dafür in Empfang nehmen wollte, hörte sie einen Herold den Tod von Philipp dem Kühnen ausrufen.

Und wieder stand sie mit ihrer Kunst allein. Als 1418 die Engländer, die Frankreich seit fast hundert Jahren belagerten, Rouen besetzten, zog sich Christine in das Kloster zurück, in dem auch ihre Tochter den Schleier genommen hatte.

Nach Jahren erhielt sie dort eine unerwartete Nachricht: Im Mai 1429 hatte sich ein Bauernmädchen nach strengen Untersuchungen durch die Kirche und die Universität von Poitiers an die Spitze der Armee des Königs gesetzt, Orléans befreit und den Dauphin Karl VII. zur Krönung nach Reims geführt. In den 448 Versen der *Ditié*, ihrem letzten Werk, feierte Christine den Triumph der Jeanne d'Arc als Sieg des Mutes und der Tugenden der Frauen. Der Tod ersparte ihr, ihre Heldin auf dem Scheiterhaufen der Engländer verbrannt zu sehen, nach dem Willen der Inquisitoren und mit Zustimmung der Universität von Paris.

Ihr Leben lang hatte Christine die Frauen aller gesellschaftlichen Schichten vergeblich aufgefordert, das eigene Leben in die Hand zu nehmen, sich zu verteidigen, wirtschaftliche Selbständigkeit und die Gleichberechtigung in der Ehe zu fordern. In der Bildung hatte sie den möglichen Weg zur Emanzipation aufgezeigt. Jahrhundertelang blieb ihre Stimme ungehört. Derweil in Frankreich, Italien und den Niederlanden die Bürgersfrauen in Gemeindeschulen oder Klöstern aufs nötigste in Hauswirtschaft und im Katechismus geschult wurden.

Industrielle und Händlerinnen im Norden

In den später entstandenen Staaten Deutschlands behielten die Frauen zunächst eine bedeutendere Rolle. Sie waren einbezogen bei der wirtschaftlichen Entwicklung und wurden durch verschiedene Aspekte des Gewohnheitsrechts gefördert.

Köln rühmte sich Ende des 14. Jahrhunderts des gotischen Doms hoch über den Dächern und Türmen der Stadt. Er wurde erst Jahrhunderte später vollendet, der Bogen der Heiligen Könige aber war bereits errichtet. Er enthielt den goldenen Sarkophag, in dem sich die kostbaren Reliquien befanden, die man zur Zeit Barbarossas in Mailand gestohlen hatte. Die Stadt war das Ziel von Wallfahrten, außerdem Sitz des Erzbischofs und wirtschaftliches Zentrum, spezialisiert auf die Verarbeitung von Edelmetallen und Leinen, Barchent und Seide.

In den um 1379 verfaßten Zunftstatuten waren Frauen in allen einträglichen Berufen vertreten: Sie waren Spinnerinnen und Stoffbearbeiterinnen, wofür eine vierjährige Lehrzeit absolviert werden mußte. Der Witwer durfte den Beruf der Ehefrau weiter ausüben, solange er keine Frau außerhalb der Zunft heiratete. Von den fünfzehn Unternehmen, die Mitte des 15. Jahrhunderts von der Stadt Räder mieteten, um Garn zu zwirnen, wurden fünf von Frauen geführt. Es gab Seidenstickerinnen und 116 Unternehmerinnen, die eine Spinnerei leiteten und bis zu vier Lehrmädchen ausbildeten. Zwei von ihnen waren verheiratet mit Rohseidenimporteuren und wechselten sich mit dem Ehemann in der Führung der Zunft ab. Unter den Goldschmieden, die für halb Europa die Gold- und Silberblätter herstellten, die zum Schmuck für bemalte Tische, Altare und Bücher verwandt wurden, lag das Monopol für die Fäden, mit denen man die Paramente stickte, fast ausschließlich bei Frauen. Es erstaunte niemand, als eine Dame 1500 sogar die Hofgoldschmiedin Kaiser Maximilians wurde.

Im Zentrum der Wirtschaft Nordeuropas lagen die Hansestädte. Die Hanse, als Fernhandelsunternehmen entstanden, wurde bald zu einem politischen Mittel der Großhändler, die europäische Märkte mit Rußland und Skandinavien verbanden, von wo Holz, Leder, Getreide und vor allem das schwedische Eisen importiert wurden.

Lübeck wurde von der hanseatischen Liga an der Ostsee gegründet, um den Salzhandel Lüneburgs im Austausch gegen skandinavischen Stockfisch und Pelze zu kontrollieren. Dort baute man die robusten Koggen, die selbst unter ungünstigsten Bedingungen dem Meer standhielten und bis nach Nowgorod gelangten. Auf der Insel zwischen den Kanälen nahmen der Stadtkern, der Dom mit den mächtigen Türmen und der Marktplatz Form an. Zwischen den hohen Backsteinhäusern wurde 1268 das Heiliggeistkrankenhaus errichtet, das größte jener Zeit. Seit 1226 gewährte Kaiser Friedrich II. der Stadt das Recht, mit England zu handeln, ohne Zoll an Köln zu zahlen, das dieses Monopol für sich beanspruchte. Die Stadt entwickelte sich: Die Steuerregister geben an, daß im Jahr 1368 680 Schiffe 912 Reisen von Lübeck aus unternahmen und 863 dort landeten.

Zwischen 1286 und 1301 wurde die Wirtschaft Lübecks maßgeblich von einer Frau gestützt: Gertrude Morneweg. Nach dem Tod ihres Mannes Bertram verfügte sie über ein Kapital von 14.500 Mark, die, als sie nach langen Handelsgeschäften in die Stadt zurückflossen, zu einem Zinssturz führten. Gertrude half eingesessenen Familien, die in Schwierigkeiten geraten waren. Sie bürgte für große Besitztümer. Die reiche Witwe finanzierte sogar die Stadt selbst, die mit den Umleitungsarbeiten des Flusses Wakenitz für die Betreibung von Getreidemühlen stark belastet war.

Das Gesetz erlaubte ihr, frei über ihr Kapital zu verfügen: Seit dem 13. Jahrhundert erkannte Lübeck die Gleichberechtigung zwischen Männern und Frauen bei Händlern an, wenn es um Eide, Verschuldung und Bankrott ging. Gertrude war kein Einzelfall: Es gab Reederinnen, die sogar in Schweden ihre Lager hatten. Andere schlossen sich zusammen, um im Einzelhandel tätig zu werden. Das gesellschaftliche Leben profitierte davon: Die Häuser wurden aus Stein gebaut, man genoß den Luxus von Fensterscheiben und einer Heizung im Wohnzimmer. Die Wände waren mit Fresken geschmückt, man leistete sich kostbares Geschirr und bemalte Möbel.

Schwäbisch Hall erfuhr aufgrund der Salzvorkommen und der Fruchtbarkeit der Felder einen einzigartigen Wohlstand. In einem Dokument von 1317 sind unter den Besitzern von Kesseln zur Salzgewinnung 39 Männer und 11 Frauen zu finden. Unter ihnen tat sich Uta Veldner hervor, deren Reichtum sich auf Häuser und Felder erstreckte. Sie erbot sich auch, das Kloster von Komburg vor dem Bankrott zu bewahren, verlangte dafür aber als Pfand vom Abt die reiche Bibliothek. Sie war nicht bereit, auch nur ein Buch zurückzugeben, für das keine Entschädigung gezahlt wurde, bis Kaiser Ludwig vermittelte.

Eine Generation später wurde in der Stadt Neuss, nahe Köln, Agnes von Hege, zweimal verwitwet, durch den Weinhandel vermögend. Sie kaufte Häuser und Land in der Umgebung, während in Regensburg Margarete Runtinger vortrefflich die Handelsunternehmen ihrer Familie im Namen ihres Mannes Matthias führte, der beschlossen hatte, sich ganz der Politik zu widmen. Von den familiären Verpflichtungen befreit, konnte Matthias erst Stadtkämmerer, dann Botschafter, Richter und Verwalter werden.

Regensburg war damals in Entfaltung begriffen und rühmte sich nicht nur des Domes, sondern auch einer der ersten Steinbrücken Deutschlands. Das Runtingerhaus, ein festungsähnlicher Palast am Fischmarkt, die 1367 erworbene Familienresidenz, gehörte zu den schönsten Gebäuden der Stadt. Der Turm zur Donau hin wurde mit einem vierstöckigen Gebäude erweitert. Das Erdgeschoß, ursprünglich ein offener Laubengang, wurde in Büros und Kammern für die Dienstboten umgebaut. Das erste Geschoß diente der Repräsentation, während die Familie in der zweiten Etage wohnte. In den beiden obersten Geschossen befanden sich die Lagerräume.

Das Runtingerunternehmen, das seinen Handel in Venedig, Prag, Wien und Frankfurt betrieb, kaufte Gewürze, Baumwolle und Seide und tauschte sie gegen Stoffe aus den Niederlanden und böhmisches Silber. Es verkaufte Stoffe und Wein im Einzelhandel und investierte den Gewinn in Häuser und Land. Gegen 6.000 Goldgulden bekam Matthias 1384 für zehn Jahre Salz- und Eisensteuer auf der Donau sowie die Festung Adelburg als Pfand vom Herzog von Bayern. Seine Frau wurde indes zu einer Expertin im Geldtauschgeschäft.

Im 14. Jahrhundert existierten in Europa öffentliche und private Schulen, die auf einen Händlerberuf vorbereiteten. Das Beispiel stammte aus Italien, wo man nach drei Jahren Grundschule eine Art Fachschule besuchte, in der man vor allem eines lernte: Rechnungsbücher zu führen. Der verbreitetste Text war das *Liber Abaci* von Fibonacci, das die Gewinnaufteilung unter den Teilhabern der Handelsgesellschaften und Tauschgeschäfte beschrieb.

Margarete Runtinger hatte keine Gelegenheit, eine solche Schule zu besuchen. Dennoch entwickelte sie ein passendes Buchführungssystem. Die Rechnungsbücher, für die sie verantwortlich war und die den Zeitraum von 1383 bis 1407 umfassen, listen die Zahlen nach Rubriken und chronologisch geordnet auf. So ist auf gegenüberliegenden Seiten der Vergleich zwischen Ausgaben und Einnahmen möglich. Die doppelte Buchführung wurde damals nur in Italien angewandt und fand in Europa erst durch das Traktat von Luca Pacioli von 1494 Verbreitung. Für Deutschland bedeutete die Buchführung der Runtinger, verglichen mit den einfachen Notizen, die bis dahin üblich gewesen waren, einen Fortschritt.

Der Geldwechsel stand den Frauen offen: In Paris war dies üblich, und 1368 gingen auch in Frankfurt sechs Frauen dieser Tätigkeit nach. Wie die »Goldwiegerin« von Jan Gossaert wog Margarete die Geldstücke auf einer Präzisionswaage und tauschte die verschiedenen Währungen. Wahrscheinlich handelte sie mit Edelmetallen. Für die Bezahlung mit Wechseln war sie ebenfalls zuständig: Sie bezahlte die Waren mit einem Kreditbrief, der gewöhnlich innerhalb von dreißig Tagen an einem anderen Ort in anderer Währung eingelöst werden konnte. Dieser Modus ermöglichte es, gleichzeitig ein Kreditgeschäft und einen Tauschhandel durchzuführen, indem man ein Handelsgeschäft finanzierte, ohne Bargeld einzusetzen. Die Geschicktesten verdienten dabei an den unterschiedlichen Wechselkursen an verschiedenen Orten.

Die Frauen, die in Köln einen Platz im gehobenen Handwerk einnahmen, waren auch beim Handel vertreten: Im 15. Jahrhundert erreichte ihr Anteil am Gewürzverkauf 20 %. Gegen Ende des Jahrhunderts war Cathringer Broelmann in der Gegend die zweitgrößte Importeurin von Eisen, ihr Umsatz erreichte 20 % des Gesamtumsatzes in diesem Bereich. Stina von Waveren, die auch mit Wein handelte, deckte mit dem Einzelhandelsverkauf von Tuch 18 % des Bedarfes der Stadt.

Untersuchungen zeigen, daß die Einnahmen der Frauen das Niveau der Familien hoben.

Das Kölner Bürgertum pflegte sein Gesellschaftsleben: Bei Festen und Empfängen trafen sich die Beamten und Notabeln im »langen Saal«, wo 1373 aus Anlaß der Ankunft des neuen Erzbischofs das Bankett der Ehefrauen der Ratsherren stattfand. 1437 reichte der Saal schon nicht mehr aus, und man mußte ein weiteres Gebäude für Feierlichkeiten errichten.

Die Mitgliedschaft von Frauen in den Ligen der deutschen Hanse zeigte Folgen bei der englischen Handelswelt. Die Londoner Hanse öffnete sich ebenfalls den Ehefrauen ihrer Mitglieder. Mitte des 15. Jahrhunderts erhielt Margery Haynes den Auftrag, die drei vom Ehemann gekauften Mühlen zu verwalten. Sie brachte es mit ihrer Tätigkeit bis zum Erwerb eines weiteren Hauses und eines Geschäfts. In Coventry, Bristol und London erscheinen in den Handelsregistern Witwen, die Rüstungen oder Wolle nach Spanien verkauften und Wein und Färbemittel nach Bordeaux und Flandern. 1427 gab Alice Chester 41 Sterling aus, um einen Kran am Hafen zu mieten, der das aus Spanien kommende Eisen ausladen sollte.

Die Ehefrauen der Mitglieder der vornehmen English Trading Company, der die Händler der wichtigsten Güter angehörten, begaben sich nach Calais, das 1400 noch in englischem Besitz war, um die Rechte ihrer Männer beim Ankauf von Wolle, Wein und Fellen geltend zu machen.

Die Präsenz von Frauen in der Welt des Handels setzte sich, wenngleich seltener, im 16. Jahrhundert fort: Um 1560 machte Barbara Uttmann, als ihr Mann in den Bergwerken von Annaberg in Sachsen Geld zu verlieren begann, mit der Mode jener Zeit ihr Geschäft: den Spitzen. Sie organisierte die Tätigkeit von 900 Arbeiterinnen und gab der Region Arbeit, waren Spitzen doch ein begehrtes Exportprodukt. Einige Jahrhunderte lebte das Handwerk im Erzgebirge davon. Barbara finanzierte überdies nach dem Tod ihres Mannes mit den Erträgen ihrer Betriebe auch die Überwachung der Bergwerke.

Eine außergewöhnliche Karriere vollzog ebenso Madeleine de Lartissat aus Avignon, die illegitime Tochter einer Medici. In der ersten Hälfte des

16. Jahrhunderts wurde sie vom Seefahrtsgeneral Bertran d'Ornezan zur »Handelsdirektorin für Ausrüstungen« im Dienste Friedrichs I. von Frankreich ernannt. Es existiert noch ein handgeschriebener Brief des Königs, der ihr am 22. August 1526 befiehlt, ein Schiff auszustatten, um es zur Verstärkung nach Neapel zu senden.

Madeleine de Lartissat bildete eine Ausnahme, weil die europäische Handelswelt nur Ehefrauen und Witwen offenstand. In Italien konnten zudem weder alleinstehende Frauen noch Ehefrauen oder Witwen in die Geschäfte eingreifen.

Die italienischen Großhändler interessierte vor allem, daß ihre Frauen viele Kinder bekamen, damit von den Söhnen wenigstens einer überlebte, der das Erbe antreten und Reichtum und Macht der Familie mehren konnte. Die flämischen, deutschen und englischen Händler öffneten ihren Frauen die Rechnungsbücher, gewährten ihnen Zugang zu den Lagern und versetzten sie so, wie einst die Feudalherren, in die Lage, sie zu ersetzen, wenn es notwendig war.

Lucrezia Tornabuoni: die Öffentlichkeitsarbeiterin der Medici

Lucrezia war sehr gebildet, sie zählte zu den angesehensten Dichtern ihrer Zeit. Ihre Schriften wurden anonym in zahlreichen Kopien verbreitet. Es waren mit die ersten gedruckten Werke in Italien. Lucrezia machte es sich zur Aufgabe, an der Seite ihres Mannes und später ihres Sohnes Lorenzo jenen Leuten Wohltaten zu erweisen, auf deren Arbeit der Reichtum der Handelselite aufbaute und die damals auf keine staatliche Fürsorge zurückgreifen konnten. Lorenzo verzeichnete, daß die Medici zwischen 1434 und 1471 für Almosen und Steuern die unglaubliche Summe von 663.775 Gulden ausgaben. In der Steuererklärung für 1480 hielt er fest, daß seine Mutter die Erträge aus den Besitzungen in Fiesole für wohltätige Zwecke verwandte.

Lucrezia kümmerte sich um Menschen, die wegen Schulden im Gefängnis saßen, um Mädchen, die verheiratet werden sollten, um Ehestreitigkeiten, um notleidende Witwen und Nonnenklöster. 1472 wandte sich die von den Türken entthronte Königin von Bosnien an sie, um ein Darlehen von der Bank der Medici in Rom zu erhalten. Zu ihr kamen intellektuelle Zeitgenossen wie Poliziano und Pulci. Der Notar Francesco Dovizi bat sie um Beihilfen. Er war der Vater des späteren Kardinals Bernardo, einer der wichtigsten Ratgeber Lucrezias in religiösen Fragen.

Lucrezia war sich ihrer Herkunft und ihrer persönlichen Spielräume bewußt. Sie befleißigte sich dennoch eines eher bürgerlichen denn fürstlichen Stils.

Der Palast in der Via Laga, einer der schönsten der Renaissance, barg viele Schätze, darunter seltene Handschriften. Das alltägliche Leben gestaltete sich einfach und familiär. In ihren Häusern empfing Lucrezia Marsilio Ficino, Pico della Mirandola, Sandro Botticelli, den sie liebte wie einen Sohn, und Benozzo Gozzoli, von dem die Gemälde in der Kapelle des Palazzo Medici stammen. Für teure Lebensmittel gab sie kaum Geld aus. Die Produkte ihrer Landgüter reichten ihr, ebenso wie die typischen Gerichte der toskanischen Küche.

Empfing man in Florenz illustre Gäste, wie 1471 Galeazzo Maria Sforza und seine Frau Bona von Savoyen oder Eleonore von Aragon, die 1473 Herzog Ercole d'Este heiratete, gab Lucrezia fürstliche Empfänge, die an den europäischen Höfen für Gesprächsstoff sorgten. Mit ihren Kindern besuchte sie Feste und Maskenbälle, nahm an Jagden und Turnieren der Florentiner Gesellschaft teil.

Frühere Historiker haben Lucrezia zur grauen Eminenz stilisiert. Sie kümmerte sich um die Besitztümer der Familie, nicht aber um die Bank der Medici, deren Bedeutung in jenen Jahren schwand. Der Wohlstand der Familie gründete auf Immobilien- und Landbesitz. Lucrezia verwaltete die Landgüter, die eine sichere Investition waren und beachtliche Einkünfte brachten. In Pisa und Florenz verantwortete sie Wohnhäuser und Werkstätten, zu denen auch die Gebäude auf der Ponte Vecchio gehörten.

Die ungeheure Geldmenge, über die Lucrezia verfügte und die sie zu großen Teilen in Hilfswerke investierte, schuf um sie ein Netz von Dankbaren, das für die Popularität der Medici sorgte. Lucrezia tat viel für den Ruf der Familie. Und so reiste sie 1468 nach Rom, um für Lorenzo eine Frau auszuwählen, Clarice Orsini. Diese Verbindung zum römischen Adel hob die Medici in die Reihe der bedeutendsten Familien Europas. Als aber 1478 während einer Messe in der Kirche Santa Croce ihr geliebter Sohn Galiano von Verschwörern getötet wurde und Lorenzo ihnen nur knapp entkam, zog Lucrezia sich zurück. Sie übergab die Wohltätigkeits- und Repräsentationspflichten ihrer Schwiegertochter Clarice und starb vier Jahre später.

Der Kampf der Alessandra Strozzi

Zu der Zeit, da Lucrezia als junge Ehefrau im Hause Medici wirkte und allmählich die Sympathien des Volkes gewann, lebte eine weitere außergewöhnliche Frau in Florenz, die die Ereignisse verfolgte und das Vermögen ihrer Familie verwaltete: Alessandra Macinghi, Witwe von Matteo Strozzi, deren Söhne gemeinsam mit anderen Vertretern der Oligarchie 1434 vertrieben wurden, weil sie versucht hatten, Cosimo Medici zu entmachten.

Alessandra Strozzi stand Lucrezia als Gegnerin gegenüber. In 73 Briefen (im Staatsarchiv von Florenz aufbewahrt und 1877 veröffentlicht) informierte sie zwischen 1447 und 1470 ihre Söhne über ihre Bemühungen, das Haus der Familie zu erhalten, wie über ihren Kampf, damit die Ausweisung zurückgenommen wurde. Die Welt Lucrezias war Alessandra fern. In den ersten Jahren quälten sie große wirtschaftliche Probleme: Die zu leistenden Abgaben lasteten schwer. Unaufhörlich lag Alessandra mit den zuständigen Stellen im Streit. Im Laufe der Jahre mußte sie Stück für Stück Landgüter und Weinberge verkaufen.

Sie stand dann vor der schwierigen Aufgabe, ihre Töchter mit angesehenen Familien zu verheiraten. Denn an der Hoffnung, daß ihre Söhne eines Tages zurückkehrten und auch den einstigen Glanz der Familie zurückbrächten, hielt sie fest. Caterina verlobte sich sechzehnjährig, und Alessandra tat alles, um die Aussteuer der Tochter aufzutreiben. Am 24. August 1447 informierte sie ihren Erstgeborenen Filippo, daß sie der Tochter neben der Aussteuer 1.000 Gulden als Mitgift gegeben habe. 500 hatte sie ihr von dem Geld vorgeschossen, das sie in drei Jahren von der Mitgiftversicherung erhielt.

Im August 1449 überzeugte Alessandra den Schwiegersohn, die restliche Mitgift Caterinas für 12 Gulden zu versichern, weil die Tochter schwanger war und bei der Entbindung sterben konnte.

Der Tod war in Alessandras Briefen stets gegenwärtig: Es waren die Jahre der Pest. Verluste von Freunden trug sie mit christlicher Ergebenheit. Als aber Bauern auf ihrem Besitz betroffen waren, galt ihr erster Gedanke den Gulden, die ihr jene noch schuldeten.

Die Mentalität der Alessandra Strozzi spiegelte die Welt jener Händler, wie sie auch die Briefe anderer Geschäftsleute andeuten: der Glaube an den Besitz, das Interesse an Politik im Hinblick auf den Gewinn, den man daraus ziehen könnte, die Sorge um Hab und Gut, der leidenschaftlich betriebene Verkauf, der materialistische Ehehandel. Daneben existierte das Bedürfnis nach einem Gott und seinem Schutz, das Bewußtsein um die Vergänglichkeit aller irdischen Güter und das Festhalten an der Familienehre.

Am Ende schlug sich Alessandra auf die Seite der Medici. Sie akzeptierte deren Macht, wenngleich sie die Ursache ihres Unglücks war.

Um ihre Einnahmen zu erhöhen, gründete Alessandra einen kleinen Leinenhandel. Den Stoff erhielt sie aus Neapel. Sie bleichte ihn, bevor sie ihn in Florenz verkaufte. Im selben Jahr, 1465, schenkte sie einen größeren Geldbetrag Lucrezia Tornabuoni, um sich ihr anzudienen. Ihre Strategie war erfolgreich: Ein Jahr später hob ein Dekret der Machthaber die Verbannung der Strozzis auf, die Söhne konnten zurückkehren.

Die letzten Briefe berichten von Turnieren und Florentiner Festen. Die Stadt prosperierte, und die Bank Strozzi, mit Filialen in Avignon, Barcelona und Brügge, erlebte einen raschen Aufstieg. Für Alessandra waren die schweren Zeiten vorbei.

Mit einer Autorität, die anderen Frauen in Florenz nicht zueigen war, beriet sie ihre Söhne bei der Einstellung von Mitarbeitern und beschloß selbst, Land zu kaufen oder Geld in Pfandleihen zu investieren. Sie führte die Bücher über Einnahmen und Ausgaben und verlor keinen Gläubiger aus den Augen.

Die letzte Sache, der sich Alessandra mehrere Jahre widmete, bestand darin, eine Frau für Filippo zu finden. Sie wählte die schöne Fiammetta Adimari aus und forderte ihren Sohn auf, sie mit Perlen zu schmücken, die als die beste Investition für einen Bankier galten.

Kapitalanlagen in Genua und Venedig

Im 15. Jahrhundert erhoben sich in Venedig die prächtigen Paläste am Canale Grande. Die Empfangssalons öffneten sich über dem Wasser. Von der Straße betrat man das Haus über einen Hof oder eine Vorhalle. Die Zimmer wurden mit Lampen aus Muranoglas beleuchtet. Die Böden enthielten Mosaiken im orientalischen Stil. In der Mitte der Säle standen die ersten Sessel und große, quadratische Tische.

Aus dieser Zeit stammte das Vermögen der Händlerfamilie Barbarigo, die kretischen Ursprungs war. Den Rechnungsbüchern im Archiv von Venedig zufolge, machte Stammvater Nicolò Bankrott einer Strafe von 10.000 Dukaten wegen, die ihm auferlegt wurde, weil er einem sinkenden Schiff nicht zu Hilfe geeilt war. Sein Sohn Andrea begann 1418 als Achtzehnjähriger mit 200 Dukaten, die ihm seine Mutter Christine gab, von vorn. Der Sohn reiste viel und studierte Rechnungsführung und Handelsbräuche. Die Mutter vermietete einen Teil des Palastes und beschränkte die Haushaltshilfe auf einen Sklaven. Sie verkaufte auch die Staatspapiere, damit Andrea den Handel ausweiten konnte.

Die Geschäfte liefen gut, nicht zuletzt mit Unterstützung der Familie Cappello: Andrea legte in seinen Geschäften das Geld an, das ihm die Hausherrin, ihre Schwester und ihre Tochter gaben. 1439 vertiefte man die Beziehung. Andrea heiratete die jüngere Tochter, die eine Mitgift von 4.000 Dukaten in die Ehe brachte. Sie hatte allerdings die intelligente Eigenschaft, eigene Rechnungsbücher zu führen.

Als Andrea Barbarigo 1449 starb, hatte er einen Umsatz von 10.000 Dukaten erzielt, während ein Zimmermann 48 Dukaten im Jahr verdiente. Die Witwe zog einen Teil des Geldes aus den Handelsinvestitionen und kaufte sich für 1.400 Dukaten ein neues Wohnhaus. Den anderen Besitz überließ sie ihrem Sohn Nicolò und den Enkeln, denen das Kapital der Familie eine politische Karriere ermöglichte.

Seit dem 12. Jahrhundert gewährten Frauen Darlehen, unterzeichneten Kaufverträge oder besaßen Vollmachten für die Konten der in der Welt umherreisenden Gatten. So gründeten am 13. Oktober 1373 Eliana Crescimben und Caterina Zonco eine Firma, um Parfüm herzustellen. Am 4. Januar 1442 eröffnete Caterina di San Canciano gemeinsam mit Bartolomeo Balbi ein Unternehmen für Seidenspinnerei.

Kommerziell interessant war in Venedig die Konstruktion sogenannter Brüderschaften, bei der eine Gruppe von Personen, meist Verwandte, einem Händler ihr Geld anvertraute und einen Gewinn daraus zog, der proportional zu den Einnahmen des Unternehmens stand. So taten es die Frauen der Familie Cappello, die bei dem Händler Andrea Barbarigo investierten. Für Witwen war dies eine nicht unübliche Art der Geldanlage.

Die Situation in Genua zeigt die tragende Rolle des Kapitals von Frauen für den Warenumsatz der Stadt, die seit der Schlacht von Meloria 1284, in der sie die Flotte Pisas vernichtete, über das Tyrrhenische Meer herrschte. Genua, eingeschlossen zwischen Bergen und Meer, hatte schon im 15. Jahrhundert große Probleme, seine fast 100.000 Einwohner unterzubringen. Die Feudalherren der Region rechneten mit den Erträgen der terrassenförmigen Felder, die bewässert und mit wertvollen Kulturen bepflanzt wurden, während die Stadt, die über keine entsprechenden Ressourcen verfügte, vom Seehandel und den Seidenmanufakturen lebte. Dank dem

Fleiß der Einwohner und ausgeklügelter Finanzoperationen, die in anderen Ländern erst viel später angewendet wurden, führte man kein schlechtes Leben.

Das Stadtbild wurde vom Clandenken bestimmt. Die Aristokratie tat sich in Vereinigungen zusammen, den *Alberghi*, deren Häuser und Paläste mit Türmen bewehrte Ansiedlungen bildeten, in deren Zentrum die Familienkirche, eine Halle und ein Versammlungsplatz standen. Sie konnten im Notfall auf Heere zählen. Ihre mit schwarzem und weißem Marmor verzierten, an Bögen und kleinen Laubengängen reichen Häuser sind noch heute zu bewundern.

Auch Händler und Bankiers aus dem Bürgertum waren in *Alberghi* zusammengeschlossen. Sie lebten in hohen, engen Häusern in der Nähe des Hafens.

Im Erdgeschoß herrschte reges Treiben. Hier befanden sich Werkstätten und kleine Läden. Die dort Arbeitenden wohnten in erstickend engen Halbgeschossen über den Geschäften. Frauen besaßen zwar weder politisches Gewicht noch eigene Organisationen, hatten aber volles Erbrecht. Ihre Mitgift machte nicht selten die Hälfte des Kapitals zur Geschäftsgründung aus. Die Familie konzentrierte sich aus Platzgründen oft auf die engsten Verwandten. Die Brüder der Handwerker wurden deshalb in andere Berufszweige entsandt.

Die Frauen der Aristokratie erhielten ihre Mitgift in Geld, Waren oder Immobilien. Gab es keine Brüder, erbten die Töchter bis auf ein großzügiges Legat für die Witwe den Besitz. Paolo Usodimare, der Genua 1343 in Geschäften verließ, setzte gemeinsam mit seiner Frau ein Testament zugunsten des jeweils anderen auf, das auch die Tochter als Erbin vorsah.

Protektionismus sorgte auch in Genua dafür, daß das Kapital nicht verteilt wurde. Dem entsprang bald die Tradition, den Töchtern einen Ehemann zu suchen, der aus demselben *Albergo* stammte. Die Bedeutung der Angetrauten in der neuen Familie richtete sich nach ihrem Geld und ihrer Herkunft. Die Grimaldi aus Oliva statteten jede ihrer Töchter mit dem enormen Betrag von 4.500 Dukaten aus. Die Grimaldi aus Monaco hingegen, immer an der Grenze zwischen Seehandel und Piraterie, legten fest, daß im Todesfall der Söhne das Erbe an die Töchter fiel, wenn diese ein Mitglied des *Albergo* heirateten, das bereit war, den Nachnamen Grimaldi zu tragen. Die Bedingungen gingen noch weiter: Unter den Töchtern von Nicola Grimaldi durfte sich Violante nur einen Ehemann nehmen, der in ihren *Albergo* eintrat. Als dieser es dann 1439 wagte, ein Testament zugunsten seines Bruders zu machen, ließ Violante es auf ihren Namen umschreiben. Lanfranco Grimaldi, der Glaudina, die Erbin des Fürstentums Monaco, heiratete, konnte nichts ohne seine Schwiegermutter entscheiden.

In Ligurien floß das Kapital der Frauen in die wirtschaftlichen Aktivitäten der Städte. Dafür sorgte das einzige öffentliche Kreditinstitut, das damals in Italien existierte: die San-Giorgio-Bank, deren beeindruckender Renaissancebau noch immer über dem Hafen thront.

Die zahlreichen Privatbanken in Europa waren nur ein Instrument für wirtschaftliche Operationen. Sie ersetzten auf der Grundlage von Kreditbriefen und Wechseln den Bargeldverkehr. Um in den Genuß entsprechender Leistungen zu kommen, eröffnete man ein Konto mit einer Mindestsumme. Die Bankiers gaben weder Garantien noch Zinsen, geschweige denn eine Gewinnbeteiligung. Die San-Giorgio-Bank war jedoch als Einrichtung geschaffen, um die Schulden der Stadt zu regeln. Sie gehörte den Gläubigern, die in einer Gesellschaft zusammengeschlossen waren und von acht Bevollmächtigten vertreten wurden, die zwischen Gemeinde und Privatpersonen vermittelten.

Die Anleger erwarben zum Nennwert von hundert Lire Anteile an der Bank, die in einem Register verzeichnet wurden und jedes Jahr im Mai etwa 7 % Zinsen einbrachten. Aus den Banklisten ist zu ersehen, daß das Familienoberhaupt oft die Mitgift für die Tochter in Anlagen investierte und diese bis zur Hochzeit hielt. In der Zwischenzeit bekam er Zinsen, die nicht als Bargeld ausgezahlt wurden, sondern als ein Wertpapier, das sich nach dem Vermögen der Gemeinde richtete. Diese Dokumente wurden beim Handel innerhalb der Stadt oft verwendet.

Im Bankregister finden sich aber auch ausländische Geschäftsleute und Adlige mit ihren Frauen als Anleger: Die Borromeo hatten ein Guthaben von 60 bis 70.000 Lire, Teile davon gehörten der Frau und den Kindern.

Die Spekulanten Genuas bevorzugten riskantere, aber gewinnbringendere Investitionen. Nicht so ihre Frauen, die häufig bei Bankgeschäften auftraten. Um 1460 erscheinen in den Registern 56 Frauen und nur 30 Männer, 34 Frauen im Verhältnis zu 14 Männern bei einer anderen Bank. Das Familienoberhaupt zeichnete gewöhnlich für 1.000 Lire und stellte weitere 6.000 bis 10.000 seiner Frau und 2 bis 3.000 jeder Tochter zur Verfügung. So erfährt man, daß es den Frauen einiger Familien an Bargeld fehlte. Teodora, Markgräfin von Lizorio, besaß kaum noch hundert Lire auf dem Konto, nicht viel weniger als Binanchina, Marquise von Saluzzo, die 400 eingezahlt hatte. In jenem Jahrhundert war der Feudaladel im

Vergleich zur städtischen Aristokratie, die vom Handel lebte, bereits verarmt.

Die San-Giorgio-Bank steckte das Kapital in das einträgliche Salzmonopol und in die Überseekolonien. Sie finanzierte Schiffsexpeditionen und hatte das Privileg auf die Zolleinnahmen, für die regelmäßig ihre Wertpapiere ausgezahlt wurden, die den Geldumlauf so schlossen. Die Bank übernahm aber auch soziale Aufgaben: Schenkungen von Privatpersonen mit entsprechenden Zinsen wurden zur Finanzierung barmherziger Werke, zum Bau von Hospizen und Kapellen und für die Mitgift von Mädchen aus verarmten Familien eingesetzt.

Unter den Frauen Genuas, die über ihr Kapital frei verfügten, gab es Damen, die bereit waren, für einen größeren Gewinn, als ihn die San-Giorgio-Bank bot, Risiken einzugehen. Sie stellten beispielsweise ihre Bankanteile einem Händler zur Verfügung, der mit den Wertschwankungen spekulierte und, wenn er den richtigen Moment für Kauf und Verkauf traf, die Erträge steigerte. Sie konnten auch einer Gesellschaft beitreten, die das Kapital mehrerer Personen vereinigte und Handelsunternehmen finanzierte, deren Profit, proportional zum Risiko, oft 100 % erreichte. Versicherungen schützten vor unvorhersehbaren Ereignissen. Die Versicherungsprämie betrug 2 % vom Wert eines Schiffes und der Ladung für eine einfache Reise nach Mallorca bzw. 19–20 % für Fahrten in den Meeren des Orients, wo Piraten eine Gefahr darstellten.

Als die Damen des Genueser Adels 1302 erfuhren, daß ein Vorstoß der Mongolen das christliche Reich von Acre gestürzt hatte, beschlossen sie angesichts der Bedeutung des Orienthandels, einen privaten Kreuzzug zu unternehmen. Sie verkauften Juwelen und kostbare Stoffe, um ihn zu finanzieren. Offensichtlich hatten sie bereits Schiffe ausgerüstet und Kapitäne angeheuert, als Papst Bonifatius VIII., der vier Jahre zuvor die Klausur für Nonnen verfügt hatte, einen Kreuzzug von Frauen verbot, der überdies eindeutig kommerzielle Ziele verfolgte.

Der Verdrängungsprozeß von Frauen

Von den Damen Genuas wurde keine persönlich als Bankier aktiv. Im 14. Jahrhundert waren die Finanztechniken weit fortgeschritten. Die Gemeinde und die San-Giorgio-Bank wandten zwei Jahrhunderte vor Nordeuropa die doppelte Buchführung an, das heißt, sie führten ein Generalregister, in dem jeder Posten als Einnahme und als Ausgabe aufgeführt wurde. Am Ende mußte die Gesamtsumme von Soll und Haben übereinstimmen und die Ergebnisse zusammenfassen. Ein Wissen, das man am Ausgang des Mittelalters – wie so vieles andere auch – nicht an Frauen weitergeben wollte. Selbst die Ehefrauen und Witwen im Norden, die erfolgreich das Familienunternehmen voranbrachten, konnten gegen Gesetz, Religion und Tradition nichts ausrichten, wenn sie die Töchter auf eine wirtschaftliche Macht vorbereiteten, weil diese ihnen nur in Ausnahmefällen zugestanden wurde.

Schließlich legte auch der Protestantismus fest, daß der Platz der Ehefrau am heimischen Herd sei: »Eine gläubige und gottergebene Frau«, schrieb Luther, »ist eine seltene Gabe: Sie... fertigt das Leinen und die Wolle und arbeitet gern mit den eigenen Händen, sie verdient sich das Leben im Haus und ist wie das Schiff eines Geschäftsmannes, das Güter und Waren aus fernen Ländern bringt. Früh am Morgen steht sie auf... Auch nachts erlischt ihr Fleiß nicht. Ordnung und Mühe sind ihre Zier.«

Die Vormundschaft, die die Frauen in den italienischen Gemeinden entrechtete und in Traktaten ihre Begründung fand, die Frauen als labile, zur Sünde neigende Geschöpfe beschrieben, verbreitete sich zwischen dem 14. und 15. Jahrhundert in ganz Europa. Diese Entwicklung war verwurzelt in der hierarchischen Struktur der Monarchie und den sozioökonomischen Interessen des Bürgertums.

1492 verbot man in Amsterdam Frauen, ein Geschäft zu führen, mit Ausnahme des Kleinhandels und der Betreuung von Herbergen. 1467 wurden in Frankreich die Frauen aus den 61 Zünften verjagt, die vom Staat kontrolliert wurden. Sie durften fortan nur als Arbeiterinnen oder Trödlerinnen ihr Geld verdienen, denen jede Form des Zusammenschlusses verboten war. 1593, als das französische Bürgertum Finanzen und Justiz fest in der Hand hatte und die Adligen als königliche Beamte fungierten, entließ ein Dekret des Parlamentes von Paris die Frauen der Aristokratie aus allen staatlichen Aufgaben. Die Erlaubnis zur Verwaltung der Besitztümer in Abwesenheit des Mannes, die Ehefrauen bis zum Ende des 15. Jahrhunderts besaßen, bedurfte nicht mehr einer einfachen Formalität. Alle juristischen Akte, die eine Frau ohne Genehmigung des Ehemannes oder Vormundes vollzog, wurden für nichtig erklärt.

Auch in Deutschland ging im 16. Jahrhundert die Kontrolle des Besitzes immer mehr an den Ehemann. In England untersagte eine königliche Order angesichts einer Krise der Textilindustrie die Beschäftigung von

Frauen in den Fabriken, damit den Männern nicht die Arbeit weggenommen würde.

Derartige Vorfälle wiederholten sich. Christine de Pizan hatte es vorausgesehen.

John Knox, ein Protestant, der 1557 eine glühende Schmähschrift gegen die katholische Königin Maria verfaßte, bereitete den englischen Schreibern frauenfeindlicher Traktate den Weg. 1558 bestieg Elisabeth den Thron, die Tochter von Anna Boleyn und Protestantin von der Erziehung her, aus der Notwendigkeit, die Krone zu legitimieren. Knox, obwohl irritiert, bekräftigte, daß es nicht Gottes Wunsch sein kann, wenn Frauen regieren. Er machte sich zum Sprachrohr einer öffentlichen Meinung, die besagte, daß der Schöpfer in seiner unendlichen Güte Elisabeth als Ausnahme betrachte.

Kapitel VIII
Ein Jahrhundert der Herrscherinnen

Isabella von Kastilien

Nach zehnmonatiger Belagerung öffneten sich am Morgen des 2. Januar 1492 die Tore von Granada, der letzten arabischen Hochburg auf der iberischen Halbinsel. Die Spanier ritten zur Alhambra und nahmen die königliche Residenz in Besitz. König Ferdinand und Königin Isabella warteten, vom Heer umgeben, in der Ebene. Sie sahen, wie sich das große Silberkreuz aufrichtete und die Standarten Kastiliens und Aragons an den Türmen emporstiegen, während der arabische Halbmond sank. Der maurische König zog dem Exil entgegen.

So endete der letzte Kreuzzug der Herrscher des Mittelalters. Die Araber hatten eine hohe Kultur ins Land gebracht, herrliche Gebäude errichtet und Gemüse, Oliven und Orangen angebaut. Es wurde jedoch zu ihrem Schicksal, daß sich das Nationalgefühl eines sich gerade formierenden Landes gegen ihre Religion richtete. Die Seele Spaniens war Isabella, die »Mutter Kastiliens«, die einen Thron bestieg, der ihr 1474 durch den Tod des Bruders unerwartet zugefallen war. Sie sollte die politischen, wirtschaftlichen und kulturellen Grundlagen des Landes schaffen.

Isabella, deren Wirkungskreis wenig erforscht wurde, war die erste einer Reihe von Königinnen und Fürstinnen, die vom Ende des 15. Jahrhunderts und das gesamte 16. Jahrhundert hindurch ihre Länder zukunftsweisend regierten.

Die Vereinigung Spaniens und die Atlantikpolitik

Schon mit dreizehn Jahren bewies Isabella Stärke, als sie sich weigerte, den König von Portugal zu heiraten, und ihre Sympathie für Ferdinand, den Erben Aragons, bezeugte. Aufgrund ihrer ausgeprägten Persönlichkeit und des nunmehr sicheren Erbes des mächtigsten Reiches der Halbinsel konnte sie sich am 19. Oktober 1469 mit dem Mann ihrer Wahl vermählen. Umsicht hatte sie bereits einige Monate zuvor beim Aufsetzen des Ehevertrages demonstriert. Weil in Kastilien auch Frauen den Thron besteigen durften, legte sie fest, daß Ferdinand nicht in die Innenpolitik des Landes eingreifen würde. Gemeinsam sollten die Herrscher die Pflichten der Justiz und der Diplomatie wahrnehmen und den Krieg gegen die Araber führen.

Im Gegensatz zum kulturellreichen Leben stand die Wirtschaft in Kastilien kurz vor dem Zusammenbruch: Hungersnöte und Epidemien peinigten das Land, die Inflation galoppierte: Mehr als fünfzig offizielle und viele illegale Münzereien prägten Geldstücke, die immer weniger Wert besaßen und zu einem steten Preisanstieg führten. Man kehrte deshalb phasenweise zum Naturalientauschhandel zurück.

Die junge Königin fand sich sogleich in einen Streit mit Portugal verwickelt, das Rechte auf ihren Thron anmeldete. Um den Krieg zu finanzieren, verlangte Isabella auf Vorschlag der Cortes, die zwar keine legislative Macht besaßen, aber die aktiven bürgerlichen Schichten der Städte vertraten, vom spanischen Klerus die Hälfte aller Schätze der Kirchen und Klöster, insgesamt 30 Millionen Silbermaravedis. Sie verpflichtete sich, das Geld innerhalb von drei Jahren zurückzuzahlen. Als die Gefahr gebannt war, widmete sie sich den ersten grundlegenden Wirtschaftsreformen, beschränkte die Anzahl der Münzen auf fünf und definierte den Wert der Geldstücke und ihre Stückelung, um den Handel mit dem Ausland zu fördern.

Isabella und Ferdinand, der 1479 zum König von Aragon gekrönt wurde, machten sich mit Barmherzigkeit und ihrem bescheidenen Lebensstil beliebt. Als die Cortes der Königin antrugen, zur restlosen Sanierung der Staatsfinanzen die illegalen Schenkungen von Lehen und Provinzen ihrer Vorgänger zurückzunehmen, stimmte Isabella zu.

Diese Maßnahme erwies sich als so wirkungsvoll, daß zu Beginn der zehn Kriegsjahre, die der Vertreibung der Araber dienten, die Staatskassen sechsmal größere Einnahmen hatten als zuvor. Die Ernennung öffentlicher Funktionäre führte zu einer effektiveren Verwaltung. Sie wurden nach ihren Verdiensten ausgewählt und in Schulen ausgebildet, die Isabella selbst gründete. Der neue Gesetzeskodex unterstützte ebenso den Wiederaufbau des Landes. Die *heilige Hermandad*, eine städtische Polizei, die im 12. Jahrhundert von Adel und Bürgern initiiert worden war, um das Räuberunwesen zu bekämpfen und Gerichtsprozessen vorzubeugen, wurde wieder in Kraft gesetzt.

Nun war das katholische Königspaar bereit für den letzten Kreuzzug gegen die Hochburgen der Araber in Andalusien. Die Reisfelder von Valencia, die Gärten in den kahlen Ebenen von Granada und Sevilla, das System von Wasserreservoirs wurden dabei mit zerstört.

Isabella und Ferdinand teilten sich die Aufgaben: Der König kümmerte sich um die Führung des Heeres und seine Frau um die Rekrutierung und Ausrüstung der Truppen. Zum ersten Mal in der europäischen Geschichte wurde ein Heer von einhunderttausend Männern aufgestellt. Es war eine Frau, die eine Vielzahl von Problemen lösen mußte, die allein die Versorgung einer solchen Menschenmenge aufwarf.

Zehn Jahre sah man die Königin auf ihrem weißen Pferd, manchmal schwanger, oft von einer kostbaren Rüstung geschützt, viel von ihren Kindern begleitet, zwischen dem Feldlager und den Städten pendeln, um Lebensmittel zu besorgen, die dann mit Maultierkarawanen zu den Truppen gebracht wurden. Dafür mußte sie bei den Bankiers von Barcelona und Valencia immer wieder Hypotheken auf die königlichen Besitzungen und die Kronjuwelen aufnehmen.

Ihr Können zeigte sie auch bei der Organisation der Artillerie. Die Erfindung des Schießpulvers und die Einführung der Feuerwaffen hatten die Kriegskunst mittlerweile revolutioniert. Die arabischen Städte bildeten – Adelshorsten gleich – uneinnehmbare Festungen auf Bergspitzen, die von Wäldern verdeckt wurden. Nur modernste Kanonen konnten Breschen in die Mauern schlagen. Das unzugängliche Gelände erforderte dafür erst mal Strategien.

Isabella kaufte von 100.000 Dukaten, die ihr der Papst aus den Einnahmen des Klerus gewährt hatte, Schießpulver in Sizilien und Flandern, Kanonen und leichte Waffen in Italien und Deutschland. Aus diesen Ländern ließ sie auch Militäringenieure kommen, um Waffen zu entwickeln, deren Herstellung sie dann kontrollierte, während Ferdinand die Truppen ausbildete. Nach kurzer Zeit verfügte das Heer über Mörser, Steinschleudern, Feldschlangen, Stein-, Eisen- und Bleikugeln und Mörsergranaten, die große Brände entzünden konnten.

Damit die Artillerie nach Malaga gebracht werden konnte, stellte Isabella tausende Arbeiter ein, die Straßen durch die Sierra bauten, Gräben füllten und Brücken errichteten. Gemeinsam mit dem Ingenieur Francesco Ramirez entwickelte sie Belagerungsmaschinen, Holztürme mit Treppen und Zugbrücken. Tunnel wurden gebaut. Gleichzeitig gründete sie die ersten Feldlazarette, in denen Ärzte und Apotheker arbeiteten, die sie aus ihrem Privatvermögen finanzierte.

Als Malaga 1487 fiel, betrat die Königin eine zerstörte Stadt. Die Bevölkerung war vom Hunger gezeichnet, wie die Christen von ihrer langen Gefangenschaft.

Als nächstes kam Baza, wo man zunächst den Winter überstehen mußte. Sechstausend Arbeiter fällten Wälder, um in vier Tagen eine Barackenstadt aufzubauen. Wieder transportierten Maultiere Kanonen und Getreide durch Berge und über Brücken. Im Dezember 1489 ergab sich auch Baza. Drei Jahre später, mit der Kapitulation Granadas, war die christliche Einheit der iberischen Halbinsel hergestellt.

Isabella und ihr Gemahl konnten sich nun friedlichen Aufgaben zuwenden. Spanien erblühte in Wohlstand. Der Experte Quintanilla und der Beichtvater der Königin entwickelten ein Steuersystem, das die Königs-, Feudal- und Staatsrechte, die Einziehung des Zehnt, Verkehrssteuern, Zölle und Abgaben für Juden ordnete. Das Nationaleinkommen stieg von 885.000 Silbermünzen 1479 auf 25 Millionen 1504. 1497 waren die spanischen Finanzen derart solide, daß die hochgeschätzte Golddublone herausgegeben wurde. Landwirtschaft und Industrie florierten unter dem Schutz der Krone. Der Staat regulierte die Produktion von Zucker, Wein, Färbemitteln, Öl, Wachs und Leder, die in großem Umfang exportiert wurden.

Isabella förderte die Kultur, den Import von Büchern und die Errichtung von Druckereien. Da sie nicht zur Königin erzogen worden war, lernte sie Latein erst als Erwachsene. Beatrice de Galindo, genannt »la Latina«, hat es sie gelehrt. In der uralten Universität von Salamanca, die bis zu 7.000 Studenten hatte, erläuterte eine andere Frau, Lucia Medrano, die Klassiker. Die Königin stellte Mittel für die neuen Universitäten von Sevilla, Toledo, Granada und Alcalà zur Verfügung, wo Donna Francisca de Lebrija in Rhetorik unterrichtete.

Die Königin verpfändete ihre Juwelen, um als Privatperson gemeinsam mit dem Bankier Luis de Santangel ein Handelsgeschäft mit Genua und Florenz zu betreiben. Es hat sich für sie gelohnt. Acht Monate nach seiner Abreise, am 20. April 1493, kam Kolumbus nach Barcelona, wo sich der Hof aufhielt. In seinem pittoresken Gefolge befanden sich exotische Pflanzen, Papageien und mit Gold bedeckte »Indianer«.

Trotz massiver Anfeindungen konnte Kolumbus auch bei seinen folgenden Reisen immer auf die Unterstützung der Königin zählen. Im allgemeinen Goldrausch war sie die einzige, die sich um die Besiedelung des Landes kümmerte, das der neugeschaffene Indienrat der staatlichen Ausbeute vorbehielt. Isabella ließ die Schiffe, wie einst die Maultierkarawanen, mit Vorräten und Ausrüstungen ausstatten. Außerdem ergänzte sie die Schiffsbesatzungen um Handwerker, Zimmerleute und Maurer.

Erst im Juni 1500 entstand ein heftiger Streit zwischen der Königin und dem Seefahrer, als einige Schiffe dreihundert Indianer mit sich führten, die Kolumbus Spanien schenken wollte. Als Isabella entdeckte, daß diese nicht bekehrt, sondern in Andalusien als Sklaven gehandelt wurden, empörte sie sich. Sie befahl ihre sofortige Freilassung im ganzen Land und wachte über ihr Schicksal.

Später wurden die Indianer mörderisch ausgebeutet: In den spanischen Überseegebieten schürfte man in kurzer Zeit 500.000 Unzen Gold (etwa 15.000 Kilogramm). Mit Perlen und dem Anbau von Zuckerrohr erzielte man ebenfalls enorme Gewinne.

Im November 1504 wurde Isabellas Leichnam von Medina del Campo nach Granada überführt. Ganz Spanien trauerte. Nach ihrem Tod wurden ihre politischen und ökonomischen Visionen, die die Nation begründet hatten, nicht weiterverfolgt. Nach der Eroberung des Königreiches Neapel durch Gonzales de Cordoba richtete Ferdinand seine Aufmerksamkeit vom Atlantik auf das Mittelmeer. Amerika wurde den Konquistadoren überlassen. Es verblutete in einem Völkermord und wurde seiner Edelmetalle beraubt, die wie ein Strom durch Spanien flossen.

Die Fürstinnen der Renaissance

1492, im Jahr der Entdeckung Amerikas, starb Lorenzo de' Medici il Magnifico. In nur wenigen Monaten löste sich das empfindliche Gleichgewicht, das seine Diplomatie zwischen den wichtigsten Staaten geschaffen hatte, die auf der Halbinsel entstanden waren: das Herzogtum Mailand, die Republiken Venedig und Florenz, der Vatikanstaat, das Königreich Neapel. Die italienischen Mächte erbaten unsinnigerweise ausländische Hilfe, um sich gegenseitig zu bekriegen.

Für ein halbes Jahrhundert war Italien das Schlachtfeld der Söldner im Dienst der französischen Könige: Karl VIII., Ludwig XII., Franz I., der sein Leben lang zu verhindern suchte, daß sein Land von den Herrschaftsgebieten Karls V. eingeschlossen wurde. Karl V., Erbe der väterlichen Krone der Habsburger und durch die Mutter Herrscher von Spanien, den Niederlanden und Westindien, befehligte die Landsknechte, die 1527, während der Herrschaft Clemens' VII., Rom belagerten und verwüsteten. 1559 brachte der Vertrag von Cateau-Cambrésis der Halbinsel den Frieden unter dem Joch Spaniens.

Diese politisch finstere Zeit, bestimmt von Kriegen und Kämpfen unter den mächtigen Familien, waren zugleich die Jahre der Renaissance. Raffael und Michelangelo machten Rom zum künstlerischen Zentrum der Halbinsel. Der Herzogspalast von Urbino, ein Werk Luciano Lauranas, wurde vollendet. Der Schauplatz der Dialoge des »Cortegiano« von Baldassare Castiglione war halb Festung, halb Schloß. Die Höfe wetteiferten miteinander im Glanz der Feste und im Reichtum der Kunstsammlungen.

Einer Theorie zufolge verfügen in Perioden wirtschaftlicher Verlangsamung die Reichen über große ungenutzte Geldmengen. Die Verfügbarkeit dieses Kapitals führt zu Verschwendung und begründet das Mäzenatentum.

Das Leben an den italienischen Höfen gestaltete sich einmalig prunkvoll. Förderinnen der kulturellen Vielfalt und der Kunst waren die Fürstinnen. Die berühmteste war Isabella d'Este, Tochter von Ercole I. und Frau Francesco Gonzagas von Mantua. Sie verkörperte das Frauenideal der Renaissance. Isabella reiste unermüdlich durch Italien, um zugunsten der Verwandten diplomatische Fäden zu spinnen und eine unvergleichliche Kunstsammlung anzulegen, die den Staat Mantua finanzierte, als sie ein Jahrhundert später verkauft wurde.

1474 in Ferrara geboren, als ihre Namensvetterin zur Königin von Kastilien gekrönt wurde, erhielt Isabella eine hervorragende Erziehung, studierte Latein. Sie erlebte, wie ihr Vater die kleine Stadt am Po in das erste städtische Zentrum Europas verwandelte.

Im Februar 1490 kam Isabella als Gemahlin Francesco Gonzagas nach Mantua. Ihre Mitgift bestand aus dreizehn verzierten Truhen und einer Wiege für den erstgeborenen Sohn. In der Stadt sprudelte bei ihrer Ankunft Wein aus den Brunnen, eine auf den Markgrafen Bonifatius zurückgehende Tradition.

Im Schloß verbrachte sie ihre ersten glücklichen Ehejahre. Bälle, Jagden und Pferderennen wechselten sich mit Theateraufführungen ab, die Isabella aus Ferrara importiert hatte. Die junge Markgräfin genoß die Gesellschaft ihrer Schwägerin Elisabetta, Herzogin von Urbino, und der Schwester Beatrice, der Gattin Ludwigs des Mauren.

Als der berühmte Artillerieexperte Alfonso d'Este 1502 Lucrezia Borgia heiratete, von der es hieß, sie sei die Tochter von Papst Alexander VI., mußte Isabella nach Ferrara zurückkehren, um die Festlichkeiten vorzubereiten.

Es waren die Jahre, in denen Cesare Borgia mit Waffen und Gift einen unsicheren Staat schuf. Isabella interessierte sich für die Verwaltung und vertrat den abwesenden Gatten bei der Regierung. Ihr Haus stand offen, um trotz der damit verbundenen Gefahr Flüchtlinge und Verfolgte aufzunehmen. Mehrmals verpfändete sie Schmuck für die Armenspeisung und die Errichtung von Krankenhäusern.

Während ihrer Reisen besuchte die Markgräfin die Lombardei. Dort waren Landwirtschaft und Industrie im Vergleich zu den anderen Staaten weit entwickelt. Sie begab sich nach Rom, Neapel und Venedig, um die Organisation der Arsenale zu studieren. Als sie als Witwe allein regierte, gründete sie in Mantua Werkstätten zur Herstellung von Damast, Samt und Atlas sowie eine Hutfabrik, die »dreitausend und mehr Knaben« Arbeit gab.

Ihren Kindern eröffnete Isabella glänzende Karrieren. Der Erstgeborene Raffaello verbrachte seine Kindheit am Hof von Papst Leo X. Er wurde ein Freund des französischen Königs Franz I. und war wie sein Vater und sein Onkel Alfonso d'Este ein tüchtiger Hauptmann. Sein jüngerer Bruder Ferrante wurde Gouverneur von Mailand. Der jüngste, Ercole, bestieg mit mütterlicher Unterstützung mit fünfzehn Jahren den Bischofsstuhl von Mantua.

Was Isabella von anderen Frauen der Renaissance unterschied, war ihr Verlangen nach Kunst. Langfristig erwies sich ihre Sammlung für Mantua als Investition. Schon in den ersten Ehejahren folgte sie einem Brauch, indem sie das Zimmer des Westturmes im Palast der Gonzaga in eine Galerie verwandeln ließ. 1498 kam die darunterliegende *Grotta* mit der Backsteindecke hinzu, die vor allem für Skulpturen bestimmt war.

Bei den berühmtesten Malern gab Isabella Gemälde in Auftrag, engte diese aber mit so vielen Anweisungen ein, daß einige – wie Giovanni Bellini – einen Auftrag ablehnten. Leonardo, der während eines kurzen Aufenthaltes in Mantua das Profil der Markgräfin gezeichnet hatte, ein Bild, das sich heute im Louvre befindet, war nicht bereit, für sie zu arbeiten.

Von Valentino erhielt Isabella eine Venus und einen Cupido von einem jungen Mann, der ihr vielversprechend erschien und Michelangelo hieß.

Der Einfall der Landsknechte überraschte Isabella 1527 in Rom. Sie wollte die Ausgrabungen besichtigen und Kunstwerke für ihre Sammlung zurücklegen lassen. Als die Horden plündernd und mordend in die ewige Stadt einfielen, öffnete die Markgräfin von Mantua großzügig ihre Tore für 2.200 Adlige und gab fünfzig Golddukaten aus, um den Palast zu befestigen und Soldaten zu verpflichten. Ihr Sohn Ferrante, der das kaiserliche Heer begleitete, kam im letzten Augenblick, als die Lebensmittelvorräte bereits aufgebraucht waren, um sie zu befreien. Er half ihr, gegen ein Lösegeld von 40.000 Dukaten die Unversehrtheit ihrer Schützlinge auszuhandeln. Umgeben von Truppen erreichte Isabella den Tiber, wo sie ein Schiff bestieg. In ihrem Gepäck befanden sich zahlreiche Antiquitäten. Im Tyrrhenischen Meer wurde sie von der Flotte Genuas begleitet. Sie erreichte das Land unversehrt, aber um ihren Schatz erleichtert.

In Mantua benötigte Isabella dennoch mittlerweile eine größere Behausung. Sie erwarb die Bilder des damals modernsten Malers, Antonio Allegro, Correggio genannt, und zwei Tizians, die zu den Perlen ihrer Sammlung gehörten. Weniger als ein Jahrhundert nach ihrem Tod, um 1629, verkaufte Carlo Gonzaga, Herzog von Nevers, Teile ihrer Schätze, um Schulden in Frankreich und England zu begleichen. Der Rest ging bei der Plünderung Mantuas 1630 verloren.

Katharina von Medici

Es gibt Historiker, die fasziniert sind von Frauengestalten wie Isabella d'Este und Caterina Cornaro, der einstigen Regentin Zyperns. Sie leiten von ihnen die Vermutung ab, Frauen hätten während der Renaissance in Italien Freiheit und Gleichberechtigung genossen. Zwar verfügten einige Damen über eine für ihre Zeit erstaunliche Bildung. Die Gesetze und Gewohnheiten im frühen 16. Jahrhundert beharrten aber stärker denn je auf die Unterwerfung der Frau. Auch die Lutheraner und Kalvinisten in den nordeuropäischen Ländern waren trotz der Neubewertung der Ehe kaum anderer Meinung.

Die Damen jener Zeit, wie Isabella Guicciardini, kümmerten sich um die Haushaltsführung und höchstens um die Verwaltung der Landgüter, aber auch in diesem Bereich wurde ihre Tätigkeit zunehmend kontrolliert. Die Fabriken der Isabella d'Este oder die Papierfabrik, die Ginevra Bentivoglio, eine Bürgersfrau aus Bologna, in der Pfarrei von Santa Maria Maggiore um 1499 besaß, können nicht als Beweise für weibliches Unternehmertum im Italien der Renaissance gelten.

Die Bildung, die Konversation und das Mäzenatentum der italienischen Fürstinnen waren in kultureller Hinsicht von Bedeutung. Politisch gesehen blieben sie ohne Macht. Während die Stellung Italiens in Europa immer schwächer wurde, brachte eine Frau italienische Sitten nach Frankreich: Katharina von Medici, Enkelin des Papstes Clemens VII. und Gattin König Heinrichs II. Ihr war das seltsame Schicksal beschieden, über Jahrhunderte in ihrer Wahlheimat als zynische Schülerin Machiavellis angesehen zu werden.

Im Zusammenhang mit Katharina kann die Bartholomäusnacht nicht unerwähnt bleiben, jenes furchtbare Blutbad, bei dem im August 1572 allein in Paris etwa dreitausend Hugenotten umkamen und das sich dann in der Provinz fortsetzte als Werk einer verzweifelten Menge, die der reformierten Kirche in Frankreich damit einen tödlichen Schlag versetzte. Katharina, die Mutter König Karls IX., wußte offenbar über den Komplott Bescheid. Nur wenige Frauen führten im Schatten der Macht ein so bewegtes Leben wie sie.

Als Katharina im Oktober 1533 nach Marseille reiste, um Hochzeit mit Heinrich zu feiern, war er noch nicht mal Thronerbe. Sie war vierzehn Jahre alt, als sie an den Hof ihres Schwiegervaters Franz I. kam, der von ihrer Bildung und Kultur angetan war und sie ermutigte, den italienischen Lebensstil in Frankreich weiterzupflegen. Er lud sie zu seinen berühmten Jagden ein und besichtigte mit ihr den Umbau des Louvre. Sie weilte am liebsten in Fontainebleau, der prächtigen Werkstatt und Schule der französischen Renaissance.

Für Katharina begannen bald schon schwierige Zeiten. Ihr Gemahl, den sie sehr liebte, war von den Reizen der Diana von Poitiers gefangen, für die er bis zu seinem Tod jede Verrücktheit beging. Kinder bekam Katharina erst nach neun Jahren, dann aber elf hintereinander, von denen sieben überlebten. Seit den ersten Regierungsjahren Heinrichs, der 1547 nach dem Tod des Dauphins den Thron bestieg, drang die Reformation nach Frankreich. Die französischen Protestanten, die Hugenotten, führten einen langen Bruderkrieg gegen die Katholiken, den grausamsten in Europa, in dem auch die Rivalität zwischen den großen Familien der Bourbonen und der Guise eine Rolle spielte.

Im Juli 1559 starb Heinrich plötzlich während eines Turniers zu Ehren der Hochzeit seiner Tochter Elisabeth mit Philipp II. von Spanien. Katharina, inzwischen vierzigjährig, mußte nun für die drei Söhne regieren: die künftigen Könige Franz II., Karl IX. und Heinrich III., die sich in den folgenden dreißig Jahren auf dem Thron ablösten.

Sie mußte über ein Land gebieten, das täglich von Blutbädern und Racheakten erschüttert und vom spanischen Bankrott von 1557 mitgerissen wurde, den der massenhafte Import aus Amerika verursacht hatte. Inflationen in allen mit Spanien verbundenen Ländern waren die Folge. In nur einem Jahrhundert hatten sich die Preise verdreifacht und vervierfacht, die Gehälter hingegen stiegen um nur 50 %. Der Kleinadel, der von den Erträgen der Landgüter und mittlerweile geringen Abgaben lebte, stand kurz vor dem Ruin und bildete gemeinsam mit den Lohnarbeitern eine unzufriedene Menge. Wie bereits in Italien zogen nun auch in Frankreich Kriege Hungersnöte und Epidemien nach sich, verschlimmert von Erdbeben und Überschwemmungen.

Mit dem Pragmatismus einer »Florentiner Geschäftsfrau«, wie sie verächtlich bei Hofe genannt wurde, strengte Katharina vergeblich Versuche an, das Land auf den Weg religiöser Toleranz zu bringen. Sie konnte dem Blutbad von 1527 – ob zustimmend oder ohnmächtig hat man nie erfahren – und den folgenden, nicht weniger opferreichen Kämpfen zwischen den verschiedenen Fraktionen nur zusehen.

Um direkte Auseinandersetzungen mit dem England Elisabeth' I. auf der anderen Seite des Kanals zu vermeiden, hatte Frankreich im großen europäischen Friedensschluß von Cateau-Cambrésis die Stadt Calais für 500.000 Goldscudi, zahlbar in acht Jahren, von den Engländern gekauft, die sie damals noch besetzt hielten. Die Sanierung der Staatsfinanzen durfte nicht weiter hinausgeschoben werden: 1563 entschied Katharina, Kirchenbesitztümer im Norden des Landes zu veräußern. Frankreich lernte auf diese Weise neue Finanztechniken kennen, die von Katharina aus ihrer Heimat berufene Ratgeber anwendeten.

In Kriegszeiten bleibt jedoch keine Bilanz ausgeglichen, und so mußte die Königin 1568 und 1580 auf Kredite des Papstes, der Stadt Venedig und von Cosimo de' Medici zurückgreifen. Weitere kirchliche Güter wurden an Bürger und sogar an Bauern verkauft. Nach fast dreißigjährigen Bemühungen waren die Staatsschulden 1585 erneut getilgt und Katharina nahm sich vor, der Verschwendung bei Hofe Einhalt zu gebieten, da sich der eigensinnige Heinrich III., auf dem Thron seit 1574, wenig gewillt zeigte, den mütterlichen Ratschlägen zu folgen. Während im verwüsteten Land die Menschen verhungerten, erschien der König auf Maskenbällen als Frau verkleidet und mit Diamanten bedeckt. Den Tod des Bruders, Herzog von Anjou, würdigte er mit einer Trauerfeier, an der der gesamte Hofstaat in schwarzen und violetten Gewändern teilnahm und anschließend in einem Fackelzug bis zu den königlichen Gräbern in Saint-Denis zog.

Dem Luxus nicht ganz abgeneigt zeigte sich allerdings auch Katharina. Sie war aufgrund ihrer Mitgift sehr reich. Diese enthielt neben 130.000 Goldscudi einen Diamanten im Wert von 6.500 Scudi und die sieben größten Perlen der Welt, die sie Maria Stuart, der Königin von Schottland und Ehefrau ihres Erstgeborenen Franz, schenkte. Nach dem Tod des Gatten nahm Maria die Perlen mit nach England, konnte sie aber dort nicht vor ihrer gierigen Cousine Elisabeth retten: sie gehören noch heute zu den englischen Kronjuwelen.

Katharina war wie alle Medici und wie Isabella d'Este eine leidenschaftliche Sammlerin. In der nach ihrem Tod erstellten Inventarliste erscheinen zahlreiche Puppen, Fächer, Lackdosen, Pomaden, 4.500 Bücher aus allen Wissenschaftsgebieten, 259 Emailledosen aus Limoges, 119 Spiegel und 12 mit geschmolzenem Gold verzierte Felskristallstücke, die heute in einer Vitrine des Louvre zu sehen sind.

Trotz der Proteste der mit Abgaben überlasteten Pariser ließ sie die Tuilerien bauen, mit Gärten nach italienischem Vorbild, die des Labyrinths und der Grotte wegen zum beliebten Ort für Spaziergänge in der Hauptstadt wurden. In Chenonceaux, dem Schloß, aus dem sie Diana von

Poitiers nach dem Tod Heinrichs verjagt hatte, hielt sie seltene Tiere. Auf der ständigen Suche nach neuem Wissen förderte sie auch Experimente beim Weinanbau in der Champagne und die Zucht von Seidenraupen, die sie in der Provence und im Longuedoc einführen wollte.

Sie sorgte vor: Bereits in den ersten Jahren ihrer Regentschaft begann sie die Erweiterung der Basilika von Saint-Denis mit einer runden Grabkapelle für die ganze Familie, in der sie mit ihrem Mann auf dem Sarkophag abgebildet sein wollte.

Das Jahr 1588 verhieß nach Aussagen ihrer Astrologen nichts Gutes. Und so ging denn auch die unbesiegbare Armada, die Philipp II. von Spanien wie einen aberwitzigen Kreuzzug gen England entsandt hatte, im Ärmelkanal bei Unwetter und den Angriffen englischer Piraten unter. Ihr Sohn Heinrich III. entzog Katharina die Regentschaft und ließ seinen Rivalen, Herzog von Guise, umbringen. Damit beschwor er sein eigenes Schicksal herauf, das im August 1589 zu seiner Ermordung führte. Seine Mutter war im Januar desselben Jahres gestorben und hinterließ dem Schwiegersohn Heinrich von Navarra Schulden und schwierige politische Verhältnisse. Der hugenottische Bourbonenprinz bekehrte sich zum Katholizismus, denn »Paris ist eine Messe wert«, wurde Heinrich IV. und König eines etwas ruhigeren Frankreichs.

Elisabeth Tudor

Jenseits des Ärmelkanals erfuhr auch England seine Renaissance. Für Elisabeth war es nicht einfach gewesen, diesen Zustand zu erreichen.

Wenige Monate vor ihrer Geburt hatte König Heinrich VIII., um Anna Boleyn zu heiraten, die rechtmäßige Heirat mit Katharina von Aragon, Tochter des katholischen Königspaares, gelöst. 1531 trennte er die anglikanische Kirche vom Papsttum, das sich seiner gottlosen Entscheidung entgegenstellte, weil er in England die Reformation einführte. Von den sieben Töchtern Katharinas überlebte nur eine, Maria Tudor, Thronerbin und Gemahlin Philipps II., König von Spanien, Indien und den Niederlanden. Um die Angelegenheit noch komplizierter zu machen, hatte Maria Stuart, Elisabeths Cousine und rechtmäßige Enkelin Heinrichs VII., ihrem französischen Ehemann die Rechte auf den britischen Thron als Mitgift in die Ehe gebracht. Maria Tudor, die mit Blutbädern und Repressionen versuchte, England zum katholischen Glauben zurückzuführen, starb kinderlos 1558. Sie hatte die Stiefschwester zur Erbin ernannt. Frankreich und Spanien blickten jedoch begierig auf den englischen Thron, da sie die junge Königin als illegitime Tochter einer nicht geheiligten Ehe begriffen.

Anderen Ländern Westeuropas entsprechend befand sich auch England zu jenem Zeitpunkt in einem katastrophalen Zustand. Katholiken und Protestanten setzten einander zu, und die Inflation aufgrund des amerikanischen Goldes führte zu einer Entwertung des Sterlings. Die Preise der englischen Stoffe fielen auf dem Markt von Antwerpen, und die Exporte nahmen zu. Im Innern des Landes stiegen die Lebenshaltungskosten unaufhaltsam. Die öffentlichen Ausgaben übertrafen die Einnahmen um 40 % und leerten die Staatskassen.

Königin Maria Tudor hatte die unglückliche Idee verfolgt, die Inflation zu bremsen, indem sie den Wert des Geldes änderte. Aber das führte nur zu einer Verschlimmerung, der Handel stagnierte und das Land siechte dahin. Von diesen Problemen belastet, näherte sich Elisabeth am Morgen des 14. Januar 1559 dem Londoner Westminster, Sitz des Hofes und des Parlaments, wo sie am folgenden Tag in der jahrhundertealten Abtei gekrönt werden sollte. Elisabeth grüßte die Menge, sie hatte für alle ein Lächeln. Das Volk liebte sie sofort.

Auch Elisabeth kümmerte sich vor allem um die Wirtschaft. Ohne sich damit zu beschäftigen, daß sie die Höflinge des Geizes bezichtigten, förderte sie ihre Popularität, indem sie die Ausgaben des Hofes von 276.000 Sterling jährlich auf 108.000 beschränkte. Einen relativ bescheidenen Lebensstil pflegte sie weiterhin. Elisabeth reduzierte auch die Ausgaben für das Theater, obwohl sie sich sehr dafür begeisterte. Nur für orientalische Kosmetika und kostbare Kleider (sie besaß zweitausend) war sie zu größeren Ausgaben bereit.

Von einem privaten Beraterkreis unterstützt, zu dem der Staatsmann William Cecil und der Ökonom Thomas Gresham gehörten, zog Elisabeth als eine der ersten und dringlichsten Maßnahmen die entwerteten Münzen ein und gab neue Sterlings heraus, die bis 1920 den Wert von vier Unzen reinen Silbers behielten. Der englische Wollhandel kam zu neuem Auftrieb. Gresham verlegte das Verteilungszentrum nach Hamburg, um den Kursmanipulationen der italienischen Wechsler in Antwerpen zu entgehen.

Während Maria Tudor, wie man behauptet, mit dem Wort Calais auf den Lippen starb, dem Namen der Festung auf dem Festland, die die Franzosen zurückeroberten, zögerten die Delegierten Elisabeths in Cateau-Cambrésis nicht, die Stadt zu verkaufen. Kritisch blieb die Frage der Religion. Die mittleren Schichten der Pächter, Händler und reichgewordenen Bauern hielten am lutherischen Glauben fest wie an den Reichtümern des Klerus und der aufgelösten Mönchsorden, die sie zu Zeiten König Heinrichs erworben hatten. England war seit dem 13. Jahrhundert eine parlamentarische Monarchie. Elisabeth sah ein, daß sie sich im Parlament mehr auf das Bürgertum der Kommunalkammer als auf die unsteten und zu Verschwörungen neigenden Lords stützen mußte. Deshalb unterstützte sie die Protestanten. Sie war allerdings darauf bedacht, Blutbäder, wie unter ihrer Schwester Maria, nicht zu wiederholen. Die katholischen Bischöfe ersetzte sie nach und nach durch Reformierte ihres Vertrauens, sie gab sich damit zufrieden, mit dem Suprematеid als höchste Autorität der anglikanischen Kirche anerkannt zu werden.

Das Land erwartete, daß sie sich einen Ehemann suchte. Zu den Bewerbern der begehrtesten Jungfrau Europas gehörte ihr Ex-Schwager Philipp II., nachdem auch seine französische Frau gestorben war. Elisabeth wies ihn, wie alle anderen, elegant zurück. Sie wußte, daß ihre Macht dem englischen Gesetz nach in die Hände des Ehemannes übergehen würde. »Es ist möglich«, verkündete sie dem bestürzten Parlament, das über die Finanzierung der Flotte entscheiden mußte, »daß Gott oder das Wohl des Reiches mich dazu bringen, meine Ansicht zu ändern. Ansonsten würde es mir nicht mißfallen, wenn man einst auf mein Grab schrieb: ›Hier ruht eine Königin, die als Jungfrau lebte und starb‹.« Diese Einstellung hielt sie aber nicht davon ab, eine Anzahl aufregender Verehrer zu ermutigen.

Ihre Untergebenen verziehen ihr alles, denn unter Führung ihres Beraterkreises erlebte die englische Wirtschaft ab 1560 einen Aufschwung. In den folgenden Jahren entstand die grüne Insel. Die neuen Grundbesitzer machten brachliegendes Land urbar, umzäunten es und bauten Kulturen an. Ein allgemeiner Wohlstand hob das Lebensniveau. Bauernhäuser, zu denen Molkereien, Bierbrauereien und Ställe gehörten, füllten sich mit Möbeln und Hausrat, die wiederum die industrielle Entwicklung förderten. Die kalvinistische Moral, die darauf ausgerichtet war, das erworbene Geld zu investieren, um Arbeit und neuen Profit zu schaffen, nahm dem kapitalistischen Streben sein schlechtes Gewissen. Überall entstanden Kessel zur Salzgewinnung, Glasfabriken, Ziegelbrennereien, Fabriken zur Alaunverarbeitung und Zuckerraffinerien.

Neu war, daß England aus dem Ausland Bergbauingenieure holen mußte, die die Rohstoffvorkommen an Kupfer, Zinn, Blei und vor allem Steinkohle entdecken und bewerten sollten. Man entwickelte neue Abbautechniken, errichtete Belüftungssysteme, Wasserpumpen und Aufzüge für Schächte und Stollen. In Newcastle, wo vierzig bis einhundert Meter tiefe Schächte gegraben wurden, gewann man 1560 35.000 Tonnen Steinkohle. Anfang des 17. Jahrhunderts waren es bereits 200.000 Tonnen pro Jahr. Von den Franzosen übernahm man die Woll- und Seidenspinnerei, von den Deutschen und Flamen das Schießpulver und das Kanonenschmelzen. Binnen kurzem florierte die englische Wirtschaft dermaßen, daß Lord Gresham 1566 den *Royal Exchange* gründete, eine Börse, die mit ihren Notierungen die internationale Finanzwelt beeinflußte.

Elisabeths größte Leidenschaft galt dem Seehandel. Auf dem Meer begründete die Königin den Ruf Englands wie ihren eigenen.

Auch bei den Engländern war, ähnlich wie in Genua und Florenz, die Grenze zwischen Seehandel und Piraterie fließend. Seit 1400 gab es in den Städten Versicherungsgesellschaften, sogenannte *Merchant-Adventurers*, in denen sich Adlige, Beamte und Bürger zu Aktiengesellschaften zusammenschlossen. Bei jeder Reise wurde die Bilanz abgezogen und Gewinne verteilt. Unter »Schwestern« waren auch die Ehefrauen der Teilhaber berücksichtigt, zuweilen bekam sogar der Staat seinen Teil ab.

In der ersten Hälfte des 16. Jahrhunderts war der verhängnisvolle Trichter des Ärmelkanals mit spanischen und portugiesischen Schiffen, die orientalische Gewürze und amerikanische Produkte nach Antwerpen brachten, und englischen Piraten, die sie ausraubten, geradezu verstopft. Vorsichtige Händler wählten deshalb den weit beschwerlicheren Landweg. Am meisten gefürchtet wurde ein gewisser Thomas Wyndam aus Norfolk, der sich auf Schiffe spezialisiert hatte, die mit Zucker beladen waren, den er dann an Londoner Hehler weiterverkaufte. In den verkehrsarmen Perioden organisierten seine Frauen, wenn sie noch nicht mal Fisch zum Trocknen hatten, die Produktion von Strümpfen aus farbiger Wolle.

Elisabeth, der ständigen Klage ausländischer Diplomaten müde, ließ 1564 von Sir Peter Carew drei Schiffe ausrüsten, damit diese die Küste von Piraten reinigten. Sparsam wie sie war, verfügte sie jedoch, daß die Mannschaften mit ihrem Anteil an der Beute bezahlt werden sollten, womit auch diese in die Piraterie zurückfielen. Aber nur einzelne konnten bekämpft werden, weil die großen Banden von bedeutenden Adligen und sogar Höflingen angeführt wurden, wie William Hawkins, dem Bruder des Schatzmeisters der Marine.

Solange es ging, trieb Elisabeth ein doppeltes Spiel, um gute Beziehungen mit Frankreich und Spanien zu unterhalten. Der Markt von Antwerpen, auf dem die englischen Produkte verkauft wurden, bis er durch den Krieg gegen Spanien zusammenbrach, lieferte ihr das nötige amerikanische Gold, um Gewürze, Perlen und Seide aus dem Orient zu beziehen. Diese heiß begehrten Produkte kosteten den Westen jahrhundertelang ein Vermögen an Edelmetall, das in Form von Gegenständen oder Barren in indischen und chinesischen Palästen angehäuft wurde.

Die Situation wurde erst kritisch, als die Protestanten im Norden der Niederlande (dem späteren Holland) einen Aufstand gegen König Philipp II. von Spanien entfachten, weil er sie zum Katholizismus zurückführen wollte, indem er ihnen mit der Inquisition drohte.

Elisabeth, die die Aufständischen heimlich ebenso unterstützte wie die Hugenotten, wurde für Philipp zur Todfeindin.

Die Herrscherin wollte den offenen Krieg vermeiden, und so kam ihr die Idee, die englische Marine zu verstärken, indem sie die besten Piraten anheuerte und diese auf den Atlantikrouten gegen die mit Gold beladenen spanischen Galeonen ziehen ließ.

Die größte Unterstützung bei diesem Unternehmen erfuhr sie von Francis Drake, einem Abenteurer aus Devon mit dunkler Vergangenheit, der von Elisabeths Ratgeber Walsingham bei Hofe eingeführt wurde und auf Kosten der Königin und einiger *Merchant-Adventurers* 1567 eine erste Probefahrt antrat. Francis Drake und John Hawkins stachen mit einer Flotte von sechs Schiffen in See, darunter zwei alte Zerstörer, der Beitrag ihrer umsichtigen Teilhaberin. An der afrikanischen Küste raubten sie fünfhundert Schwarze und verkauften sie auf der anderen Seite des Atlantiks, auf den spanischen Plantagen in Venezuela. Drake lernte dabei die Grausamkeit der Spanier in den Kolonien kennen.

Nach zwei weiteren Reisen, die Drake zu einem der reichsten Männer Englands machten, wurde er 1577 erneut an den Hof gerufen. Elisabeth erteilte ihm »offiziell« den allerdings geheimen Auftrag, an der Pazifikküste spanische Galeonen, die peruanisches Gold nach Panama brachten, abzufangen und zu kapern. Als Tarnung diente eine Erkundungsfahrt, die Königin war neben einigen Händlern Hauptaktionärin des Unternehmens.

Mit einer Mannschaft von 164 Männern und einer erstklassigen Artillerie stachen die Schiffe *Golden Hind*, *Elisabeth* und *Marigold* im Dezember desselben Jahres zur zweiten triumphalen Reise rund um die Welt in See. Nachdem sie unter großen Schwierigkeiten die Magellanstraße passiert hatten, wo ein Boot Schiffbruch erlitt und ein zweites umdrehte, eroberte Drake mit dem verbliebenen Admiralsschiff eine Goldladung in Valparaiso und eignete sich am Äquator 80 Pfund Gold, 26 Tonnen Silber, Perlen und Juwelen an. Ein schwindelerregender Gewinn. Als nächstes folgte ein spanisches Handelsschiff, beladen mit Seide und Gewürzen, Waren, die immer gute Erträge abwarfen. Drake beließ es dabei, die spanischen Kolonien waren von seinen Angriffen ausreichend erschüttert.

Er fuhr Richtung Norden, nach Kalifornien. Am 17. Juni 1579 nahm er das Land im Namen der Königin in Besitz. Im Drake's Bay, nahe San Francisco, wurde 1937 die mit Datum und Unterschrift versehene Messingtafel gefunden, die dieses Ereignis festhielt. Er besuchte noch die Molukken, Java und Afrika, bevor er in den Atlantik zurückkehrte. 1580 erreichte er wieder die Heimat. Elisabeth, die eben noch dem Botschafter Mendoza hoch und heilig geschworen hatte, daß Drake ein übler Abenteurer sei und bestraft werden würde, empfing ihn in einer geheimen Audienz, bei der sie sich einige Kostbarkeiten zeigen ließ. Der Rest (im Wert von einer Million Sterling) verschwand im Londoner Tower. Um den erzürnten Diplomaten aus Spanien kümmerte sich niemand mehr. Die Investoren erhielten ihren Anteil und Francis Drake wurde – wenn auch heimlich – zum Baronet erhoben. Elisabeth, zufrieden mit den Erträgen, griff noch häufig auf diese Art der Geldbeschaffung zurück und entsandte ihre Schiffe, inzwischen die respektable *Royal Navy*, sogar in spanische und portugiesische Häfen.

1582 fand vor dem Gericht von Launceston der Prozeß gegen Lady Killigrew statt. Die bejahrte Edeldame, Tochter eines Adligen aus Suffolk, stand in ihrer Jugend, dem Beispiel anderer Frauen folgend, als Helferin ihres Vaters an der Spitze einer Piratenoligarchie. Später wurde sie eine wertvolle Mitkämpferin für ihren Mann John Killigrew von Arwenach, offiziell Vizeadmiral von Cornwall und insgeheim gefürchteter Anführer und Koordinator aller Korsarenfamilien der Umgebung. Aus dem Hause Killigrew kamen die Befehle und die Informationen zu geplanten Unternehmungen. In einer kleinen Bucht landete die Beute, die nachts an Hehler weitergegeben wurde, während die hochgeborenen Piraten zu Gast im Hause Ihrer Ladyschaft weilten.

Da sich die Zeiten änderten und diese Beutezüge immer mehr zur Sache des Staates wurden, zog sich auch Lady Killigrew zurück. Nicht zuletzt, weil ihr Sohn zum Präsidenten der Kommission zur Unterdrückung der Piraterie in Cornwall ernannt wurde. Als aber am Neujahrstag des Jahres 1582 ein von zwei Spaniern befehligtes Hanseschiff durch ein Unwetter gezwungen war, in der Bucht von Arwenach Zuflucht zu suchen, konnte

Lady Killigrew nicht widerstehen. Tagelang beobachtete sie die Bewegungen der Kommandanten. Und als sie sicher war, daß die beiden in einem Gasthaus saßen, ließ sie ein Boot mit zwei Dienern zu Wasser. Sie fuhren zu dem schlafenden Schiff, stiegen an Bord, brachten die Besatzung um und eigneten sich holländisches Tuch und zwei Fässer mit Geldstücken an. Das Schiff strandete schließlich geplündert in Irland.

Auf die erbitterten Proteste der wutentbrannten Spanier hin, die eine Untersuchung des Vorfalles forderten, erklärte der Präsident der Kommission, Lord Killigrew, ein Prozeß könne nicht stattfinden, weil die Täter unbekannt seien. Die Spanier mußten bis zur Königin vordringen, um den Prozeß von Launceston zu erzwingen. Lady Killigrew wurde für schuldig erklärt, von der Herrscherin aber Minuten vor der Exekution begnadigt.

1587 ließ Elisabeth im großen Saal des Schlosses von Sheffield ihre Cousine Maria Stuart enthaupten, die beschuldigt wurde, fortwährend Verschwörungen gegen sie anzuzetteln. Obwohl die Königin es wenig später bereute, war für Philipp II. damit das Maß voll. Er rüstete eine Armada aus, 130 Schiffe, darunter 40 riesige Kriegsgaleonen, gespickt mit Kanonen und kühnen Aufbauten auf dem Vorderschiff, jede einzelne von einem Heiligen beschützt. Die Flotte sollte den Ärmelkanal passieren, in den noch spanisch beherrschten Niederlanden die Truppen an Bord nehmen und England überfallen – als ein Triumph der Gegenreform.

Daraus wurde eine der berühmtesten Seeschlachten der Geschichte. Howard, Drake und Hawkins, die sich mit fast zweihundert leichten, wendigen Schiffen bereithielten, um den Ansturm abzuwehren, mußten erst gar nicht in Aktion treten: Die Unwetter im Kanal und die Schwerfälligkeit der riesigen Galeonen genügten, um die Armada zu zerschlagen. Elisabeth, die auf einem weißen Pferd nach Tilbury geritten war, um die Truppenparade abzunehmen, verkündete: »Ich weiß wohl, ich habe nur den Körper einer Frau, aber ich habe das Herz und die Seele eines Königs, und was vor allem zählt, eines englischen Königs. Das gibt mir die Kraft, den spanischen König voller Verachtung herauszufordern... ebenso wie jeden anderen Herrscher Europas, der es wagt, das Königreich anzugreifen.«

Während Philipp verbittert durch die Klosterfestung des Escorial streifte und Katharina von Medici dem nahenden Ende ihrer Herrschaft entgegensah, gönnte sich die fünfundfünfzigjährige Elisabeth Feste und Jagden. Sie war für unheilverkündende Sternenkonstellationen unempfänglich und verkörperte eine Nation, die im Begriff war, sich zu geistigen und kulturellen Höhepunkten aufzuschwingen.

Ihr Geschäftssinn machte Elisabeth auch zur Pionierin bei der Ausbeutung der Kolonien. Ihr verdankte man die Gründung der ersten Ostindischen Kompanie 1599, die, seit sich England mit seiner Flotte die Vorherrschaft auf den Meeren gesichert hatte, das System der Aktienbeteiligung bei Handelsunternehmen allgemein verbreitete. Die Kompanie investierte die Profite der ersten Reise in die zweite, aus der sie Gewinne von 195 % zog. Bald wurde das System der Reinvestition anstelle einer sofortigen Gewinnverteilung eingeführt, die ganze Welt lernte die Aktiengesellschaften kennen.

Trotz der erblühten Nation waren die letzten Jahre nicht die glücklichsten für Elisabeth. So konnte sie nicht verhindern, daß ihr letzter Günstling, Lord Essex, auf dem Schafott endete, weil er vom Oberhaus des Hochverrates für schuldig gesprochen wurde. Aber selbst 1601, zwei Jahre vor ihrem Tod, besaß die Königin noch Stärke. Das Parlament war zu einer der zahlreichen Sitzungen zusammengetreten, um außerordentliche Steuern zu beschließen. Man warf der Königin die ungenierte Nutzung der Monopole vor, mit denen sie, ohne ihren persönlichen Besitz anzugreifen, ihre Getreuen belohne, die damit wiederum Mißbrauch trieben. Elisabeth dankte für diese Information. »Meine Würde als Königin kann es nicht dulden«, sagte sie, ohne die Fassung zu verlieren, »daß Vergünstigungen, die von mir gewährt werden, meinem Volk zu Schaden gereichen und daß ihm unerträgliche Lasten aus meinen Schenkungen erwachsen.« Die Steuern wurden einstimmig angenommen.

Kapitel IX

Die letzte Gabe

Frauenarbeit in England im 16. und 17. Jahrhundert

Am 1. Oktober 1601 notierte Lady Margaret Hoby aus Hackess zufrieden in ihrem Tagebuch, daß sie den Tag damit verbracht habe, das Getreide nach einer fortschrittlichen Methode auszusäen: Sie hatte das Unkraut abschneiden und ausreißen und anschließend verbrennen lassen. Mit der Asche habe sie den gepflügten Boden vor der Aussaat gedüngt. Schenkt man ihren Aufzeichnungen Glauben, die aus der Zeit zwischen 1599 und 1605 stammen, so läßt ihr die Arbeit als Landbesitzerin keine freie Minute: Allein oder in Begleitung ihres Mannes, zu Fuß oder zu Pferd, überwachte Lady Hoby die Landarbeiter, kontrollierte den Müller, überprüfte die Vorräte. Bis tief in die Nacht wog sie Wolle, beschäftigte sich mit dem Anbau von Hanf und Färbepflanzen, um Stoffe selbst zu färben. Sie verhandelte mit Advokaten, Pächtern und Arbeitern, zahlte den Angestellten die Löhne aus. Auch die traditionell weiblichen Aufgaben wurden nicht vernachlässigt. So bereitete sie Torten und Marmeladen, Marzipan und Mandelbutter, salzte das Fleisch, konservierte das Obst aus dem Garten und destillierte Schnaps und Rosenwasser, das sie zu medizinischen Zwecken verwendete. Ebenso verstand sie es, Menschen und Tiere mit Kräutern zu heilen.

Wie alle Damen jener Zeit konnte sie sticken. Mit Unterstützung ihrer Mädchen webte sie Stoffe und Leinen oder nähte Wäsche. Zur Erbauung ließ sie während der gemeinsamen Arbeit aus der Bibel vorlesen. Sie kümmerte sich um Hilfsbedürftige und sorgte dafür, daß die Kinder das Alphabet lernten. Mit ihrer Wohltätigkeit führte sie das Werk großzügiger Feudalherrinnen fort.

Auch wenn sich das Leben auf dem Land langsamer veränderte, unterschied sich die Arbeit von Lady Hoby, einer Zeitgenossin von Königin Elisabeth, schon sehr von den Obliegenheiten der Gräfin von Leicester, die sich im 13. Jahrhundert um ihre Besitzungen kümmerte. Während im Mittelalter das Eintreiben der Feudalabgaben im Vordergrund stand, hat sich die Landwirtschaft im 16. Jahrhundert mit dem Verkauf der Klostergüter und der Einführung hochwertiger Kulturen auf abgesteckten Feldern sowie neuer Techniken zu einem gewinnorientierten Geschäft entwickelt. Die Königin und ihr Kanzler Francis Bacon hatten begonnen, das noch dem Mittelalter verhaftete Gesetz zugunsten der Frauen zu reformieren. Bislang verloren Frauen mit der Heirat jedes Recht auf ihr Kapital oder ihren Landbesitz, über den sie nicht einmal testamentarisch verfügen konnten.

Den Witwen wurde lediglich ein Drittel ihrer Mitgift zuerkannt, und auch das nicht immer. Nur jene Händlergattinnen, die in Coventry, Bristol oder London in Vertretung ihrer Männer Geschäfte abschlossen, wurden darin auch als Bevollmächtigte anerkannt.

Elisabeth führte ins englische Gewohnheitsrecht ein, daß ein Ehevertrag der Frau die Verfügungsgewalt über ihren Besitz beließ. In den oberen Schichten fand dieses neue Gesetz sogleich Anwendung, wie man aus zahlreichen privaten Schriften von Frauen ersehen kann. In diesen Jahren gewährten die Gerichtskanzleien den Frauen auch, selbständig Rechtsakte abzuschließen, zu verkaufen und Testamente zu machen. Auch Lady Hoby trennte in ihrem Tagebuch die eigenen Felder säuberlich von denen ihres Gemahls, ebenso ihre und seine Arbeiter. Auf ihr persönliches Erbe zu verzichten, war sie keinesfalls bereit.

Die Wertsteigerung des Landbesitzes in England forderte zahlreiche Opfer. Viele Bauern konnten die neuen Abgaben nicht zahlen und mußten sich mit ihren Frauen als Tagelöhner verdingen. Sie verkamen zu Landstreichern und Bettlern, die in Hütten ohne Bett und Feuerstelle hausten.

Bäuerinnen, die hingegen das Glück hatten, weiter auf ihrem kleinen Besitz leben zu können oder gepachtetes Land zu bearbeiten, wie es seit Jahrhunderten üblich war, mußten sich dennoch hart beweisen. Sie beteiligten sich an jeder Arbeit, kümmerten sich um Tiere und Garten, stellten Butter und Käse her, pflanzten Flachs und Hanf, sponnen, webten und nähten. Das Haus mit Feuerstelle, die Lagerräume, der Stall und der Hühnerhof bildeten das Zentrum ihres Wirkens. Die Leistungen der Frauen galten als produktive Arbeit. Sie genossen Autorität in der Familie und waren gemeinsam mit ihren Männern Eigentümerinnen der Ersparnisse. In den ländlichen Schichten ganz Europas hielten sich mehr oder weniger die Gewohnheiten. Erst die industrielle Revolution mit der endgültigen Trennung von Wohn- und Arbeitsplatz entwertete den Anteil der Frauen.

In den Städten waren die Engländerinnen zwar nur in weniger bedeutenden Zünften vertreten, dafür konnten sie aber bis zur Mitte des 17. Jahrhunderts in der Seidenverarbeitung, der Herstellung von Spitzen und Bändern und der Verpackung von Wolle tätig sein. Einige bearbeiteten Leder, andere führten Druckereien. Fast überall konnten sie, wenn sie Witwen wurden, den Beruf des Mannes weiter ausüben.

Aber schon Ende des 16. Jahrhunderts wurden in London nur noch 10 bis 15 % der arbeitenden Frauen Meisterinnen, und die 2 bis 3 %, die Mitglieder einer Zunft sein durften, waren ausschließlich Witwen.

Die bürgerliche Revolution Mitte des 17. Jahrhunderts kostete König Karl I. den Kopf und den Frauen ihre Mündigkeit. 1641 verbot ein Gesetz in Bristol die Anstellung von Frauen in der Textilherstellung. Davon betroffen waren auch Ehefrauen und Töchter der Handwerker, da man der Arbeitslosigkeit von Männern vorbauen wollte. Ein Jahr später brachte eine *Resolution* die Rechte der Frauen auf den puritanischen Punkt. Danach existierten Frauen nur als Gattinnen, dem Mann waren sie untertan. Der Beschluß lautete: »Sie haben keine Rechte im Parlament, machen keine Gesetze, müssen bei nichts zustimmen, können nichts außer Kraft setzen.« Die Engländerinnen waren durch die Urteile des elisabethanischen Zeitalters im Erbrecht geschützt, wurden nunmehr aber von jeder politischen Einflußnahme ausgeschlossen. Schrittweise folgte das Verbot selbständiger Arbeit, darunter auch das jahrhundertealte Monopol der Bierbrauerei.

Das Geschäft mit den Spitzen

In dieser Epoche konnten Frauen auch in anderen Teilen Europas fast nur noch als ambulante Händlerin oder Wirtsfrau ihr Geld verdienen. In Frankreich wurden ihnen seit Ende des 16. Jahrhunderts sämtliche Repräsentationsaufgaben genommen. Ein Jahrhundert später waren von 125 Handwerkszünften nur noch fünf Frauen zugänglich. Es blieben – zwar von Stadt zu Stadt unterschiedlich – etwa vier Zünfte, die Frauen vorbehalten waren, wie die der Flachskämmerinnen, Blumenhändlerinnen, Wäscheverkäuferinnen. Zünfte, die in der alles beherrschenden Hierarchie nur die schwache vierte Ebene einnahmen.

1675 und 1700 erreichten die Pariser Schneiderinnen endlich die gesetzliche Anerkennung ihres Berufes. Sie durften allerdings nur bestimmte Frauenkleider fertigen, wie Röcke und Mäntel. Den Verkäuferinnen von Obst und Käse wurde hingegen jeder rechtliche Schutz verwehrt. In keinem Fall durften Frauen, wie in der Vergangenheit geschehen, als Geschworene auftreten.

Für Frauen bestand nunmehr in der Witwenschaft die einzige Möglichkeit, einer qualifizierten, unabhängigen Arbeit nachzugehen. Nachforschungen in Städten der Provence haben ergeben, daß in den Jahren 1600 und 1700 Witwen in der wichtigen Zunft der Drucker den Platz des Gatten einnahmen. Sie führten kleine Druckereien, die Plakate, Visitenkarten, Todesanzeigen und Fibeln herstellten. Außerdem verkauften sie Bücher, Wachs, Tinte und Materialien zum Binden. Witwen fand man auch an der Spitze industrieller Buchdruckereien. In Marseille gab es gegen Ende des 17. Jahrhunderts sogar eine ledige Frau, Mademoiselle Chevalier, wahrscheinlich die Tochter eines Zunftmeisters, die neben der Kirche Bücher verkaufte.

Der ehrenhafteste und üblichste, wie auch wirtschaftlich unbedeutendste Beruf für Mädchen war der der Näherin oder Stickerin.

Das große Geschäft über zwei Jahrhunderte machte man allerdings mit Spitzen, die in Europa Millionen von Frauen Beschäftigung gaben. Nicht wenige zogen aus dieser Arbeit ein Vermögen.

Man ist sich nicht einig, welche italienische Stadt die Luftmaschen und Klöppelspitzen hervorbrachte. Als sicher gilt, daß die ersten Bücher mit gezeichneten Anleitungen Anfang des 16. Jahrhunderts in Venedig entstanden. Elisabetta Catanea Parasole schuf einige Jahrzehnte später fünf entsprechende Lehrwerke. Die Damen haben sich förmlich um diese Bücher gerissen, weil sie seit der Industrialisierung der Stoffproduktion eine Alternative zur Stickerei darstellten.

Die venezianische Spitze wurde in Frankreich durch Federico di Vinciolo, dem Autor von *Les Singuliers et Nouveaux Portraicts* bekannt. Er erhielt von Königin Katharina, selbst eine hervorragende Stickerin und Besitzerin von tausenden Zeichnungen, das Privileg, gestärkte Kragen mit Spitzensaum zu vertreiben.

In Venedig war man bereits einen Schritt weiter. Plastische Effekte wurden erzielt, indem man den Motiven von Blättern, Rosenblüten, Korallen und Meerestieren mit doppelten und dreifachen Stichen eine unterschiedliche Dicke gab.

In Frankreich befand man sich inzwischen im Spitzenrausch, was vor allem auch daran lag, daß Spitzen nicht wie bei den goldenen und silbernen Posamenten Kapital an die Kleidung banden. Es gab so viele selbständige Arbeiterinnen, die die venezianische Kunst imitierten, daß das Parlament von Toulouse 1640 die Spitzenherstellung verbot, weil sie »die Frauen zu sehr von der Hausarbeit abhält«. Die Spitzenklöpplerinnen wandten sich jedoch an den Anwalt François Régis. Der gewann für sie den Streit, und sie behielten das Recht auf selbständige Arbeit, das binnen kurzem allein in dieser Region von tausenden Frauen wahrgenommen wurde.

Colbert, Minister des Sonnenkönigs, befahl sogar mit dem königlichen Edikt vom 5. August 1665 die Schaffung von Manufakturen für Spitzennäherinnen und Klöpplerinnen in Arras, Reims, Sedan und Alençon, um den Kapitalabfluß nach Italien zu stoppen. Diese Manufakturen sollten die selbständigen Arbeiterinnen unter der Kontrolle des Staates zusammenführen und ihre Produktion steigern. Der Minister gewährte Madame Gilbert d'Alençon einen Zuschuß von 15.000 Francs und die Nutzung eines Schlosses, um mit Hilfe von sechzig Handwerksmeisterinnen aus Venedig und Flandern eine Fabrik zu gründen.

Anfänglich gab es Schwierigkeiten, denn von den achttausend Spitzennäherinnen der Region waren nur sechshundert bereit, in die Manufaktur einzutreten. Für sie schufen Künstler wie Charles Brun neue Vorlagen. Die Spitzen brachten Frankreich vierzig Jahre lang Einnahmen von acht Millionen pro Jahr.

Auch die Frauen aus Genua waren in diesem Bereich aktiv. Sie spezialisierten sich auf schwarze Spitzen.

Die englische Regierung sorgte sich um das Kapital, das in den Ankauf flämischer Spitzen ging, und ließ nach einem vergeblichen Versuch, das Handwerk im Land einzuführen, den Kauf im Ausland verbieten. Das war der Beginn eines lebhaften Schwarzhandels mit Frankreich und den Niederlanden. Im Jahre 1678 wurde ein Schiff aufgebracht, das 754.000 Ellen (etwa 670.000 Meter) Spitzen geladen hatte. Der Adel und das Großbürgertum – wie auf den Porträts jener Zeit zu sehen – liebten Spitze. Die Klöppelspitzen aus Valenciennes für die Leibwäsche wurden ebenso gierig importiert wie die aus Chantilly für Kleider, Mantillen, Schirme und Fächer. Klassisch waren die Spitzen aus schwarzer Seide in unterschiedlicher Stärke, die auch Königin Marie Antoinette bevorzugte.

Einige Frauen machten mit dieser beständigen Industrie ein Vermögen. Millionen Spitzenklöpplerinnen in Europa hingegen, denen es nicht gelang, sich einen eigenen Kundenkreis aufzubauen, wurden in Werkstätten oder von Händlern rücksichtslos ausgebeutet. Sie waren abhängig wie Lohnarbeiterinnen. Gleiches geschah den Arbeiterinnen in den Hutfabriken von Troyes, den Tuchmacherinnen in Amiens und den Strumpfnäherinnen in den Cevennen. Die 7.000 Beschäftigten der Seidenspinnereien von Lyon arbeiteten um 1700 bis zu achtzehn Stunden täglich für einen Hungerlohn. Überall betrug das Einkommen der Frauen anfänglich zwei Drittel von dem, was Männer für die gleiche Arbeit erhielten. Später wurde es noch weniger, betrug kaum mehr die Hälfte.

Die Mütter Courage im Norden

In den Niederlanden war die Stellung der Frau scheinbar günstiger. In den flämischen Städten herrschte das System der Gütergemeinschaft, mit gleichberechtigter Verwaltung. Die Händlerinnen von Brügge, Hainau oder Luxemburg waren keinen Beschränkungen unterworfen. Auch unverheiratete Frauen in den holländischen Provinzen konnten eigenmächtig handeln. Obwohl der Ehemann per Gesetz über die Finanzen der Familie verfügte, durfte die Ehefrau, abhängig von ihrer gesellschaftlichen Stellung, Schulden machen. Sie konnte auch eine Gütertrennung erwirken.

Dieser Offenheit im Besitzrecht standen allerdings die ungünstigen Bedingungen in der Arbeitswelt entgegen. Das Dekret von Amsterdam, mit dem 1492 die Frauen unter dem Vorwand möglicher Schwierigkeiten mit ausländischen Kunden von allen Geschäften, mit Ausnahme des Einzelhandels und des Hotelgewerbes, ausgeschlossen wurden, blieb kein Einzelfall. 1524 verbot man den Frauen von Haarlem, als Schneiderinnen zu arbeiten, 1573 durften die Frauen von Gouda kein Fleisch mehr auf dem Markt verkaufen, und 1655 wurde ihnen verboten, Leinen zu bearbeiten. Seit Anfang des 18. Jahrhunderts wurde in Friesland auch die Teigherstellung in den Bäckereien als ausschließlich männliche Tätigkeit definiert. Nur Witwen genossen noch einen gewissen Schutz. Das Bild von der Frau im Kreis der Familie triumphierte. Den falschen Mythologisierungen folgten Katholiken wie Protestanten.

Die endgültige Verdrängung selbständiger Frauenarbeit vollzog der Dreißigjährige Krieg, der in der ersten Hälfte des 17. Jahrhunderts wütete. Am Ende dieses Jahrhunderts war jeder Beruf den Männern vorbehalten. Der spärlichen Liste jener Arbeiten, die noch von Frauen ausgeführt werden konnten, fügte der Krieg die Marketenderin im Gefolge des Heeres hinzu. Die Truppen ganz Europas, deren Überfälle Plünderung und Zerstörung mit sich brachten, wurden von unzähligen Müttern Courage mit Kleidung, Alkohol und Lebensmitteln versorgt. Ihren Platz in der Geschichte hat das Theaterstück von Bertolt Brecht aufgezeigt.

Immer wieder lehnten sich die Frauen im 17. Jahrhundert gegen ihre Lebensbedingungen auf, gegen die Ungerechtigkeit der Gesetze und die Unmöglichkeit, ihren Lebensunterhalt eigenständig zu verdienen. Viele englische Bäuerinnen wehrten sich gegen die Umfriedung der Felder, welche die Ärmsten dazu verurteilte, von Almosen zu leben. In Essex zettelte

Alice Clark gegen die Vielzahl von Gesetzen zur Unmündigkeit der Frau einen Aufstand von Webern an, die Frauenkleider trugen.

Kirche und Staat gegen Frauen

In den katholischen Ländern Südeuropas waren entsprechende Initiativen von Frauen nicht einmal mehr vorstellbar. 1477 hatte Papst Sixtus IV. das Gesetz *Cum praexcelsa* veröffentlicht, mit dem er die Doktrin von der Jungfräulichkeit Marias unterstrich, derzufolge Gott, um Fleisch zu werden, die Vereinigung mit einer Frau als einen Akt ablehnte, der dem Reich des Teufels angehörte. Die Kirche ebnete damit den Weg für extrem frauenfeindliche Traktate und für die Inquisition in Spanien, die sich als erste in Europa ereiferte, den Teufel in der Gestalt von Frauen nachzuweisen. Die Gerichte der Inquisition fanden Unterstützung in der Papstbulle *Summis desiderantes affectibus* von Innozenz VIII., der 1484 die Dominikanermönche Heinrich Institoris und Jakob Sprenger ermächtigte, die Hexerei in Deutschland zu verfolgen. Diesen beiden Mönchen verdanken wir den »Hexenhammer« *(Malleus maleficarum)*, ein Handbuch für Hexenjäger, in dem erklärt wurde, woran man Hexen erkennt. Es kostete vielen Frauen das Leben.

Mit der *Constitutio super statutariis successionibus* griff die Kirche hingegen die Grundlagen der Eigentumsrechte von Frauen an. Sie wurde am Ausgang des 17. Jahrhunderts von Papst Innozenz XI. erlassen, der aus einer reichen Händlerfamilie stammte.

Die *Constitutio* wurde von Kardinal Giovanni Battista De Luca verfaßt, der juristischen Autorität der Kurie. Das Gesetz bestätigte für den Kirchenstaat alle städtischen Verfassungen, die Frauen von der Erbschaft ausschlossen, um nach alter Händlertradition »den Adel und den Glanz der Familien« zu erhalten, den die Aufteilung des Eigentums gefährdete.

Seine Position versuchte De Luca zu begründen, indem er sich auf überlieferte Bräuche berief und jene italienischen Städte aufzählte, die seiner Meinung nach seit dem Mittelalter die männliche Erbfolge durchgesetzt hatten.

Es blieb unterdessen das Problem der *Novella CXVIII* des Justinianischen Kodex, die unmißverständlich die Erbrechte der Frauen bestätigte. Für De Luca war sie von Theodora verfaßt, und er behauptete, daß es keine sicheren Zeugnisse von der Anwendung dieses Gesetzes gebe.

Obwohl De Luca schamlos die Existenz einer Mathilde von Tuscien oder Eleonora von Aquitanien leugnete, konnte er doch die Berücksichtigung der *Novella* im Königreich Sizilien unter der Herrschaft Friedrichs II. nicht leugnen. Er geriet in einen offenkundigen Widerspruch zu seinen eigenen Aussagen, als er eingestand, daß dieses Gesetz in Italien nur für Feudalfamilien gelte.

Die weltlichen Schriften bemühten sich um ähnliche Argumente. So auch jene des berühmten Staatstheoretikers Jean Bodin, der im Frankreich Katharina von Medicis lebte. Nicht einmal er war frei von den Vorurteilen seiner Zeit und verfaßte ein Werk, das über mehr als ein Jahrhundert das Handbuch der Gerichte in den Hexenprozessen abgab.

In *Six livres de la République* erklärte Bodin seine Gewißheit, daß das Gesetz und Gott in keinem Fall wünschen könnten, daß Töchter am Erbe teilhätten, solange es Brüder gebe, und selbst, wenn sie keine hätten. Im unerwünschten Fall, wenn eine Erbschaft tatsächlich einer Frau zufallen müsse, habe diese die moralische Pflicht, einen Verwandten zu heiraten, um das Eigentum in der Familie zu halten. Ein entsprechendes Gesetz galt übrigens auch in Griechenland, Persien und Armenien.

Hexen und Gläubige

Gläubigen Frauen, die von Kirche und Staat gleichermaßen unterdrückt wurden, blieb nichts anderes übrig, als den verbliebenen Bestrebungen selbständiger Tätigkeit in Klöstern und Wohltätigkeitsorganisationen nachzukommen.

Im Eifer der Gegenreformation, der im Konzil von Trient mündete, hatten die neu entstehenden Orden, die die Regeln von Arbeit und Armut wieder befolgten, großen Zulauf. 51 Nonnenklöster gab es in Florenz 1544, in den folgenden fünfzig Jahren kamen fünf weitere hinzu. Die Nonnen in der Stadt, 1428 nicht mehr als 2,25 % der Bevölkerung, machten 1552 bereits 13 % aus.

Auch das regelmäßig wiederkehrende Problem der Mitgift trieb die Mädchen in die Klöster. Die neuen Frauenorden kämpften darum, nicht der Klausur unterworfen zu werden. Sie widmeten sich, wie zum Beispiel die Ursulinen, der Erziehung von Töchtern aus wohlhabenden Familien, gründeten aber auch Grundschulen für arme Kinder.

Im Verlauf eines Jahrhunderts, während der Sonnenkönig mit seinem

Gefolge in Versailles residierte, verlor Frankreich zwei Millionen Einwohner, weitere zwei Millionen wurden zu Bettlern. Viele Orden machten es sich zur Aufgabe, sich um Arme und Kranke zu sorgen. Die Kranken lagen hilflos in ihren Häusern oder in Hospitälern, Vagabunden starben auf der Straße, der Staat verfolgte sie darüber hinaus als Feinde der Gesellschaft. Eine Anhängerin des heiligen Vinzenz von Paul, Luise von Marillac, organisierte in ganz Europa ein Netz von Frauen, das sich der Sozialfürsorge widmete. 1633 gründete sie einen aktiven Orden, der auch den Mädchen aus dem Volk und vom Land offenstand, ohne daß sie eine Mitgift mitbringen oder sich für die Klausur entscheiden mußten. Sie übernahmen schwere und unangenehme Aufgaben, konnten Medikamente zubereiten, Wunden verbinden und auch kleine chirurgische Eingriffe ausführen. Sie trugen einfache graue Kleider, während sie in Wohnhäusern und Hospitälern Kranke pflegten, alleingelassene Kinder hüteten, Gefangenen und Sterbenden beistanden. Sie wurden schnell als »Töchter der Barmherzigkeit« bekannt.

Damen, die ihnen den Ertrag aus Almosensammlungen brachten, hatten ebensowenig Ahnung in der Finanzbuchhaltung wie die Nonnen der neuen Orden oder die mutigen Edelfrauen, die mit dem Geld der öffentlichen Wohltätigkeit Spitäler gründeten. Ihre Stiftungen blieben Stätten des Verbrauchs, die von kleinen Einnahmen und Almosen lebten, sich jedoch nie zu produktiven Unternehmen entwickelten, wie es einst in Fontevrault oder Remiremont geschah.

Auch in der Kirche boten sich Frauen keine Entfaltungsmöglichkeiten. Sie waren wieder einmal Opfer schwieriger Zeiten und einer mißlichen Wirtschaftslage.

Kriege und Schlachten quälten Europa bis ins 18. Jahrhundert hinein, begleitet von Epidemien, darunter auch der Syphilis. Diese neue Krankheit wurde als eine noch offensichtlichere Verbindung zwischen dem Verkehr mit Frauen und den Werken des Dämons ausgelegt. In den verarmten Ländern wurde Arbeit, nunmehr ein kostbares Gut, von Männern beansprucht, die darin von Episteln über die Schwäche des weiblichen Geschlechts unterstützt wurden. Den Frauen überließ man nur die unangenehmen und schlechtbezahlten Tätigkeiten. In vielen Ländern regelten Gesetze die Privilegien der Männer und das Recht auf Kapital. Auch die bürgerlichen Frauen wurden ihres Geldes beraubt, weil es zur Finanzierung industrieller Unternehmen benötigt wurde. Von den Universitäten ausgeschlossen und mit einer geringeren Schulbildung hatten die Frauen keine Chance, in der öffentlichen Verwaltung tätig zu werden. Aufgrund ihres Geschlechtes in der Arbeitswelt diskriminiert, schrieben die immer strenger werdenden Moralvorstellungen den Frauen aller gesellschaftlichen Schichten Bescheidenheit, Gehorsam und Opferbereitschaft vor.

Auf der Suche nach Anerkennung bemühten sich im 17. Jahrhundert viele Frauen darum, in den Nonnenorden die geforderten Tugenden im Werk für Arme unter Beweis zu stellen.

Hunderttausend Frauen wurden im 16. und 17. Jahrhundert dennoch gefoltert und lebendig verbrannt. In nur einem Jahr wurden in Osnabrück achtzig »Hexen« verbrannt, 205 Frauen verloren in fünf Jahren ihr Leben in Fulda und 97 in einem Jahr in Salzburg. Die Hexenjagd, bei der auf vier ermordete Frauen ein Mann kam, war ein krasser Aspekt in der von kirchlichen wie weltlichen Machthabern betriebenen Verfolgung von Frauen.

Einige Ausnahmen

Trotzdem gab es Königinnen, wie Maria Theresa von Österreich, für die der Vater das salische Recht außer Kraft setzte, damit die Herrschaft der Habsburger fortgesetzt werden konnte. Maria Theresa war die aufgeklärteste Herrscherin des 18. Jahrhunderts. In Rußland trugen Königin Elisabeth und später die große Katharina II. zur Modernisierung des Landes bei.

Es gab jedoch auch eine »unbedeutende« Witwe, Elisabeth Andrion-Baulacre, die im 17. Jahrhundert in Genf Gold- und Silberbarren kaufte und viele Frauen einstellte, die daraus Fäden gewannen. In den Stoffläden, die einst ihrem Gatten gehört hatten, führte Elisabeth den Einzelverkauf von kostbaren Dekorationen ein. Schließlich besaß sie ganze Häuserblocks und wurde allgemein für ihr Unternehmertum wie für großzügige Werke der Wohltätigkeit gelobt.

Zur gleichen Zeit nutzte Joan Dent, die Witwe eines Webers, in England ihren geringen Spielraum aus, so daß sie, als sie vierundachtzigjährig starb, ein Kapital von 6.000 Sterling hinterließ. Sie hatte es erworben, indem sie von Haus zu Haus zog und Kurzwaren, Strümpfe und Hemden verkaufte.

1689 starb in Hameln der Ehemann von Glückel Clayim, die ihre Erinnerungen aufgeschrieben hat. Aufgrund der Geschäftsuntüchtigkeit ihres Mannes befand sie sich mit acht Kindern in einer schwierigen finanziellen

Situation. Probleme waren ihr vertraut, hatte sie doch nach dem Tod des Vaters schon ihre Schwestern großziehen müssen. Sie stellte eine Geschäftsbilanz auf, versteigerte einen Teil des Besitzes, nahm Kredite auf und bezahlte die Schulden. Zehn Jahre arbeitete sie allein als Händlerin und erwirtschaftete ein Vermögen. 1700 heiratete sie Cerf Levy, den reichsten Bankier Lothringens. Nach jüdischem Gesetz hätte sie weiterhin ihren eigenen Besitz verwalten können. Sie übergab ihn jedoch dem Gatten. Offensichtlich hatte sie kein Glück mit den Männern, denn unvermutet machte auch Levy Bankrott, das Kapital seiner Frau zerrann. »Er hat den ewigen Frieden gefunden«, schrieb Glückel, als sie 1712 erneut Witwe wurde, »und mich mit den Sorgen und dem Ruin zurückgelassen.«

Frauen verschiedener Reeder in Nantes, Saint-Malo und Marseille spielten im 18. Jahrhundert trotz ungünstiger Gesetze offensichtlich eine wichtige Rolle bei den Familiengeschäften. Die Frau des Danycan de l'Epine, der um 1720 in Saint-Malo über ein Vermögen verfügte, das annähernd 20.000 Mark entsprach, spezialisierte sich auf die Buchführung von Aktiengesellschaften, die damals aus den Handelsunternehmen entstanden. Außerdem kümmerte sie sich um die Schiffsausstattungen. Ähnliche Fälle könnte man wahrscheinlich auch in Deutschland oder England finden, wäre die Forschung über die Tätigkeit der Frauen im 17. und 18. Jahrhundert nicht noch lückenhafter als für das Mittelalter. Es ist bekannt, daß unter den Piraten der Antillen auch zwei Frauen »Dienst leisteten«: die Irin Anne Bonney und ihre Freundin Mary Read. Sie wurden 1720 gefangengenommen und nach einem Prozeß hingerichtet.

Die Revolution der Olympe

In *Die lächerlichen Preziösen* machte sich Molière darüber lustig, daß Frauen sich an für sie so abstruse Wissenschaften wie Erdkunde, Chemie und gar Anatomie wagten. Diese Haltung verwies zugleich auf das Problem der Bildungszugänge für Frauen. Erst sehr viel später trugen Bemühungen in diese Richtung zusammen mit der Emanzipationsbewegung Früchte. 1686 gründete Madame de Maintenont, die unstandesgemäße Gattin Ludwigs XIV., die Höhere Schule von Saint-Cyr, wo verarmte Töchter aus adligen Familien erzogen wurden. Neben guten Manieren und Grundkenntnissen der Hygiene (in jenem Jahrhundert noch kaum bekannt), sorgte sie auch für Unterricht in Geschichte, Erdkunde und Recht.

In den von der Aufklärung bewegten Salons der Manon Roland, Germaine de Staël und Sophie de Condorcet zirkulierten die Ideen, die zur Revolution führten. Es war jedoch eine einfache Frau, Olympe de Gouges, die für das Leben der Frauen nach der Revolution beispielhaft wurde, die ihnen nur ein Recht zuerkannte: das auf die Guillotine.

Olympe, die Tochter eines Fleischers aus Montauban und Ehefrau eines gewissen Aubry, der ihr von der Familie aufgezwungen wurde, versuchte aus Paris zu fliehen. 1788 hatte sie mit der Großzügigkeit von Freunden 80 Mark gesammelt. Sie lernte viel, schrieb Romane und Dramen für das Theater, diskutierte in den Salons über Politik und verteidigte Bedürftige, Alte, Kinder und Witwen.

Im September 1791 erkannte sie als einzige, daß die »Erklärung über die Menschen- und Bürgerrechte« die Frauen vollkommen vergessen hatte. Daraufhin verfaßte sie spontan die 17 Artikel einer »Erklärung über die Frauenrechte«, beging jedoch den politischen Fehler, sie der Königin zu widmen. In ihrer Erklärung setzte Olympe voraus, daß die Frau frei geboren werde und dem Mann in ihren Rechten gleich sei. Sie gestand der Frau die Gleichheit in den Pflichten zu, damit diese auch Anstellungen, Berufe und öffentliche Aufgaben übernehmen könnte.

Das war eine Neuerung, die ihrer Zeit so weit voraus war, daß kaum jemand die politische Tragweite begriff, mit Ausnahme der Anhänger Robespierres. Sie hingen den Theorien Rousseaus an, für den es naturgewollt war, daß sich die Frau einzig um das Wohlergehen des Gatten und der Kinder zu sorgen habe. Fouquier-Tinville nutzte die Position, die die mutige de Gouges in der Öffentlichkeit einnahm, indem sie das Leben des Königs verteidigte, und ließ sie als Volksfeindin verhaften. Im November 1793 wurde Olympe de Gouges guillotiniert.

Mit dem *Code Napoléon*, der Rousseaus Theorien in halb Europa verbreitete, erreichten die bürgerlichen und wirtschaftlichen Möglichkeiten der Frauen ihren Nullpunkt. Frauen hatten Feudalgüter und Klöster geleitet, Handwerk und Industrien entwickelt, Kapital verwaltet und mit Währungen gehandelt. Frauen gaben das Geld für die Kunst der Renaissance und die großen Werke der Wohltätigkeit. Dennoch wurden sie einmal mehr für unfähig erklärt. Der lange und schwierige Aufstieg sollte Wege nehmen, die weit von denen der Antike entfernt waren.

Nur fünfzig Jahre vor der französischen Revolution hatte jedoch eine Frau ihrer Stadt und der Welt ein überaus kostbares Geschenk gemacht. Auch sie war eine Geschäftsfrau, Anna Maria Ludovica Medici, die letzte ihrer Sippe, ausgeschlossen aus der Regierung der Toskana, aber Herrin des unermeßlichen Familienbesitzes, bestehend aus Kunstwerken und Kostbarkeiten, angehäuft in den vom Bruder geerbten Palästen und Villen.

Die Witwe des Kurfürsten Palatino kehrte nach siebenundzwanzig Jahren Ehe zu ihrem Vater zurück, sie war schon immer seine Lieblingstochter gewesen. Sie ertrug die Verschrobenheit ihres Bruders Gian Gastone. Nach seinem Tod mußte sie mit ansehen, wie die Herrschaft über die Toskana nach dem Willen der europäischen Großmächte einem Ausländer übertragen wurde, Kaiser Franz von Lothringen, Gemahl von Maria Theresa von Österreich, der in Wien residierte und sich nur wenig um den italienischen Besitz kümmerte.

Da ihr keine andere Beschäftigung erlaubt war, widmete sich die Kurfürstin den Familiensammlungen, die sie hütete und ergänzte. So kaufte sie für die Uffizien Bilder der deutschen und der flämischen Schule. Ihr gehörten alle Kunstwerke der Uffizien und des Palazzo Pitti, neben anderen auch die der Villa Medici in Rom. Darunter waren Werke von Botticelli, Raffael, Tizian und Sammlungen von Statuen, Bronzen, Edelsteinen, das Silber der Medici und die Sammlung des Lorenzo von Vasen aus hartem Stein. Dazu kamen die Bücher zahlreicher Bibliotheken, Teppiche, Reliquienschreine, bis hin zur riesigen Garderobe mit den kostbaren Zeremoniengewändern der Familie.

Mit der ausdrücklichen Bedingung, kein Gegenstand dürfe aus Florenz entfernt werden, vermachte Anna Maria Ludovica Medici, als sie am 18. Februar 1743 ohne Erben starb, ihren unermeßlichen Besitz der Welt.

Nachwort

Auf der Schwelle zum nächsten Jahrtausend gibt es noch immer keine Gleichberechtigung zwischen den Geschlechtern – im Gegenteil. In vielen Ländern der Welt werden Frauen wieder brutal unterdrückt. Doch nicht nur die Ideologien fanatischer Fundamentalisten bringen Frauen um Recht, Freiheit und Menschenwürde, sondern es sind auch die Gesetze der modernen Marktwirtschaft, die in Industrieländern wie Deutschland das Leben bestimmen.

Zwar muß bei uns keine Frau um Leib und Leben bangen, wenn sie nach eigenem Geschmack gekleidet in der Öffentlichkeit auftritt, sie wird auch nicht bestraft, wenn sie sich scheiden läßt, oder geächtet, wenn sie ihre Kinder ohne Ehemann großzieht. Selbstverständlich stehen den Frauen in Deutschland alle Ausbildungswege offen, auch der zur Kranführerin. Seit sich jedoch die soziale und wirtschaftliche Lage in der Bundesrepublik verschärft hat, beginnt der Kampf zwischen Männern und Frauen um Arbeitsplätze erneut. Verlierer sind die Frauen, vor allem, wenn sie schlecht ausgebildet sind oder in den neuen Bundesländern wohnen. Dort wurden fast 90 % der weiblichen Arbeitskräfte zurück an den Herd geschickt.

Den Frauen die Küchenstühle, den Männern die Chefsessel, lautet die altbekannte Parole. Aber langsam, ganz langsam beginnt das Pendel zugunsten der Frauen auszuschlagen. Immer mehr Mädchen machen das Abitur, und die Hälfte der Studierenden ist weiblich. Vor allem in jenen Fächern, die vorher Domäne der Männer waren. Es ändert sich einiges, und das ist gut. »Für Hochschulabsolventinnen sind die Einstiegs- und Erfolgsaussichten in Deutschlands Großunternehmen besser denn je«, meldete die Wirtschaftswoche Ende 1996. Zwar sei der Prozentsatz weiblicher Spitzenkräfte nicht höher als 4,8 %, doch bereits im unteren Management erhöhe sich ihre Zahl auf 15 %. Angesichts steigender Absolventinnenzahlen bei den Wirtschaftswissenschaften werde sich das Bild in den Unternehmen in absehbarer Zeit ändern. Der Trend, Frauen an die Spitze, sei nicht mehr aufzuhalten, auch wenn ihr Aufstieg auf der Karriereleiter noch etwas dauere, weil auch für Frauen gilt: Um in eine Top-Position zu gelangen, braucht man (und Frau) rund zwanzig Jahre. Kein Preis ohne Fleiß. Doch Fleiß und Geduld sind ohnedies weibliche Tugenden. Eigenschaften, die insbesondere in Krisenzeiten dafür gesorgt haben, daß das wirtschaftliche und soziale Leben nicht zum Erliegen kam und die Familien nicht verhungerten. In Deutschland war dies zuletzt – aber nicht zum letzten Mal – während des Dritten Reiches und nach Kriegsende der Fall. Entgegen des offiziellen Mutter- und Familienbildes mußten die Frauen, als Hitlers Vernichtungsfeldzug immer mehr Soldaten forderte, die Arbeit der Männer in Fabriken, Behörden, Krankenhäusern und auf den Feldern übernehmen. Nach dem Zusammenbruch und als die meisten Trümmer von den Frauen beseitigt waren, besann man sich wieder der herkömmlichen Rollenteilung. Man(n) verwies die Frauen zurück ins Heim, duldete sie bestenfalls auf den Hinterbänken von Politik und Wirtschaft, auch wenn Artikel 3 des Grundgesetzes von 1949 verkündet: »Männer und Frauen sind gleichberechtigt.«

Das funktionierte bis Ende der 60er Jahre. Im Zuge der Studentenrevolte forderten die Frauen immer lauter die »Hälfte des Himmels und der Macht«. Ein frischer Geist lüftete nicht nur den »1000jährigen Muff unter den Talaren«. Das Scheidungs-, Ehe- und Familienrecht wurde zugunsten der Frauen reformiert, ebenso das Sexualstrafrecht und das Arbeitsrecht. Leichtlohngruppen und Diskriminierung am Arbeitsplatz zum Beispiel wurden zurückgedrängt, Frauenförderpläne und Quotenregelung eingeführt.

Berufstätige Frauen gehören inzwischen ebenso zum Selbstverständnis unserer Industrienation wie ihre qualifizierte Ausbildung. Und jene, die Schulen und Universitäten durchlaufen haben, lassen sich nicht mehr so ohne weiteres aus dem gesellschaftlichen Leben verdrängen. In der Auseinandersetzung um ihre Rechte haben sie mittlerweile Erfahrung und Vorbilder.

Zu allen Zeiten verwirklichten einzelne Frauen gegen herrschende Konventionen ihre Ideen. Zwei von ihnen, die sich als Unternehmerinnen Ende des 19. Jahrhunderts profilierten und deren Namen heute noch jedes Kind kennt, sind Margarete Steiff, Deutschlands »Teddy-Mutter«, und Käthe Kruse, Deutschlands »Puppen-Mama«.

Margarete Steiff wurde vor 150 Jahren, 1847, als zweitjüngstes Kind im schwäbischen Giengen an der Brenz geboren. Ihr Vater Friedrich hatte ein Baugeschäft. Mutter Maria half ihm. Das Leben als Geschäftsfrau, Hausfrau und Mutter von vier Kindern (drei Mädchen, ein Sohn) war Mitte des 19. Jahrhunderts alles andere als einfach. Margarete Steiff erinnert sich in ihrem Tagebuch, daß es für die Mutter nur eines gab: Arbeit. Hinzu kamen die Sorgen um sie, die mit eineinhalb Jahren an Kinderlähmung erkrankte und deshalb bis zum Ende ihres Lebens im Rollstuhl sitzen mußte. Trotz ihrer Krankheit aber war Margarete ein fröhliches Kind. Im Winter ließ sie sich dick eingepackt in einem Leiterwagen vor das elterliche Haus auf die Straße stellen, wo Kinder spielten. Sie erzählte Geschichten, reimte, sang Lieder und hütete Kleinkinder, die wie Küken um sie herum im Leiterwagen saßen.

Nach vielen vergeblichen Arztbesuchen und Kuren, für die die Familie immer lange sparen mußte, beschloß Margarete im Alter von 17 Jahren, keinen Doktor mehr aufzusuchen. Sie akzeptierte ihre Lähmung und konzentrierte ihre Kraft und Hoffnung auf andere Dinge. Soweit es ging, versuchte sie ein normales Leben zu führen. Sie besuchte die Schule und war auch im Nähunterricht dabei, wofür sie die Unterstützung ihrer Schwestern benötigte, die oft für sie, der rechte Arm war teilweise gelähmt, den Faden einfädeln oder den Stoff zurechtschieben mußten. Margarete litt unter Schmerzen und gab doch nicht auf. Als eine der Schwestern im Elternhaus ein Hutmachergeschäft eröffnete, in dem dann auch eine Nähmaschine stand, sah man sie dort täglich. Die Arbeit an der Maschine, für die man gesunde Beine und einen gesunden rechten Arm brauchte, war für Margarete alles andere als einfach. Die junge Frau übte so lange, bis sie die Nähmaschine mit dem linken Arm bewegen konnte. Zunächst nähte sie die Aussteuer von Verwandten, dann Frauenunterröcke und Kindermäntel aus Filz. Den stellte ein Onkel her.

1877 überredete sie ein angeheirateter Vetter, aus der einfachen Schneiderwerkstatt eine Filzkonfektionsfirma zu machen. Das Startkapital hatte Margarete zum Teil erspart, den Rest steuerte eine Tante bei, die vom Können ihrer Nichte überzeugt war. Zunächst arbeiteten Margarete und ihre Näherinnen ausschließlich für eine Stuttgarter Firma und verwendeten bereits im ersten Geschäftsjahr für 3.000 Goldmark Filz.

Im Jahre 1880 entdeckte Margarete Steiff in einer Modezeitschrift einen kleinen Filzelefanten, den sie nachnähte und Weihnachten als Nadelkissen verschenkte. Die Kinder waren so begeistert von dem Tier, daß bald die Kundinnen Schlange standen, um einen Filz-Elefanten zu erwerben. Margaretes Bruder Fritz ahnte wohl, daß diese Stofftiere das Spielzeug der Zukunft sein würden Er nahm sie mit zum Heidenheimer Christkindl-Markt. Die Begeisterung war auch hier groß.

1904 wurde auf der Leipziger Messe jenes Steiff-Tier vorgestellt, das in Zukunft zum Aushängeschild der Firma werden sollte. Der »Teddy«. Zunächst hatte Margarete große Zweifel, ob der von ihrem Neffen favorisierte Bär überhaupt Abnehmer finden würde. Tatsächlich war die Nachfrage der deutschen Händler gering. Doch am letzten Tag der Messe bestellte ein amerikanischer Käufer gleich 3.000 Exemplare des Bären, der eine Mischung aus Koala- und Braunbär war.

Der Siegeszug wäre vielleicht nicht so grandios ausgefallen, wenn eine Mitarbeiterin des damaligen amerikanischen Präsidenten den Bären nicht in einem Schaufenster erblickt hätte, als sie auf der Suche nach der Tischdekoration für die Hochzeitstafel der Präsidententochter war. Die Leidenschaft Theodor Roosevelts, die Bärenjagd, war ihr bekannt und so kaufte sie das drollige Tier. An der Festtafel bekam der Bär aus Deutschland auch seinen Namen – den Spitznamen von Theodor »Teddy« Roosevelt. Das eigentliche Teddy-Jahr aber war 1907. Von 1.700.000 Steiff-Tieren, die von 400 Näherinnen und 1.800 Heimarbeitern angefertigt wurden, waren 975.000 Teddy-Bären.

Am 9. Mai 1909 starb Margarete Steiff. Die 62jährige hat trotz ihrer starken Behinderung ein Lebenswerk geschaffen. Heute fertigen rund 1.200 Mitarbeiter in Deutschland, Österreich, Portugal und Tunesien im Auftrag der Nachkommen die Tiere mit dem Knopf im Ohr. Auch wenn inzwischen elektronisches Spielzeug den Plüschtieren den Rang streitig macht und die Firma 1994 ihren Umsatz verringerte, bringen die Steiff-Tiere noch immer 95 Millionen Umsatz in die Kasse. Daß das gelähmte Mädchen aus dem Schwäbischen mit ihrer Erfindung nicht nur Kinder aus aller Welt begeisterte, sondern auch Erwachsene, zeigte sich 1993 in London. Bei Christie's brachte ein Teddy-Girl bei einer Versteigerung 270.000 Mark. Das Tier hatte einen japanischen Geschäftsmann entzückt.

Ebenso berühmt wie die Steiff-Tiere sind die Käthe-Kruse-Puppen. Millionen von Puppenmüttern in aller Welt haben sie glücklich gemacht. Dabei mochte Käthe Kruse als Kind keine Puppen. In ihrer Biographie berichtet sie: »Ich muß immer lachen über die verdutzten Gesichter, wenn ich sage, daß ich in meiner Jugend mit Puppen gar nichts im Sinn hatte.«

Käthe Kruse wurde 1883 in Breslau als uneheliche Tochter einer Näherin und eines städtischen Beamten geboren. Das Mädchen lernte früh, »daß fast alles Schöne auf der Welt zu teuer für uns war«. Doch Käthe Simon, wie sie damals hieß, hatte Glück. Als sie mit 16 Jahren die Schule verließ, bekam sie bereits einen Tag später eine Anstellung als Schauspielschülerin und nach kaum einem Jahr stand sie auf den Brettern des Berliner Lessing-Theaters. Sie hatte sich den Künstlernamen Hedda Somin zugelegt. Ihre Monatsgage betrug 250 Mark, dafür konnte sie ihre Mutter zu sich holen, die ihr den Haushalt besorgte. Die junge Käthe fiel auf und machte Karriere. Bei einem Essen lernte sie ihren Mann, den Bildhauer Max Kruse kennen. Der Junggeselle sah gut aus und war berühmt. Unter anderem durch seine Büste von Friedrich Nietzsche, die er zwei Jahre vor dessen Tod geschaffen hatte.

Die Laufbahn als Puppenmutter begann, als Käthe zwanzigjährig mit zwei Töchtern in Ascona saß. Die Kinder wünschten sich Puppen, und Käthe bat ihren Mann, der in Berlin geblieben war, diesem Wunsch nachzukommen. Die Antwort war unmißverständlich: »Nee, ick koof Euch keene Puppen. Ick find se scheißlich.« Er fügte hinzu: »Macht Euch selber welche.«

Die erste Käthe-Kruse-Puppe war ein mit Sand gefülltes Handtuch. Knoten an den Ecken bildeten die Arme und Beine, eine Kartoffel in die Längsseite gebunden war der Kopf. Mit einem abgebrannten Streichholz wurden Augen, Nase und Mund gemalt. Im Laufe der Jahre verbesserte Käthe Kruse ihre Puppen, und ihr Talent sprach sich bald herum. Sie wurde zur Ausstellung »Spielzeug aus eigener Hand« geladen, die ein Berliner Warenhaus veranstaltete. Fortan interessierte sich die Geschäftswelt für Käthe Kruses Puppen. Auch wenn man zunächst wenig begeistert war von Puppen ohne Kulleraugen, Kugelgelenke und Perücken. Doch Käthe Kruse hatte den Geschmack der Kinder getroffen, die etwas zum Knuddeln wollten. Ihre sieben eigenen Kinder lieferten ihr ausreichend Anschauungsunterricht. 1911 kam der erste große Auftrag aus Amerika: »150 Käthe-Kruse-Puppen, Liefertermin 8. November free on board. Bremen.«

150 Puppen wurden nun mit Hilfe von Näherinnen und einem Maler, der die Augen pinselte, im Heimarbeitsverfahren hergestellt. Die Arbeit des Malers hätte fast das Ende der Käthe-Kruse-Puppen bedeutet, denn der Mann hatte wasserlösliche Farbe benutzt. Der amerikanische Einkäufer zeigte sich tolerant und bestellte 500 Puppen nach. Die konnten nun nicht mehr am Eßzimmertisch gefertigt werden, und Käthe Kruse eröffnete in Bad Kösen ihre erste Werkstatt, die bis 1950 bestand.

Was es heißt, zwischen Beruf und Familie hin- und hergerissen zu werden, erfuhr Käthe Kruse zu einer Zeit, als die Mehrzahl der Frauen diesen Spagat noch nicht probten. »Wenn der Mann aus dem Geschäft nach Hause kommt, begrüßt ihn freundlich seine Frau. Sie hebt mahnend die Hände und flüstert: ›Kinder, seid schön leise, Vater ist müde, Vater muß nachdenken!‹ Kommt aber die Frau aus dem Geschäft nach Hause – ach du lieber Himmel! Der Mann blickt hoch von der Zeitung auf und brummt: ›Später konnste wohl auch nicht kommen!‹«

Der Erste Weltkrieg und die Inflation machten den Kruse-Werkstätten zu schaffen. Zum Glück brachte das Auslandsgeschäft Bestellungen aus den USA, Schweden, der Schweiz, Holland und England. Käthe Kruse wußte sehr wohl, was es hieß, wenn Menschen aus aller Welt gerade in dieser Zeit nach ihren Puppen verlangten: »Gerade in der Inflationszeit war mir klar, daß meine Puppen so reißend Absatz fanden, nicht weil sie gut und schön waren, sondern weil man sie in der Katastrophe der deutschen Mark für ein Ei und ein Butterbrot entführen konnte. Es war eine Ausplünderung.« Doch sie tröstete sich mit dem Gedanken an die vielen Kinder, denen ihre Puppen Freude bereiten würden.

1925 gewann Käthe Kruse eine bis dahin einmalige Klage. Sie prozessierte gegen einen Spielzeugfabrikanten, der Puppen auf den Markt brachte, die er »Imitation der Käthe-Kruse-Puppe« nannte. In der ersten Instanz gewann sie, in der zweiten die Gegenseite. Vor der letzten Instanz, dem Reichsgericht, vertraten die Konzernjuristen in einem Schlußplädoyer die Auffassung, es sei immer so gewesen und auch unbedingt notwendig, daß, wenn ein Künstler etwas schafft, was ein breites Interesse weckt, aber zu teuer für die Masse ist, sich die Industrie dieser Idee annimmt, um sie der Allgemeinheit zugänglich zu machen. Doch die Richter des Senats sahen das anders. Sie gaben Käthe Kruse recht. Es war das erste Mal, daß einem »Spielzeug« urheberrechtlicher Schutz zugebilligt wurde.

1929 kamen die Käthe-Kruse-Puppen nach Barcelona zur Weltausstellung, und ihre Erfinderin brachte die erste Echthaarpuppe heraus. 200 Gramm echtes Haar mußten Kunden später mit der Bestellung abliefern, wollten sie eine solche Puppe erstehen.

1937 war die Puppenmutter mit auf der Weltausstellung in Paris. Käthe Kruse hatte ihre Philosophie: »Einfach darf Spielzeug sein, billig darf es sein, nur Schund darf es nicht sein. Geschmack muß erzogen werden.«

Aber auch erfolgreiche Menschen bleiben von Schicksalsschlägen nicht verschont. Im Zweiten Weltkrieg verlor sie zwei Söhne und wenig später ihren Mann. Nach den Flüchtlingsströmen aus dem Osten kamen die amerikanischen Besatzer. Und wieder sind es die Puppen, die eine »Brücke von Mensch zu Mensch schlagen«. Kaum hatten die Amerikaner von den Käthe-Kruse-Werkstätten gehört, fanden sie sich ein und erzählten, daß ihre Mütter und Schwestern mit dem »Träumerchen«, dem »Schlenckerle«, dem »Jockele« oder der »Ilsebill« gespielt hatten. Ein Geschäft bedeuteten die Besuche allemal. Nach drei Tagen amerikanischer Besatzung waren sämtliche Puppen verkauft.

1950, der Betrieb in Bad Kösen platzte aus allen Nähten, wurden die Käthe-Kruse-Werkstätten nach Donauwörth verlegt.

13 Jahre später – 1968 – starb die Gründerin der berühmtesten Puppen-Werkstatt. »Nein, ich bin nicht die ›Puppen-Kruse‹. Ich habe nichts ›erfunden‹. Max hat ein Samenkorn in mich hineingelegt, das hieß: ›Mach eine Puppe!‹ Und ich bin einfach meinem Gefühl gefolgt. Und ich bin auch keine Philosophin. Aber vielleicht eine Idealistin«, bekennt sie in ihren Memoiren.

1990 verkauften Tochter Hanne (»Hannerl«) und ihr Mann Heinz Adler der Wienerin Andrea Christenson, ihrem Mann Stephen, einem amerikanischen Textilhändler und dem Fürstenpaar zu Castell-Castell die Käthe-Kruse-Werkstätten mit 65 Mitarbeitern. Die neuen Manager wollten das alte Image der Käthe Kruse wieder aufleben lassen, vor allem in Japan und Amerika. Statt 20.000 Puppen sollten in Zukunft 25.000 Exemplare über die Theke gehen. Und ähnlich wie bei den Tieren von Margarete Steiff schlägt auch bei Käthe-Kruse-Puppen das Sammlerherz hoch. Bis zu 15.000 Mark werden inzwischen für das »Schlenckerle« aus dem Jahre 1922 geboten.

Der Weg von der Hausfrau zur erfolgreichen Geschäftsfrau ist geknüpft an gesellschaftliche, politische und wirtschaftliche Bedingungen. Margarete Steiff hatte das Glück, in einer gutbürgerlichen Familie aufzuwachsen. Sie wurde nicht verwöhnt, aber immer gefördert. Das trug zu ihrem Selbstbewußtsein bei. Käthe Kruse, die zwar aus ärmlichen Verhältnissen stammte, erhielt durch die Heirat mit Max Kruse, der nicht nur ein bekannter Bildhauer war, sondern auch als Sohn eines reichen Sägemühlenbesitzers über Geldmittel verfügte, die Möglichkeit, ihre Ideen zu verwirklichen. Die Frauen haben ihre Chance genutzt und das Beste daraus gemacht.

Der Aufbau eines Imperiums war für Frauen in den letzten Jahrzehnten nie wieder so günstig, wie nach dem Zweiten Weltkrieg. Die Diktatur war zerschlagen, die alte Ordnung mit ihren bürokratischen Hierarchien und antiquierten Normen überholt. Schlagworte wie »Marktsättigung« oder »Konsummüdigkeit« kannte man noch nicht – im Gegenteil. Die Menschen benötigten einfach alles. Wer eine Produktions- oder Verkaufsidee hatte, zudem couragiert war, fest an sich glaubte und bereit war, 100prozentigen Einsatz zu leisten, der konnte mit Erfolg rechnen. Die Stunde Null war der Anfang weiblichen Unternehmertums. Es war die Zeit der Grete Schickedanz, Beate Uhse und Aenne Burda.

So unterschiedlich Deutschlands erfolgreichste Versandhauschefin,

Verlegerin und Sex-Unternehmerin auch sein mögen, ihre Eigenschaften, die zum Erfolg führten, gleichen sich. Es sind: Phantasie, Mut, Selbstbewußtsein, große Leistungsbereitschaft und Geschäftssinn.

Daß die 1910 als Tochter eines Lokomotivführers in dem badischen Städtchen Offenburg geborene Aenne Magdalena Lemminger einmal als Aenne Burda die erfolgreichste Verlegerin der Bundesrepublik werden sollte, war ihr nicht an der Wiege gesungen worden. »Das alles kommt nur vom Wirtschaftswunder«, erklärte sie einmal in einem Interview. Ihre Karriere jedenfalls hat sie zwei Zufällen zu verdanken. Zunächst mußte die Tochter des Eisenbahners als Lehrmädchen der Elektrizitätswerke Offenburg Schulden bei der Druckerei Burda eintreiben. Dabei lernte sie den Sohn des Druckereibesitzers Franz kennen und lieben. 1931 heirateten sie. Nacheinander wurden drei Söhne geboren. Die Druckerei hielt sich mit dem Druck einer kleinen Radiozeitung über Wasser. Der junge Franz Burda war aber nicht nur tüchtig, sondern auch flexibel. Als die Nazis seine Radiozeitung verboten, druckte er Wehrmachtskarten und Luftbildpläne. 1948 kam eine Illustrierte hinzu, *Das Ufer*, später in *Bunte* umbenannt. In dieser Zeit passierte der glückliche zweite Zufall. Eine Freundin ihres Gatten verlegte eine Frauenzeitschrift namens *Effi-Moden*. Dieses Blatt stand bei der Burda-Druckerei mit 200.000 Mark in der Kreide. Franz Burda schenkte seiner Frau die Zeitschrift mit der Auflage, etwas daraus zu machen und die Schulden abzubezahlen. Die dreifache Mutter und Hausfrau kannte sich weder in der Modebranche aus noch als Chefredakteurin, Verlegerin und Unternehmerin. Das einzige, was die fast 40jährige Aenne besaß – und damit gleicht sie Grete Schickedanz – waren, neben der mittleren Reife und der kaufmännischen Ausbildung, Charme, Energie, sicheren Geschmack und grenzenloses Selbstvertrauen. Jahrzehnte später erzählt sie: »Gelernt hatte ich ja im Grunde gar nichts, aber wenn mich damals einer gefragt hätte, was ich kann, dann hätte ich gesagt: Alles, ich interviewe auch den Präsidenten.«

Aenne Burda machte aus *Effi-Moden* das Service-Heft *Burda-Moden*. Als erstes stellte sie eine Schneiderin ein, die Schnittmusterbögen nach den Vorstellungen der Verlegerin entwarf. Diese Bögen wurden wichtigster Bestandteil des Heftes, und schon bald waren zigtausend deutscher Frauen damit beschäftigt, die Schnittmuster auf Stoff zu übertragen und nach den Vorschlägen von Aenne Burda Kleider, Röcke, Blusen und Schürzen zu nähen. So kam es, daß eine Hausfrau aus Offenburg den Stil der Nachkriegszeit in Deutschland maßgeblich mitbestimmte.

Daß *Burda-Moden* überhaupt bundesweit vertrieben wurde, ist ebenfalls dem Selbstbewußtsein und der Überredungskunst der Chefredakteurin und Verlegerin zu verdanken. Sie fuhr zu einem Grossisten-Stammtisch nach Hamburg und hielt den Männern, »die mich erst ausgelacht haben«, so lange einen Vortrag, »wie toll die Zeitschrift ist, bis sie es mir geglaubt haben«. Aenne Burda ist allein, ohne Hilfe des Ehegatten, groß herausgekommen. Die Unternehmen Burda-Moden und Bunte entwickelten sich unabhängig voneinander. Keiner der Ehepartner redete dem anderen ins Geschäft.

Die *Burda-Moden* traf den Zeitgeist der fünfziger Jahre. 1965 übersprang das Heft die Millionengrenze, und in den achtziger Jahren sorgten fünf Millionen Exemplare in 18 Sprachen und mehr als 100 Ländern für ratternde Nähmaschinen. »Mit den Strickwaren, die mit Aenne Burdas Hilfe entstanden, hätte man den Globus mehrmals einkleiden können«, mutmaßte der Journalist Herbert Rieh-Heyse in einem Porträt über die Wirtschaftswunderfrau.

Doch bis Aenne Burda mit Raissa Gorbatschow auf dem berühmten Moskauer Sofa saß und dem »schlecht geschneiderten Realsozialismus« mit der russischen Ausgabe von *Burda-Moden* begegnen konnte, war mehr als ein halbes Leben vorbei. Es waren Jahre, ganz dem Aufbau und Erfolg gewidmet. Da mußten auch die eigenen Kinder zurückstecken, was Aenne Burda später beklagte. Mittlerweile sind die Kinder längst erwachsen und das Ehepaar zu einem der »Fürstenpaare« der Bundesrepublik aufgestiegen.

Die Zeit der Schnittmusterhefte ist in Deutschland vorbei. Frau geht lieber shoppen. Nicht so in China, wo eine entsprechende Ausgabe der *Burda-Moden* das Umschneidern von Millionen Mao-Kitteln anregt.

Ein Jahr nach Aenne Burda erblickte in Fürth Grete Lachner, besser bekannt als Grete Schickedanz, als drittes von fünf Kindern das Licht der Welt. Da die Mutter arbeiten mußte, wuchs Grete bei Großmutter und Onkel, einem Gastwirt, auf. Schon früh mußte sie in der Gaststätte mithelfen. Doch trotz der Armut – das Mädchen war so dünn, daß die Lehrerin ihr Milchpulver zusteckte – entwickelte Grete einen starken Willen. Mit 15 Jahren stellte sie sich bei dem Familienbetrieb »Gustav Schickedanz Kurzwaren en gros« vor. 1927 begann sie als fünfte Mitarbeiterin. Ein Jahr später gründete der Kaufmann Schickedanz das Versandhaus »Quelle«. Die Idee war, Einzelhandelskunden direkt von den Produktionsbetrieben aus zu Großhandelspreisen zu beliefern. Der Hauptkundenstamm wohnte auf dem Land. Die Idee des Versandhandels war nicht neu. Sie kam aus den USA.

Ladenmädchen Grete durchlief bei Quelle eine harte Schule. Die Arbeit begann um sieben Uhr morgens und endete oft nicht vor neun, zehn Uhr abends. Von der ersten Frau Gustav Schickedanz', Anna, lernte sie viel. Der Versand war mühsam. Quelle kalkulierte mit Bruchteilen von Pfennigen. Ihr Hauptgeschäft machte die Firma bald mit Wolle. 1929 verunglückten Anna Schickedanz, ihr Sohn Leo sowie der Vater des Firmengründers tödlich. Grete arbeitete in der Buchhaltung und entwickelte sich allmählich zur rechten Hand des Chefs. Das Versandhaus expandierte und Grete wurde von Gustav Schickedanz häufig zu Einkaufsgesprächen mitgenommen. 1942 – zehn Jahre nach dem Tod der ersten Ehefrau – wurde sie »Frau Quelle«. Bis zum Ende des Zweiten Weltkrieges wirkte Grete Schickedanz im Schatten ihres Mannes. Nach einem kräftigen Wachstum in den 30er Jahren stand die Firma am Ende des Krieges vor dem Nichts. Lager, Büros und Fertiganlagen waren zerstört, die Kundenkartei, das Herzstück des Versandhandels, in Flammen aufgegangen. Das Geschäft funktionierte nur noch als Notbetrieb, bis die restlichen Lagerbestände im April 1945 vor dem Einmarsch der amerikanischen Truppen auch noch geplündert wurden.

Mit den letzten Stoff- und Wollresten begann Grete Schickedanz von vorn. Sie tauschte die Ware bei Bauern gegen Lebensmittel und hielt damit die Familie über Wasser. Es gelang ihr, mit Hilfe örtlicher Behörden und der Besatzer, Kontakte zu früheren Lieferanten zu knüpfen. Mit einem Fünftonner-Lastwagen, den man ihr nebst Fahrer zur Verfügung stellte, fuhr sie los, um Ware aufzutreiben. Ihr Ehemann war von 1945 bis 1949 mit einem Berufsverbot belegt

Bis 1948 versorgte Quelle weisungsgemäß Flüchtlings- und Vertriebenenlager. Erste Werbeaktionen für andere Kunden starteten mit Einführung der D-Mark. Kurz nach der Währungsreform erschien der erste Katalog. Auf vier Seiten wurden Babyausstattungen, Stoffe, Wecker mit Leuchtziffern angeboten. Was fehlte, war der Standardartikel der Vorkriegsjahre: die Wolle.

Grete Schickedanz kümmerte sich neben ihrer Domäne, dem Einkauf, um die Werbung. Wie im Hause Burda mußte auch bei Schickedanz die Tochter oft auf die Mutter verzichten.

1949 eröffnete in der Fürther Innenstadt das erste Kaufhaus. Und es ging weiter aufwärts. 1950 klingeln bereits zwölf Millionen in der Kasse.

Die Kundenkartei war auf 100.000 angestiegen, das Päckchengeschäft boomte. Ein Jahr später erreichte der Konzern mit über 40 Millionen Mark Umsatz das Rekordniveau der Vorkriegszeit. 1955 wurde die erste computergesteuerte Versandstraße in Betrieb genommen, auf der täglich bis zu 100.000 Sendungen abgefertigt wurden. 1.800 Mitarbeiter waren im Quelle-Handel tätig, noch einmal 1.100 in den vier eigenen Produktionsstätten, dazu kamen zig Lohnbetriebe mit Tausenden von Angestellten.

Zu ihnen hatte Grete Schickedanz immer ein besonderes Verhältnis. Sie gründete die ersten Betriebskindergärten. Im Oktober 1954 wurde eine betriebliche Altersversorgung eingeführt, ebenso eine Pension für Mitarbeiter am Tegernsee erworben. Nicht nur die Mitarbeiter, auch andere profitierten vom sozialen Engagement der erfolgreichsten deutschen Kauffrau. Unterstützt wurden die Krebshilfe von Mildred Scheel, die Universität Tübingen, ein Knabenchor, Sporteinrichtungen, das Rote Kreuz in Fürth, für dessen Altenpflegeheim sie die Patenschaft übernahm, und zwei Bürgermeister, die für ihre Stadt einmal 100.000 Mark und einmal eine Million erhielten.

Für Lebensleistung, Einsatz und Engagement erhielt sie nicht nur einen Professorentitel vom österreichischen Präsidenten, sondern auch das große Verdienstkreuz mit Stern.

Das kleine Ladenmädchen stieg in sechs Jahrzehnten zur viertreichsten Frau Europas auf – nach Königin Elisabeth aus England, Königin Beatrix aus den Niederlanden und der Industriellenwitwe Johanna Quandt. Ihr Vermögen beläuft sich nach Schätzungen auf 3,5 Milliarden Mark, das Gesamtvermögen der Familie wird auf rund sieben Milliarden Mark geschätzt.

»Ich denke, ich habe im Laufe der Jahre den Beweis erbracht, daß eine Frau an führender Stelle in der Wirtschaft stehen kann«, formulierte sie kurz nach dem Tod ihres Mannes und fügte hinzu: »Eine Frau hat es schwer, sich durchzusetzen, sich zu behaupten, besonders in einer Führungsposition, das ist leider eine Tatsache.«

Wenn es eine Binsenweisheit gibt, die auf erfolgreiche Frauen zutrifft, dann jene, daß Ausnahmen die Regel bestätigen. So gehört auch Beate Uhse dazu, die 1943 als Testpilotin und Hauptmann der Luftwaffe den Himmel und bestimmt auch eine Reihe von Männern unsicher machte.

1919 wurde die wagemutige Frau in Wargenau (Ostpreußen) als Tochter eines Gutsbesitzers und einer Ärztin geboren. Schon als Teenager wußte sie: »Ich werde Einfliegerin«, nach heutigem Sprachgebrauch Testfliegerin. Dank einer Sondergenehmigung erhielt sie bereits als 17jährige Flugunterricht. Mit 18 Jahren erwarb sie ihren Flugschein. Im Krieg wurde sie dann in ein Überführungsgeschwader aufgenommen und flog im Rang eines Hauptmanns Jagdmaschinen, unter anderem die berühmte »Stuka«.

Außergewöhnlichen Mut bewies sie 1945, als sie sich auf der Flucht vor den Russen mit ihrem eineinhalbjährigen Sohn und dem Kindermädchen von Berlin zum Flugplatz Gatow durchschlug, dort zwischen zerschossenen Flugzeugen eine funktionstüchtige Maschine fand und in der Dämmerung mit Kind, Säuglingsschwester und zwei Verwundeten eine halbe Stunde, bevor die Russen den Flugplatz eroberten, ins Ungewisse startete. Dicht über dem Boden, unter russischen Jägern, eine Hand am Steuer, mit der anderen Leuchtspur-Erkennungsmunition abwerfend, damit sie nicht von den eigenen Leuten abgeschossen wurde, landete sie am 30. April 1945 in einem schleswig-holsteinischen Örtchen namens Leck nahe Flensburg. Nach kurzer britischer Gefangenschaft ließ sie sich in dem Dorf Braderup nieder.

Das Leben in dem von Flüchtlingen überfüllten Ort war völlig aus den Fugen geraten. Es gab keine Verhütungsmittel, dafür ungewollte Schwangerschaften, die Frauen in dieser Zeit am meisten fürchteten. Beate Uhse fand in einem Archiv das Buch der Gynäkologen Knaus und Ogino, denen es gelungen war, die empfängnisreichen Tage der Frau zu bestimmen. Im Bekanntenkreis gab sie die Information weiter. Es sprach sich schnell herum, daß die Tochter einer Ärztin wußte, wie man verhütet. Immer mehr Frauen aus der Umgebung ließen sich von ihr Empfängnisverhütungskalender aufstellen. Da lag der Gedanke nahe, gleich ein allgemeinverständliches Heftchen anzufertigen. Mit ihren Aufklärungsblättern machte Beate Uhse den ersten Schritt für ihre spätere Karriere. Zum Preis von zwei Reichsmark, dem Gegenwert einer Viertelzigarette, bot sie ihre zwei Seiten lange, auf Schwarzmarktpapier gedruckte Rechenhilfe an. Die Resonanz war so groß, daß sie versuchte, die Broschüre mit Hilfe einer Werbekampagne in hohen Stückzahlen unter die Frauen zu bringen. Beate Uhse ließ Prospektzettel drucken und in sämtliche Briefkästen verteilen. Vierzig Prozent aller Empfänger bestellten die Uhse-Aufklärungsschrift. In wenigen Monaten waren 30.000 Stück verkauft. Einmal begonnen, lief das Geschäft fast von allein. Die Kunden verlangten Informationen über andere Verhütungsmittel. 1952 – inzwischen war sie zum zweitenmal verheiratet und Mutter eines weiteren Sohnes geworden – verschickte sie ihren ersten Mini-Katalog. Ein Jahr zuvor war das »Versandhaus Beate Uhse« in Flensburg ins Handelsregister eingetragen worden. Die Firma beschäftigte vier Mitarbeiter. Elf Jahre später, 1962, wurde in Flensburg der erste Sexshop – damals »Institut für Ehehygiene« genannt – eröffnet.

Das kleine Versandhaus hat sich mittlerweile zu Europas größter Sex-Unternehmensgruppe entwickelt, mit Filmtheatern, Sexshops und Erotik-Versand. Seit 1996 gibt es sogar ein Sex-Museum. In der Bundesrepublik existieren rund 200 Versender erotischer Artikel und ebensoviele Besitzer von Sexshops. Doch keinem glückte, was Beate Uhse gelang. Einfach wurde ihr das Geschäft nicht gemacht. Staatsanwaltschaft und Polizei durchsuchten mehrmals Laden- und Privaträume, immer wieder stand sie vor Gericht. Anstiftung zur Unzucht lautete meist der Vorwurf. Erst als 1975 der Pornoparagraph (184) freigegeben wurde, änderte sich das Klima. Bis dahin verweigerten Zeitungsverlage der Firma Uhse Anzeigen, Pfarrer wetterten von der Kanzel gegen die Sex-Unternehmerin und befanden sich damit an der Seite von Feministinnen, die gegen die Vermarktung der Frau protestierten. Die ehrpusselige Flensburger High-Society verweigerte ihr den Beitritt in den örtlichen Tennisclub, und auch der Verband deutscher Unternehmerinnen wollte die erfolgreiche Geschäftsfrau nicht aufnehmen.

98 % der Deutschen verbinden etwas mit dem Namen Beate Uhse. »Liebedienerin der Nation«, »Nachtaufklärerin« und »Deutschlands Schlummermutter« lauten die Titulierungen. Dem Unternehmen hat es nicht geschadet, längst läuft das Geschäft mit dem Sex über die Grenzen Deutschlands hinaus. Aus dem einstigen Versandhandel, den die dreifache Mutter am Küchentisch begonnen hat, ist ein weltweit florierendes Imperium geworden. Die achteckige, 1969 eröffnete Firmenzentrale, vom Volk kurzerhand »Sex-Eck« getauft, steht in Flensburg. Ob Beate Uhse oder die Sünderkartei für Autofahrer die Stadt berühmter gemacht haben, darüber kann man streiten.

Was Frauen wie Grete Schickedanz, Aenne Burda und Beate Uhse vorgemacht haben, darin ist die Töchtergeneration ihnen nachgefolgt. Die heute 30- bis 50jährigen gehören zu dem neuen Typ Unternehmerin, die in allen Branchen, auch in Männerdomänen, Erfolge vorweisen können. »Das Interesse am Unternehmertum hat die Frauen gepackt«, stellte bereits 1985 der *stern* fest, in einem Artikel mit der Überschrift: »Die Chefinnen kommen«. Die Autorin beschreibt dort die Arbeit einer Metallgroßhändlerin, einer Industriemaklerin und einer Spediteurin. Letztere, Annelie Schöttke-Range, hatte als 30jährige vom Vater eine kleine Firma geerbt und diese dann zu einem Unternehmen mit 65 Mitarbeitern und 20 Transportzügen ausgebaut.

»Unternehmerin des Jahres« wurde 1979 die 40jährige Viola Hallmann. Sie übernahm die 1.200 Mitarbeiter große Stahlwerkfirmengruppe vom Vater und verdoppelte in wenigen Jahren den Umsatz. Als sie Unternehmerin des Jahres wurde, hatte sie ihn mit 300 Millionen Mark verdreifacht.

Daß Frauen nicht mit Geld umgehen können, widerlegen die genannten Unternehmerinnen ebenso wie jene Frauen, die den Investment-Club »Sekt oder Selters« gegründet haben. Ähnliche Clubs gibt es in Deutschland zwar seit Beginn der siebziger Jahre, doch inzwischen sind rund ein Drittel der Mitglieder weiblich.

Daß immer mehr Frauen mitspielen wollen beim großen Monopoly, zeigte sich auch 1988. Damals recherchierte die *Süddeutsche Zeitung*, daß über vierzig Prozent der 3,2 Millionen Aktionäre in Deutschland Frauen sind.

Konnte man nach dem Krieg die erfolgreichen Karrierefrauen noch an einer Hand abzählen, bestehen in der Bundesrepublik mittlerweile 120.000 erfolgreiche Unternehmerinnen, die Firmen mit mehr als zehn Mitarbeitern und einem Jahresumsatz von mehr als einer Million Mark leiten.

Jil Sander ist eine von ihnen. Ihr Name wurde zum Markenzeichen – und das innerhalb weniger Jahre. 24 Jahre alt war Jil Sander, als sie 1967 beschloß, den Beruf der Moderedakteurin gegen den der Boutiquen-Besitzerin einzutauschen. Im Hamburger Stadtteil Pöseldorf setzte sie ihre Vorstellung von Mode um. Inzwischen sind 28 Jahre vergangen und die Modemacherin hat nicht nur internationale Preise bekommen, sie hat auch einen Lehrauftrag an der Wiener Hochschule für Angewandte Kunst.

Es war kein unaufhaltsamer Aufstieg, wie der Weg nach oben gern genannt wird. Zu oft wird übersehen, daß Unternehmensgründung und -führung eine enorme Arbeitsleistung, Mut zum Risiko und Standvermögen erfordern. Jil Sander verfügt neben diesen Eigenschaften noch über eine weitere: dem Drang zur Selbständigkeit.

Ein eigenes Mode-Konzept wollte sie herausbringen. Sie wollte Frauen nicht verkleiden, sondern »ihnen durch eine legerere, aber qualitativ hochwertige Kleidung ein besseres Körpergefühl geben oder eine bessere Selbstverständlichkeit«.

Wie Aenne Burda begann auch Jil Sander mit ihrer Mode zum richtigen

Zeitpunkt. Die selbstbewußte, erfolgsorientierte, eigenständige Frauengeneration zog der »madamig-fraulichen« Mode einen entkrampfteren, schlichten Stil aus edlen Materialien vor. Ihre klare Linie und das Gespür für Trends waren wichtige Voraussetzungen für ihren Erfolg. Schon die Auswahl des Standortes zeugte von Unternehmensgeist. Aus dem eher studentisch geprägten Wohnviertel Pöseldorf wird sukzessive ein Viertel, in dem sich Gutverdienende niederlassen. Sechs Jahre bot sie in ihrem Laden Einzelkollektionen an und belieferte mit den kleinen Serien auch andere Boutiquen. Vier Jahre davon arbeitete sie als Designerin und Modeberaterin von großen Industriefirmen, ihre »Lehrzeit«. Mit einer eigenen Produktion in größerem Rahmen begann sie 1973 und hatte sofort Erfolg und Ärger. Der Flut an Bestellungen, die über sie hereinbrach, konnte kaum nachgekommen werden. Die Produktion in Deutschland klappte ebensowenig wie der Versuch, in Indien zu produzieren. Schließlich wurde ihre Mode in Italien hergestellt. Drei Jahre kämpfte sie mit den Kinderkrankheiten eines jungen Unternehmens, »bis sich der Knoten löste«.

Mittlerweile hat Jil Sander, die inzwischen auch Kosmetik und Parfüms anbietet – mit ihrem Unternehmen die 150-Millionen-Umsatzmarke überschritten. 1989 ging sie an die Börse, ihre Jil Sander GmbH wurde in eine Aktiengesellschaft umgewandelt, die sich dank hoher Umsätze und starker Erträge erfolgreich auf dem Weltmarkt bewegt.

In der Geschichtsschreibung findet man kaum etwas über die wirtschaftlichen und politischen Aktivitäten von Frauen. Ihre Arbeit und ihr Wirken war den Historikern, wenn überhaupt, nur eine Fußnote wert. Erst als Frauen wie Maria Luisa Minarelli, auf der Suche nach ihren feministischen Wurzeln, Archive durchforsteten, entdeckten sie jene Geschlechtsgenossinnen, die in den vergangenen Jahrhunderten Politik, Recht, Wirtschaft und Religion beeinflußt haben. Sie hielten als Herrscherinnen das Zepter in der Hand, verwalteten große Güter, leiteten Klöster, führten Handwerksbetriebe, bauten Handelsimperien auf, verwalteten Finanzen und gründeten Industriebetriebe. Nebenher waren sie es, die zusätzlich für das Wohl der Sippe sorgten. Und nicht wenige Familien verdanken ihr Überleben ausschließlich den Ehefrauen und Müttern. Sie leisteten meist mehr als ihre Männer, auch wenn diese im Rampenlicht und die Frauen in der zweiten Reihe standen.

Vor allem im 17. und 18. Jahrhundert, war das Maß an Frauenfeindlichkeit, gepaart mit ökonomischer Abhängigkeit von Ehemann, Vater oder anderen männlichen Verwandten besonders hoch. Inzwischen hat sich die Lage zugunsten der Frauen verändert – zumindest in Deutschland. Bleibt zu hoffen, daß die Frauen, klug geworden durch ihre oft leidvolle Geschichte, sich im 21. Jahrhundert nicht wieder ihre hart erkämpften Leistungen, die errungenen Erfolge aus den Händen schlagen lassen, sondern weiter darauf bauen. Für die andere Hälfte des Kapitals braucht Frau auch die andere Hälfte der Macht.

Monica Weber-Nau

Literatur

Völker-Kraemer, Sabine, *Wie ich zur Teddymutter wurde. Das Leben der Margarete Steiff*, Stuttgart, Quell Verlag, 1996.

Kruse, Käthe, *Das große Puppenspiel. Mein Leben*, Duisburg, Verlag Puppen und Spielzeug, 1996.

Metzler, Gabriele, *Frauen, die es geschafft haben*, Düsseldorf, Econ-Verlag, 1985.

Quarella, Doris/Blobel van Waasen, Brigitte, *Frauen ganz oben*, Schaffhausen, Verlag Photographie, 1986.

Weber-Nau, Monica/Antes, Michael, *Liebe, Geld und Pleite*, München, Knaur-Taschenbuch-Verlag, 1996.

Bibliographie

AA. VV., *Huitième centenaire de Notre-Dame de Paris*, Paris, Librairie philosophique, 1967.

Anderson, Bonni S., Zinsser, Judith, *Eine eigene Geschichte: Frauen in Europa*, Zürich 1992/1993.

Barberino, Francesco da, *Reggimento e costumi di donna*, hrsg. v. G. E. Sansone, Turin, Loescher, 1957.

Barthélemy, Dominique, »Domestizierte Festung: 11.–13. Jahrhundert«, in: *Geschichte des privaten Lebens*, 2. Band: *Vom Feudalzeitalter zur Renaissance*, S. 373-398, Frankfurt/Main, S. Fischer, 1990.

Barthélemy, Dominique, *Les deux âges de la seigneurie banale*, Paris, Publications de la Sorbonne, 1984.

Beaucamp, Joëlle, »La situation juridique de la femme à Bysance«, in: *La femme dans les civilisations des X-XIII siècles*, S. 55-86, Université de Poitiers, 1977.

Bellettini, A., »La popolazione italiana«, in: *Storia d'Italia*, Bd. V, S. 489-535, Turin, Einaudi, 1973.

Bertolani del Rio, M., »Matilde di Canossa e l'assistenza ai pellegrini e agli infermi«, in: *Atti e memorie per la Deputazione di Storia Patria per le antiche provincie modenesi*, Serie VIII, Bd. VIII, 1956.

Bezzola, R., *Les origines et la formation de la littérature courtoise en Occident*, 3. Teil, Paris, Champion, 1963.

Billoud, J., *Le livre en Provence du XVI au XVII siècle*, Marseille, Saint-Victor, 1962.

Bloch, Marc, *Lavoro e tecnica nel Medio Evo*, Rom-Bari, Laterza, 1959.

Bloch, Marc, *Lineamenti di una storia monetaria d'Europa*, Turin, Einaudi, 1981.

Bloch, Marc, *Rois et serfs*, Paris, Champion, 1920.

Bosch, J. W., »Le statut de la femme dans les anciens Pays-Bas septentrionaux«, in: *La femme. Recueils de la société Jean Bodin*, II. Teil, S. 323-350, Brüssel, Librairie Encyclopédique, 1959.

Bourcier, E., *Les journaux privés en Angleterre de 1600 à 1660*, Université de Lille III, 1977.

Boussard, J., »La vie en Anjou aux XI-XII siècles«, in: *Le Moyen Age*, Bd. 56, 1950.

Bradford, Ernle, *Drake*, Columbus, Ohio, 1991.

Braudel, Fernand, *Civilisation économique et capitalisme aux XV-XIII siècles*, Bd. 2: *Les jeux de l'échange*, Paris, LGF, 1993.

Braudel, Fernand, *Civilisation économique et capitalisme aux XV-XVIII siècles*, Bd. 3: *Le temps du monde*, Paris, LGF, 1993.

Braudel, Fernand, *Les jeux de l'échange*, Paris, LGF, 1993.

Braudel, Fernand, *Les structures du quotidien*, Paris, Armand Colin, 1986.

Braudel, Fernand, *Das Mittelmeer und die mediterrane Welt in der Epoche Philipps II.*, Frankfurt/Main, 1992.

Bréhier, L., *Le monde byzantin*, Bd. III, Paris, Albin Michel, 1970.

Calmette, Joseph, *Storia di Spagna*, Florenz, Sansoni, 1962.

Camporesi, Piero, *Das Brot der Träume. Hunger und Halluzinationen im vorindustriellen Europa*, Frankfurt/Main, Campus, 1990.

Chaban-Delmas, J., *La dame d'Aquitaine*, Montecarlo, R. C. M., 1987.

Chastenet, Jacques, *Elisabeth I, Reine d'Angleterre*, Paris, 1960.

Christine de Pizan, *Œuvres poétiques*, hrsg. v. J. Robineau, Paris, Firmin Didot, 1886.

Cloulas, Ivan, *Cathérine de Médicis*, Paris, 1984.

Constantin VII Porphirogénète, *Le livre des cérémonies*, übersetzt v. A. Vogt, Paris, Les belles lettres, 1935.

Contamnie, Philippe, »Bäuerlicher Held und päpstlicher Palast: 14. und 15. Jahrhundert«, in: *Geschichte des privaten Lebens*, 2. Band: *Vom Feudalzeitalter zur Renaissance*, S. 399-470, Frankfurt/Main, S. Fischer, 1990.

Coornaert, E. L. J., »Le istituzioni economiche europee e il Nuovo Mondo«, in: *Storia economica di Cambridge*, Bd. IV, S. 255-315, Turin, Einaudi, 1975.

Corpus juris civilis, Leipzig, 1839.

Davidsohn, Robert, *Geschichte von Florenz*, Berlin, 1896.

Davis, Natalie, *Frauen und Gesellschaft am Beginn der Neuzeit*, Berlin, 1986.

Day, J., »La condizione femminile nella Sardegna medievale«, in: *La famiglia e la vita quotidiana in europa dal '400 al '600*, S. 241-249, Rom, Archivi di Stato, 1986.

De Franceschi, C., *Alcuni cenni sugli antichi monasteri femminili di Pola*, Padua, Tipografia Antoniana, 1954.

De Maio, R., *Donna e Rinascimento*, Mailand, Il Saggiatore, 1987.

De Roover, Raymond A., »Rise & Decline of the Medici Bank 1397–1494«, in: *Studies in Business History*, Nr. 21, HUP.

De Roover, Raymond A., »La comptabilité à partie double«, in: *Annales*, Nr. 44, März 1937.

Defourmeaux, M., *La vie quotidienne au temps de Jeanne d'Arc*, Paris, Hachette, 1952.

Del Lungo, I., *La donna fiorentina del buon tempo antico*, Florenz, Bemporad, 1926.

Diehl, Charles, *Impératrices de Bysance*, Paris, Albert Colin, 1959.

Diehl, Charles, *Teodora imperatrice di Bisanzio*, Florenz, Beltrami, 1939.

Dimier, A., *Les moines bâtisseurs*, Paris, Fayard, 1964.

Donizio, *Vita Mathildis*, hrsg. v. U. Bellocchi und G. Marzi, Modena, Aedes muratoriana, 1984.

Doren, Alfred, *Das Florentiner Zunftwesen vom 14. bis zum 16. Jahrhundert*, Stuttgart & Berlin, 1908.

Duby, Georges, »Gemeinschaftsleben«, in: *Geschichte des privaten Lebens*, 2. Band: *Vom Feudalzeitalter zur Renaissance*, Frankfurt/Main, S. Fischer, 1990.

Duby, Georges, *Ritter, Frauen und Priester: Die Ehe im feudalen Frankreich*, Frankfurt/Main, 1985.

Dulong, Claude, *La vie quotidienne des femmes au Grand Siècle*, Paris, 1984.

Eliot, T. S., *Mord im Dom*, Frankfurt/Main, 1960.

Enciclopedia Italiana, »merletto«, Rom, Treccani, 1949.

Ennen, Edith, *Die europäische Stadt des Mittelalters*, Göttingen, Vanderhoek + Ruprecht, 1972.

Ennen, Edith, *Frauen im Mittelalter*, München, 1984.

Fanfani, A., »La préparation intellectuelle et professionelle à l'activité économique en Italie«, in: *Le Moyen Age*, 1951.

Faral, E., *La vie quotidienne au temps de Saint Louis*, Paris, Hachette, 1963.

Felisatti, M., *Isabella d'Este*, Mailand, Bompiani, 1982.

Ferluga, J., *Bisanzio, società e Stato*, Florenz, Sansoni, 1974.

Forbes, R. J., *Studies in Ancient Technology*, Bd. 3: *Food and Alcoholic Beverages*, o. O., 1993.

Franchini, V., *Le Arti di mestiere in Bologna nel secolo XIII*, Triest, Universität, 1931.

Frati, L., *La vita privata in Bologna*, Bologna, Zanichelli, 1928.

Fumagalli, V., »I Canossa tra realtà regionale e ambizioni europee«, in: *Atti e memorie del III convegno di studi matildici*, S. 27-37, Modena, Aedes muratoriana, 1978.

Gaudemet, J., »Le statut de la femme dans l'empire romain«, in: *La femme. Recueils de la société Jean Bodin*, 2. Teil, S. 191-222, Brüssel, Librairie Encyclopédique, 1959.
Gilissen, J., »Le statut de la femme dans l'ancien droit belge«, in: *La femme. Recueils de la société Jean Bodin*, 2. Teil, S. 255-321, Brüssel, Librairie Encyclopedique, 1959.
Gli atti del Comune di Milano nel secolo XIII, hrsg. v. M. F. Baroni, Mailand, Capriolo, 1976.
Gosse, Philippe, *Histoire de la piraterie*, Paris, 1978.
Gouron, M., »Aliénor de Castille en Guyenne«, in: *Le Moyen Age*, Jan.-Apr. 1927.
Grimal, Pierre, »La femme à Rome et dans la civilisation romaine«, in: *Histoire mondiale de la femme*, Bd. I, S. 375-485, Paris, Nouvelle Librairie de France, 1967.
Grimaldi, N., *La contessa Matilde e la sua stirpe feudale*, Florenz, Vallecchi, 1928.
Grosdidier de Matons, J., »La femme dans l'empire byzantin«, in: *Histoire mondiale de la femme*, Bd. III, S. 11-43, Paris, Nouvelle Librairie de France, 1974.
Guerdan, René, *L'oro di Bisanzio*, Mailand, Massimo, 1957.
Guerra Medici, Maria, *I diritti delle donne nella società altomedievale*, Neapel, Ed. Scientifiche Italiane, 1986.
Guerra Medici, Maria, »L'esclusione delle donne dalla successione legittima«, in: *Rivista di storia del diritto italiano*, 1983.
Guillou, A., *La civilisation byzantine*, Paris, Arthaud, 1974.
Hale, John, *Die Kultur der Renaissance in Europa*, München, 1994.
Hans, Marie Françoise, *Frauen und Geld*, Hamburg, 1990.
Haussmann, G., »Il suolo d'Italia nella storia«, in: *Storia d'Italia*, Band I: *I caratteri originali*, S. 61-131, Turin, Einaudi, 1972.
Heers, Jacques, *Gênes au XV siècle*, Paris, 1971.
Heers, Jacques, *Il lavoro nel Medioevo*, Messina, D'Anna, 1973.
Heers, Jacques, *Le clan familial au moyen age*, Paris, 1993.
Héliot, P., »Sur les résidences princières bâties en France du X au XII siècle«, in: *Le Moyen Age*, 1955, Nr. 1, 2.
Herlihy, David und Klapisch-Zuber, C., *Les Toscans et leurs familles. Une étude sur le »catasto« florentin de 1427*, Paris, Fondation nationale des Sciences politiques, 1978.
Hibbert, A. B., »La politica economica delle città«, in: *Storia economica di Cambridge*, Bd. 3, S. 177-264, Turin, Einaudi, 1977.
Higounet, A., »La femme du Moyen Age en France«, in: *Histoire mondiale de la femme*, Bd. II, S. 135-185, Paris, Nouvelle Librairie de France, 1974.
Higounet, C., »Les fôrets de l'Europe occidentale du V au XI siècle«, in: *Agricoltura e mondo rurale in Occidente nell'Alto Medio Evo*, S. 343-398, Spoleto, Centro Italiano di Studi sull'Alto Medio Evo, 1966.
Histoire du commerce de Marseille, Bd. I: *Le Moyen Age*, hrsg. v. Régine Pernoud, Paris, Librairie Plon, 1949.
Houillon, H., »La femme en France au XVII et XVIII siècles«, in: *Histoire mondiale de la femme*, Bd. IV, S. 7-98, Paris, Nouvelle Librairie de France, 1974.
I capitolari delle Arti Veneziane, hrsg. v. G. Monticolo, Rom, Istituto storico italiano, 1896.
I Registri dell'Ufficio dei Sindaci sotto la dominazione viscontea, hrsg. v. C. Santoro, Mailand, Castello Sforzesco, 1929.
Imberciadori, I., *Mezzadria classica toscana*, Florenz, Vallecchi, 1951.
Jeannin, P., *I mercanti del Cinquecento*, Mailand, Mondadori, 1962.
Joinville, Jean de, *Histoire de Saint Louis*, Montrouge, 1995.
Jones, P., »L'Italia agraria nell'Alto Medio Evo«, in: *Agricolutura e mondo rurale in Occidente nell'Alto Medio Evo*, S. 57-92, Spoleto, Centro Italiano di Studi sull'Alto Medio Evo, 1966.

Jones, P., »L'Italia«, in: *Storia economica di Cambridge*, Bd. I, S. 412-525, Turin, Einaudi, 1976.
Jope, E. M., »Attrezzi agricoli«, in: *Storia della tecnologia*, Bd. II, S. 83-103, Turin, Bornighieri, 1962.
Joüon de Longrais, F., »Le Statut de la femme en Angleterre«, in: *La femme. Recueils de la société Jean Bodin*, 2. Teil, S. 135-241, Brüssel, Librairie Encyclopédique, 1959.
Kemp-Welch, A., *Of six Medieval Women*, London, MacMillan and Co., 1913.
King, Margaret L., *Frauen in der Renaissance*, München, Beck, 1993.
Klapisch-Zuber, C., »Parenti, amici e vicini«, in: *Quaderni storici*, Nr. 33, S. 953-982, Ancona, Sept.-Dez. 1976.
Labande, E., »Pour une image véridique d'Aliénor d'Aquitaine«, in: *Bulletin de la société des Antiquaires de l'Ouest*, 1952, III trim.
Lane, Frederic C., *Andrea Barbarigo, Merchant of Venice 1418–1449*, New York, 1912.
Le Goff, Jacques, *Kaufleute und Bankiers im Mittelalter*, Frankfurt/Main, Campus, 1993.
Le Goff, Jacques, *Kultur des europäischen Mittelalters*, München, Droemer Knaur, 1970.
Le Ménagier de Paris, Genf, Slatkine reprints, 1968.
LeRoy Ladunie, E., *Montaillou: Ein Dorf vor dem Inquisitor. 1294–1324*, Frankfurt/Main/ Berlin 1993.
Le lettere di Margherita Datini a Francesco di Marco, hrsg. v. V. Rosati, Prato, Archivio storico pratese, 1977.
Le studiolo d'Isabelle d'Este, Paris, Musées Nationaux, 1975.
Liber cunsuetudinum Mediolani, hrsg. v. E. Besta und G. Barni, Mailand, Giuffrè, 1949.
Lopez, R. S., »Le marchand génois«, in: *Annales*, Juli-Sept. 1958.
Macinghi Strozzi, A., *Tempo di affetti e di mercanti. Lettere ai figli esuli*, Mailand, Garzanti, 1987.
Maguire, Y., *The women of the Medici*, London, G. Routledge and Sons, 1927.
Mâle, E., *Notre-Dame de Chartres*, Paris, Flammarion, 1963.
Mandrou, Robert, *Possession et sorcellerie au XVII siècle*, Paris, 1974.
Mantova, La storia, hrsg. v. G. Conigion, Bd. I, Mantua, D'Arco, 1958.
Marchi, C., *Grandi peccatori grandi cattedrali*, Mailand, Rizzoli, 1987.
Marienstras, R., »L'Anglaise sous le règne d'Elisabeth«, in: *Histoire mondiale de la femme*, Bd. II, S. 397-454, Paris, Nouvelle Librairie de France, 1974.
Mc Neill, William H., *Plagues and People*, Lexington, 1992.
Melis, F., *Aspetti di vita economica medievale*, Studi Archivio Datini, Prato, Montepaschi, 1962.
Meyer, J., *La vie quotidienne en France au temps de la Régence*, Paris, Hachette, 1979.
Mezzanotte, P., »Il Duomo«, in: *Storia di Milano*, Bd. VI, S. 859-931, Mailand, Treccani degli Alfieri, 1955.
Mezzanotte P. und Bascapè, G., *Milano nell'arte e nella storia*, Mailand/Rom, Bestetti, 1968.
Migliardi O'Riordan, G., »Per un'indagine conoscitiva sulla capacità d'agire della donna nel diritto veneziano«, in: *La famiglia e la vita quotidiana in Europa dal '400 al '600*, S. 469-471, Rom, Archivi di Stato, 1986.
Molmenti, P., *La storia di Venezia nella vita privata*, Bergamo, Istituto d'arti grafiche, 1927.
Mongelli, G., »Il cenobio di Goleto sotto il governo delle abbadesse«, in: *Le abbazie nullius*, S. 281-318, Conversano, Schena, 1982.
Moulin, L., *La vie quotidienne des religieux au Moyen Age*, Paris, Hachette, 1987.
Olla Repetta, G., »La donna cagliaritana tra '400 e '600«, in: *La famiglia e la vita quotidiana in Europa dal '400 al '600*, S. 251-276, Rom, Archivi di Stato, 1986.

Origo, Iris, *The Merchant of Venice*, o.J.

Ostrogorsky, G., »Condizioni agrarie dell'imperio bizantino nel Medio Evo«, in: *Storia economica di Cambridge*, Bd. I, S. 245-287, Turin, Einaudi, 1976.

Ostrogorsky, G., *Storia dell'impero bizantino*, Turin, Einaudi, 1968.

Owen-Hugues, D., »Struttura familiare e sistemi di successione ereditaria«, in: *Quaderni storici*, Nr. 33, S. 929-952, Ancona, Sept.-Dez. 1976.

Parain, C., »L'evoluzione delle tecniche agricole«, in: *Storia economica di Cambridge*, Bd. I, S. 156-221, Turin, Einaudi, 1976.

Parisse, M., *Les nonnes au Moyen Age*, Le Puy, Bonneton, 1983.

Pasztor, E., »Il monachesimo femminile«, in: *Dall'eremo al cenobio*, S. 153-180, Mailand, Scheiwiller, 1987.

Patlagean, Evelyne, »Byzanz im 10. und 11. Jahrhundert«, in: *Geschichte des privaten Lebens*, 1. Band: *Vom Römischen Imperium zum Byzantinischen Reich*, S. 515-602, Frankfurt/Main, S. Fischer, 1989.

Patlagean, Evelyne, *Pauvreté économique et pauvreté sociale à Byzance: IV-VII siècles*, Paris, 1977.

Patterson, R., »Filatura e tessitura«, in: *Storia della tecnologia*, Bd. II, S. 193-223, Turin, Boringhieri, 1962.

Paulus Diakonus, *Geschichte der Langobarden*, Essen, 1986.

Pernoud, Régine, *Christine de Pizan*, München, 1990.

Pernoud, Régine, *Histoire de la bourgeoisie en France*, Paris, Edition du Seuil, 1960.

Pernoud, Régine, *Königin der Troubadoure. Eleonore von Aquitanien*, Düsseldorf, Diederichs, 1976.

Pernoud, Régine, *Leben der Frauen im Hochmittelalter*, Pfaffenweiler, 1991.

Pernoud, Régine, *Les villes marchandes*, Paris, La Table Ronde, 1948.

Pernoud, Régine, *Überflüssiges Mittelalter? Plädoyer für eine verkannte Epoche*, Zürich, Artemis, 1979.

Petot, P., »Le statut de la femme dans les pays coutoumiers français du XIII au XVIII siècle«, in: *La femme. Recueils de la société Jean Bodin*, 2. Teil, S. 243-254, Brüssel, Librairie Encyclopédique, 1959.

Pezzarossa, F., *I poemetti sacri di Lucrezia Tornabuoni*, Florenz, Olschki, 1978.

Pierotti Cei, L., *Isabella di Castiglia*, Mailand, Mursia, 1985.

Pierre, A. L., *Cathédrales de France*, Paris, Les productions de Paris, 1962.

Piettre, M. A., *La condition féminine à travers les âges*, Paris, France-Empire, 1968.

Pirenne, Henri, *Sozial- und Wirtschaftsgeschichte Europas im Mittelalter*, München, Francke, 1974.

Pognon, E., *La vie quotidienne en l'an Mille*, Paris, Hachette, 1981.

Power, Eileen, »La condizione delle donne«, in: *L'eredità del Medio Evo*, Mailand, Vallardi, 1955.

Power, Eileen & Poston, M., *Medieval people*, Magnolia, 1993.

Power, Eileen & Poston, M., *Medieval women*, Cambridge, 1976.

Prescott, William H., *Rise & Decline of the Spanish Empire*, New York, 1990.

Procopius Caesariensis, *Werke* (griechisch-deutsch), München, Heimeran, 1961–1971.

Psellus, M., *Imperatori di Bisanzio. Cronografia*, Mailand, Mondadori, 1984.

Quaquarelli, A., »L'influenza spirituale del monachesimo femminile nell'età patristica«, in: *Le abbazie nullius*, S. 27-44, Conversano, Schena, 1982.

Rambaldi, O., »L'agricoltura nell'area matildica: l'Emilia«, in: *Atti del III convegno di studi matildici*, S. 331-357, Modena, Aedes muratoriana, 1978.

Recchia, V., »Monache e monasteri femminili nelle opere di Gregorio Magno«, in: *Le abbazie nullius*, S. 89-130, Conversano, Schena, 1982.
Règlements sur les arts et métiers de Paris rédigés au XIII siècle, Paris, Crapelets, 1837.
Renouard, Yves, *Les hommes d'affaires italien au Moyen-Age*, Paris, 1972.
Rossi, G., *Bologna nella storia nell'arte e nel costume*, Bologna, Zanichelli, 1937.
Runciman, S., »Il commercio e l'industria bizantina«, in: *Storia economica di Cambridge*, Bd. II, S. 104-142, Turin, Einaudi, 1982.
Rutenburg, V., *Popolo e movimenti popolari nell'Italia dell '300 e '400*, Bologna, Il Mulino, 1971.
Salvemini, G., *Magnati e popolani in Firenze dal 1280 al 1295*, Turin, Einaudi, 1960.
Santoro, C., *Le sottoscrizioni dei signori di Canossa*, Mailand, Giuffrè, 1953.
Sarde, M., *Regard sur les Françaises*, Paris, Stock, 1983.
Sayons, A. E., »Calvinisme et capitalisme. L'expérience genevoise«, in: *Annales*, Mai 1935, Nr. 33.
Sereni, E., »Agricoltura e mondo rurale«, in: *Storia d'Italia*, Bd. I: *I caratteri originali*, S. 133-252, Turin, Einaudi, 1972.
Sereni, E., *Storia del paesaggio agrario italiano*, Rom/Bari, Laterza, 1982.
Simeoni, L., »La liberazione dei servi a Bologna nel 1256-57«, in: *Archivio storico italiano*, Nr. 109, 1951.
Stallmann, H. und M., »L'Allemande au temps de la Réforme«, in: *Histoire mondiale de la femme*, Bd. II, S. 346-396, Paris, Nouvelle Libraire de France, 1974.
Statuti delle Società del popolo di Bologna, hrsg. v. A. Gaudenzi, Rom, Istituto storico italiano, 1889.
Storia di Milano, Mailand, Treccani degli Alfieri, 1954.
Sullerot, E., *La donna e il lavoro*, Mailand, Bompiani, 1977.
Symonds, R. W., »Il mobilio«, in: *Storia della tecnologia*, Bd. II, S. 243-261, Turin, Boringhieri, 1962.
Trexler, Richard, »Le célibat à la fin du Moyen Age: les religieuses de Florence«, in: *Annales*, Nov.-Dez. 1972.
Verdon, J., »Le fonti per una storia della donna in Occidente nei secoli XI-XIII«, in: *Idee sulla donna nel Medio Evo*, hrsg. v. M. C. De Matteis, S. 119-176, Bologna, Patron, 1981.
Verdon, J., »Recherches sur les monastères féminins dans la France du Sud«, in: *Annales du Midi*, 1976.
Wandruszka, Adam (Hrsg.), *Die Habsburgmonarchie 1848–1919*, Bd. 1-6, Wien, 1973–1993.
Waterer, J. W., »Cuoio«, in: *Storia della tecnologia*, Bd. II, S. 150-192, Turin, Boringhieri, 1962.
Yorga, N., *Histoire de la vie byzantine*, Bucarest, Edition de l'auteur, 1934.
Young, G. E., *I Medici*, Florenz, Salani, 1968.

Und wenn der Kopf fällt, sag ich hoppla

Heiner Boehncke · Bettina Hindemith · Hans Sarkowicz
DIE GROSSEN RÄUBERINNEN
»Und wenn der Kopf fällt, sag' ich hoppla«
208 Seiten · geb. m. SU · DM 32,–
ISBN 3-8218-1171-4

Es sind echte Funde, die in diesem Buch vorgestellt werden, ein Stück weiblicher Sozialgeschichte, das bisher kaum Beachtung gefunden hat: die wirklichen und spektakulären Schicksale der vergessenen Räuberinnen aus Deutschland, Österreich und der Schweiz vom 16. bis zum 19. Jahrhundert.

Aus Verhörprotokollen, Geständnissen, Gaunerlisten, Lebensbeschreibungen und selbst aus der die gesellschaftliche Realität widerspiegelnden Schauerliteratur erstehen Namen und Taten. Die Courage, Erzmutter aller Räuberinnen, die Schwarze Lies, die Mordbrennerin Friederike Delitz oder Dianora, Gräfin Montagno, die Geliebte Rinaldo Rinaldinis, sie alle zeigen ganz andere Frauentypen, als bürgerliche Verdrängung wahrhaben und gute Sitte gestatten will. Sie widerlegen das verbreitete Vorurteil, räuberische Frauen seien nicht so hart und grausam gewesen wie ihre männlichen Berufskollegen. Und sie zeigen, daß es Frauen auch in diesem »Gewerbe« schwerer hatten als die Männer, sich durchzusetzen, obwohl sie oft viel raffinierter vorgingen und damit nicht selten erfolgreicher waren als ihre Konkurrenz vom anderen Geschlecht.

Wir schicken Ihnen gern ein Verlagsverzeichnis:

EICHBORN.

Kaiserstrasse 66 · 60329 Frankfurt
Telefon 069/25 60 03-0 · Telefax 25 60 03-30
http://www.eichborn.de